成为创新领导者

高级管理人员如何激励、引导和维持创新

［比利时］琼·菲利普·德尚 著
（Jean-Philippe Deschamps）

陈劲 贾筱 译

Innovation Leaders

How Senior Executives Stimulate, Steer and Sustain Innovation

电子工业出版社
Publishing House of Electronics Industry
北京·BEIJING

Jean-Philippe Deschamps: Innovation Leaders: How Senior Executives Stimulate, Steer, and Sustain Innovation

ISBN：978-0-470-51524-2

Copyright ©2008 by John Wiley & Sons Ltd.

All rights reserved. Authorized translation from the English language edition published by John Wiley & Sons, Limited. Responsibility for the accuracy of the translation rests solely with Publishing House of Electronics Industry and is not the responsibility of John Wiley & Sons, Limited. No part of this book may be reproduced in any form without the written permission of the original copyright holder, John Wiley & Sons, Limited.

Simplified Chinese edition copyright © 2019 by Publishing House of Electronics Industry.

Copies of this book sold without a Wiley sticker on the cover are unauthorized and illegal.

本书中文简体字版经由 John Wiley & Sons, Limited.授权电子工业出版社独家出版发行。未经书面许可，不得以任何方式抄袭、复制或节录本书中的任何内容。

版权贸易合同登记号　图字：01-2016-9192

图书在版编目（CIP）数据

成为创新领导者：高级管理人员如何激励、引导和维持创新 /（比）琼•菲利普•德尚著；陈劲，贾筱译. —北京：电子工业出版社，2019.4

书名原文：Innovation Leaders: How Senior Executives Stimulate, Steer and Sustain Innovation

ISBN 978-7-121-35689-6

Ⅰ.①成… Ⅱ.①琼… ②陈… ③贾… Ⅲ.①创新管理 Ⅳ.①F273.1

中国版本图书馆 CIP 数据核字(2018)第 280898 号

策划编辑：王　斌
责任编辑：王　斌　文字编辑：刘民蕊
印　　刷：三河市鑫金马印装有限公司
装　　订：三河市鑫金马印装有限公司
出版发行：电子工业出版社
　　　　　北京市海淀区万寿路 173 信箱　邮编 100036
开　　本：720×1000　1/16　印张：21　字数：343 千字
版　　次：2019 年 4 月第 1 版
印　　次：2019 年 4 月第 1 次印刷
定　　价：88.00 元

凡所购买电子工业出版社图书有缺损问题，请向购买书店调换。若书店售缺，请与本社发行部联系，联系及邮购电话：(010) 88254888，88258888。

质量投诉请发邮件至 zlts@phei.com.cn，盗版侵权举报请发邮件至 dbqq@phei.com.cn。

本书咨询联系方式：(010) 88254199，sjb@phei.com.cn。

培养创新领导者

创新是一个极为复杂的过程，除了在战略上统筹考虑、设计合理的组织模型和塑造适合创新的文化环境，更重要的是配备强有力的创新团队。这里的创新团队主要指由企业家、创新组织者和创新人才等构成的综合性团队，其中最重要的是能够领导创新的人才——创新领导者。多数企业创新迟缓或成功率不高的主要原因是缺乏创新领导者，并使其发挥作用。

本书是瑞士洛桑国际管理学院的琼·菲利普·德尚教授在长期的创新研究和咨询过程中对创新领导者的研究成果。正如琼·菲利普·德尚教授指出的，有利于创新的领导力是一类极为特殊的领导力——它需要更有战略眼光、更富冒险精神，也更需具备综合协调能力，以保持创新项目的正确方向和有效实施。

本书详细介绍了创新的不同模式——自下而上的创新和自上而下的创新，和在不同阶段——"模糊前端"和"快速后端"——的情境下，创新领导者所需要的不同特征和领导风格。本书对培养创新的领导者以激励、引导和维持企业的创新，提出了具体建议。

当前，我国处于创新驱动发展的关键时期，提升企业创新能力是其中核心的环节。培养创新领导者是提升企业创新能力的一个新视野，必将有效地促进我国企业的创新工作。本书也是对传统的领导力理论一个新的突破。

清华大学技术创新研究中心是我国创新研究的重要基地，本书的翻译得到了研究团队师生的大力支持。本书的出版得到了电子工业出版社的倾力支持。

Innovation Leaders

在该社领导力主题的系列图书基础上，我们达成了创作和翻译"创新创业和领导力"丛书的合作意向。希望本系列丛书以及本书的出版对中国的创新创业和领导力的交叉研究、中国企业的创新发展做出必要的贡献。

陈　劲
教育部长江学者特聘教授
清华大学技术创新研究中心主任
清华大学经济管理学院教授

序　言

绘制创新领导力的蓝图

本书围绕一个核心的观点：创新需要一种不同于其他领导力的特殊的领导力。基于对诸多处于创新曲线不同阶段的企业多年的实证研究结果，该观点可以在以下3个方面得到进一步的扩展。

第一，界定"创新领导者"——在企业中激励、引导和维持创新的高级管理人员的特征。我们会根据不同的领导者对于创新的前端或后端的关注来总结这些领导者的行为特质和态度。我们也会归纳出这些领导者为促进企业创新而开展的实质性工作的模式——是自上而下还是自下而上。

第二，开发不同的创新战略需要不同的领导风格。我们假设高级管理人员应该明晰其采用的创新战略，并明确在不同战略选择下各级领导者必须履行的责任。

第三，开发多种通道以便明晰有利于激发创新领导力的条件。我们同时强调开发那些吸引、发展和留住创新领导者的基本条件。

我们来简短回顾一下本书的主要命题及其应用。

创新是否需要一种特殊的领导力

显而易见，对于大多数创新实践者而言，创新需要一种特殊的领导力。有证据证明，并非所有领导者都可以成为一个合格的创新领导者！

领导力素质并不是普遍适用的——大多数领导者擅长某一种战略，大多数领导者在某个特定的情境中会更得心应手，如在公司的情境中。例如，那些擅长从现有业务中获得最佳绩效的企业领导者,可能并不适合投身于具有投资风险的创新战略;同样,那些对于收购机会有敏锐嗅觉并能不断跟进的高级管理人员,可能并不擅长寻找、锁定那些有待满足的市场需求;金融奇才可能对于引导创新产品的开发项目或对于将一个全新的产品门类带入市场显得心有余而力不足……

由此,通过比较创新型企业的高级管理人员和传统企业的高级管理人员,我们可以提出第一个假设:**创新需要一种特殊的领导力。**

为支持这一命题,我们需要确定创新领导者确实具有与传统领导者不同的特征。根据对于这些领导者特征的界定,我们可以绘制出创新领导者的第一幅基本画像。

是否存在不同类型的创新领导者

我们如果认可创新的过程分为两种模式——自下而上和自上而下,那么也可以假设并不是所有领导者都可以同时有效地把控这两种模式。由此可以推导出本书的第二个假设:**没有放之四海而皆准的创新领导力!** 即存在多种类型的创新领导者。同时,对于一个高级管理人员而言,如果他想要知道如何吸引、发展和留住创新领导者,那么他有必要对不同的创新领导者进行分类。

除了基于自下而上和自上而下的创新模式来描述和区分创新领导者,还需要区分领导者在这两种阶段,即"模糊前端"(fuzzy front end)和"快速后端"(speedy back end)中扮演的角色及其行为。我们从实践中得知,对于主管"模糊前端"的创新——从想法到概念——领导者的创造力和风险承受能力十分关键;而对于刺激"快速后端"的创新——从概念到产品发布——需要领导者在规则的框架中拥有快速有效的执行力。二者需要领导者具备完全不同的特征和领导风格。实践中的创新领导者通常有一种自然的或者"默认"的运作模式。了解这一点对于理解为什么创新的不同阶段需要不同类型的领导者至关重要。

创新领导者到底做什么

描述创新领导者共同的特征和他们在创新各阶段的不同偏好只是第一步。如果创新领导者与一般领导者的确不同，那么确定这些特征便成为可能。创新领导者对于激励、引导和维持创新会做些什么，而这些行为又为何不是一般领导者的第一要义呢？

"创新领导者到底做什么"的问题需要回溯到创新的两种不同模式上。对于促进自下而上的、来自创业创新者和创业捍卫者的自发的、没有受到行政管理直接干扰的创新，创新领导者是如何做的？对于那些自上而下的创新，创新领导者又是如何聚焦并引导员工行为的？对于该问题的回答，我们需要考虑创新领导者在这两种创新模式中扮演的角色。

（1）自下而上的创新的驱动力是什么，以及创新领导者是如何影响该创新过程的？创新领导者需要做什么来鼓励、促进和支持自下而上的创新？

（2）自上而下的创新的驱动力是什么？即如果创新领导者的职责是积极主动地激励和引导创新，而不是等待自发的创新时，他们应该做什么？

因为这两种创新模式具有互补性，我们提出第三个假设：**真正的创新领导者同时聚焦创新的两种模式：自下而上和自上而下。**

需要将领导者和创新战略匹配起来吗

截至目前，我们的讨论可能会引导读者去假设：不论是自上而下还是自下而上，创新是一个简单的、统一的过程。这明显有点将创新简单化，因为就经验而言，我们认为创新有多种类型。如果这种经验是真实的，那么对于不同的创新类型，不是所有的领导者都会有同样的处理智慧。这引出我们的第四个假设：**不同类型的创新战略需要不同的领导力技能和领导风格。**

可以根据多种方式对创新进行分类：创新的目标（现有业务的增强或新业务的创造）；创新的范围（新产品/服务或商业模式/新业务系统）；创新的强度（激进式创新或渐进式创新）；创新的边界（内部创新或开放式/外部创新）；等

等。这些多种多样的维度界定了至少 4 种创新战略的基因。每种创新战略需要在管理上有不同的着眼点，包括流程、组织机制、文化和人员。每种创新战略也需要一个对于高级领导者而言的特定的领导风格。

因此，我们假设每一种特定的领导力是对某一种特定的创新战略的特性的响应。对于企业而言，确保选择正确的领导者来应对特定的创新战略，这是一个重要的议题。

我们是否可以创建一个适宜创新领导力的环境

许多 CEO 和与其共事的高级管理团队都关心如何实现创新绩效的飞跃，更重要的是，如何持续保持这种能力。这便推导出本书的最后一个假设——只有创建一个适宜创新领导力的环境，企业才能保持创新的能力。这也是本书另一个新的议题：如何将一位精干的一般管理人员转化为专业的创新活动家。

描述出一个具体的适宜创新领导力的环境并非易事，因为这种环境形式多样，并且它是源于多种文化、整合多个流程要素而形成的相辅相成的"系统"。罗技公司——一家从事计算机及其插件设计的专业化公司——便拥有多种多样的创新要素与营造创新领导力环境的驱动力。通过创新来提高公司价值、改变员工态度；通过强调文化和流程管理，高级管理人员可以吸引、开发、调配、激励和保留一批精干的创新领导者，并且进一步获得持续的创新。

总体而言，本书意在为创新领导力这片尚未开发的处女地绘制第一张蓝图。本书通过强调创新的不同模式——自下而上和自上而下，与不同阶段——"模糊前端"和"快速后端"，以及创新领导者的不同特征和领导风格来达到以上目标。本书同时提供了一些可以帮助企业激励、引导和维持创新的建议。

致　谢

本书是我沉浸于创新管理主题研究近 30 年的成果。本书构思于 20 世纪 80 年代初期，那时我在一家具有创新精神的咨询公司——理特管理顾问有限公司（ADL）工作，与一批来自欧洲和美国的同事共事。我采访了一些具有创新精神的公司，以挖掘创新的核心驱动力和发现创新面临的主要障碍。我采访的团队包括弗雷德里克·范·乌讷、鲍勃·托马斯科、卡马尔·萨阿德和汤姆·佐默拉特等，这些人后来都成为好朋友和企业的合伙人。我们一起就创新的本质、创新的文化和创新的过程进行了无数次热烈的交流。我们开发出了第一张创新的概念工具图和第一套创新的测量方法。在此，我真诚地感谢以上的伙伴——他们无私地分享他们的见解，他们一如既往地支持我。

从 20 世纪 90 年代开始，我与 ADL 的另一位同事兰加纳特·纳亚克一起继续开展研究工作。他也是畅销书《突破》(*Breakthroughs*) 的合著者。他激励了我，也是我的合伙人。我们一起合作出版了著作《产品神话：公司如何成为市场赢家》(*Product Juggernauts: How Companies Generate a Stream of Market Winners*)。和兰加纳特在一起的时光非常刺激，我感谢他对于创新管理的深入的思考，以及我们经过岁月而沉淀的友谊。

来自 ADL 的其他同事，以及英国剑桥的一些高科技行业的咨询顾问，都对我的创新管理主题研究做出了巨大贡献。虽然我无法在此一一列举他们的名字和具体贡献，但是请允许我在这里对他们致以诚挚的感谢。

当然，我也从我的客户那里学到了很多关于创新的一手经验。他们有些人

Innovation Leaders

的工作令我印象深刻，有些人在努力掌握获得创新绩效的能力。无论他们成功与否，都值得我向他们表达最深的敬意和感激。

我进入管理发展和学术研究的大门，得益于前国际经济管理与发展学院（IMEDE）院长德雷克·阿贝尔与瑞士洛桑国际管理学院（IMD）的校长彼得·罗润知及院长吉姆·艾勒特的指引。我有幸被接纳、成为这所名校的一员，这彰显的不仅仅是他们对我的信任，更是对于将创新作为一个管理主题的重要性的认可。在此，我献上我真诚的谢意。

在过去的 11 年间，IMD 的诸多教授和同事给了我莫大的鼓励和支持。其中，我尤其感谢 3 位来自组织行为学研究领域的教授——普雷斯顿·鲍特戈、丹·丹尼森和罗伯特·霍伊博格，他们无私地向我分享了他们关于领导力研究的真知灼见，并对我完成这本书给予了极大的鼓励。同时，我还要感谢 IMD 中邀请我参与其著作的诸位学者同事，包括唐·马钱德［《信息竞争》（*Competing with Information*）］，保罗·斯托贝尔［《汇聚能量：掌控自下而上的组织》（*Focused Energy: Mastering Bottom-up Organization*）］和普雷斯顿·鲍特戈［《领导高管团队》（*Leading in the Top Team*）］。

IMD 诸多开放式、可参与的项目的主管向我和我的创新管理主题研究敞开了大门，多年来给予我信任和支持。在此，我尤其要感谢以下项目主管：奈马亚·库马和多米尼克·特平，他们欢迎我参加他们的高管开发项目；乔治·霍尔，他和我合作了创新过程管理的项目；拉尔夫·博西切克，他热情欢迎我参加他的公司资源管理的项目；保罗·斯托贝尔和彼得·克林真诚邀请我参加他们的高管进阶项目；比尔·费希尔，他与麻省理工学院（MIT）合作的战略驱动性创新项目，拉尔夫·塞弗特与瑞士联邦理工学院合作的技术型企业管理项目。同时，我也要感谢简·库波斯和本笃·勒勒为我提供为 MBA 学员在国际化咨询项目和初创企业教练项目中扮演团队教练的机会。他们帮助我学习，并且为我开展实证研究提供了机会。

在 IMD，我还从那些参与我们项目的公司中学到了很多东西。我要特别

致谢

感谢利乐包装公司，它是我的早期客户，后来激发了我对创新领导力的兴趣。利乐包装公司的 CEO 们——贡纳尔·布罗克特、尼克·史瑞伯及在任的丹尼斯·琼森——都敞开大门欢迎我。集团领导团队的成员，尤其是博·沃森、尼尔斯·比约克曼和格兰·哈里森，还有利乐包装公司学术委员会会长拉尔夫·哈格，对我鼓舞甚大。此外，我经常向 IMD 的同事马文·范登博士请教利乐包装公司项目的问题，他卓越的教学技巧以及对于市场营销的真知灼见对我启发很大。我也非常感谢罗技公司，还有慷慨地与我分享个人经验的伊夫·卡尔。

当我开始将我的研究聚焦在创新领导力时，我非常幸运地遇到了 4 位颇负盛名的创新领导者——他们的观点被记载在本书中。这 4 位高级创新领导者是：美敦力公司前 CEO 兼总裁比尔·乔治；罗技公司的合伙创始人和前总裁丹尼尔·波莱尔；诺基亚公司前总裁佩卡·阿列·佩伊拉；飞利浦研究院的前 CEO 和公司管理委员会成员亚当·柯慈雷。对他们深入采访所得的宝贵见解奠定了我创新领导力研究的基石。他们的见解构成了贯穿本书的一条红线。

我在《全球创新手册》（*International Handbook on Innovation*）关于创新领导力的那个章节使用了这些开创性访谈的结论。这本书已经于 2003 年由魁北克大学的拉里萨·沙维尼娜编辑、由爱思唯尔科学出版社出版。拉里萨是第一批鼓励我将我的见解和经验转换成可以为实践者提供指导的书籍的人之一。我非常感谢她热情的鼓励。

2005 年，美国产品开发国际协会（IAPD）的两位领导者肯普·德温格和毕比·尼尔森——创新的传道者——给了我一个机会，让我可以在美国大型的创新性强的企业的领导者面前展示我的想法。正是他们的热情鼓励，激励我不断前行并且写作了本书。

我也非常感谢那些为本书提供精彩故事的高级管理人员，尤其是美敦力公司的比尔·乔治、利乐包装公司的斯蒂芬·安德森、尼尔斯·比约克曼和博·沃森、TiVo 的极富魅力的创始人迈克尔·拉姆齐、罗技公司的新任总裁格雷诺·德·卢卡和飞利浦公司研发部门的保罗·布朗伯格。

当然，没有威利出版社及它的美国伙伴巴斯出版社，这本书不可能出版。弗朗西斯卡·沃伦、乔·格斯沃茨、米凯拉·弗雷、尼克·曼尼恩与他们的编辑团队对我的项目报以极大的信任并且全身心地接纳本书，他们的信任和鼓励成为我无价的动力来源。

对于我而言，从有想法到成书是一个极富挑战性的工作。在此过程中，我得到了 IMD 中极富智慧和高效的研究者们的帮助。阿图尔·帕瓦研究并书写了本书的两个案例，他是本书的第三作者。米歇尔·伯格在硅谷帮我做了诸多极富洞见的采访并检查、修订了一些章节。

IMD 的编辑琳赛·麦克蒂格极有耐心、智慧和谋略，她在将文本转化成适宜阅读的英文的过程中提供了巨大的帮助；波西塔·埃格里·法曼法尔玛在本书的授权和版权问题上提供了非常有效的建议；我的助理瓦莱丽·贝里斯维尔帮我解决了许多难题。在此献上我深深的感激之情。

最后，我无比感激我的妻子达妮埃莱。她著作颇丰，工作繁忙，但对我从来都是鼓励和支持的。这成为我花费一年时间完成这项艰苦工作的巨大支持。

目 录

第1部分　对创新领导者的界定及其特征　/1

第1章　创新需要一种特殊的领导力　/2

1. 领导力要素　/3
2. 直面创新的职责　/7
3. 定义和描述创新　/14
4. 创新领导者：与众不同吗　/17
5. 描绘我们的旅程　/19

第2章　创新领导者有何特殊之处　/24

1. 创新领导者的6个特征　/24
2. 创新领导者倾向于关注创新阶段　/36
3. 创新领导者聚焦于创新流程和文化　/41

第3章　刺激自下而上的创新　/44

1. 鼓励自下而上的创新：经典方法　/45
2. 建设创新文化：四大驱动力　/56

第4章　引导自上而下的创新　/73

1. 将创新视为竞争的必需品　/74
2. 建立流程和管理机制　/80

3. 动员人才，提高创新能力 / 91

4. 全身心投入创新搜索和创新项目 / 98

第5章 任命一位CTO / 104

1. CTO还是CIO / 104

2. CTO的第一要务：技术创新 / 106

3. CTO的角色转变：从管理到领导 / 112

4. CTO的新角色 / 121

5. 以高管团队成员的身份直面挑战 / 124

第2部分 创新战略的领导责任 / 127

第6章 认清创新战略的领导责任 / 128

1. 制定创新战略 / 129

2. 整合创新战略与管理行为 / 136

3. 激活特定变化性杠杆以支持创新战略 / 147

第7章 领导开发新的/改进的产品或服务：团队运动教练培育创新 / 151

1. 创新领导者：强硬的团队运动教练 / 152

2. 美敦力公司：理顺创新流程 / 158

3. 团队运动教练型领导者的局限性 / 167

第8章 领导全新产品/服务的创造：引领新业务的实际投资人 / 173

1. 创新领导者：实际投资人 / 174

2. 利乐新业务的创造：重塑食品罐头 / 179

3. 在创造新业务中提升领导力 / 191

第9章　领导全新业务系统/商业模式的创造：有远见且务实的建筑师　/ 202

1. 创新领导者是有远见且务实的建筑师　/ 204
2. TiVo：业务系统/商业模式的创新　/ 207
3. TiVo 案例的启示　/ 222

第10章　领导开发新的/改进的客户解决方案：提升客户体验的乐团指挥　/ 228

1. 创新领导者：乐团指挥　/ 230
2. Senseo^{TM}：一个创新性的客户解决方案　/ 233
3. 建立以创新为中心的合作关系　/ 248

第3部分　培养创新领导者　/ 255

第11章　建设培育创新领导者的环境：罗技公司的案例　/ 256

1. 罗技公司：是普通公司还是非凡公司　/ 257
2. 罗技公司的创新驱动因素　/ 261
3. 罗技公司的创新文化和价值观　/ 265
4. 罗技公司务实有效的创新流程　/ 274
5. 罗技公司的未来挑战　/ 280

第12章　吸引、发展和留住创新领导者　/ 283

1. 评估你的创新领导力资源　/ 284
2. 甄选和任用创新领导者　/ 289
3. 发展创新领导者　/ 294
4. 留住创新领导者　/ 299
5. 创新领导力：小结　/ 301

附录 A　创新与企业文化的领导力模型　/ 303

附录 B　"创意管理"培训指南——IDEO 视频使用指南　/ 308

附录 C　影响企业创新氛围的因素　/ 315

第1部分
对创新领导者的界定及其特征

第 1 章

创新需要一种特殊的领导力

> *创新领导力？这关乎在面对错误和失误时的激情、知识及谦卑——理解这一点是实现快速学习并超越他人的必备因素——这是一个目标。对，这是一个延展性很强的目标！*
>
> ——诺基亚前总裁　佩卡·阿列·佩伊拉

诸多公司宣称创新是它们的核心价值观和优先事项之一。公司常常会向利益相关者承诺：公司的管理工作正在致力于创新，并使创新成为客户价值提升、组织成长和工作安全感加强的来源。但是，事实并不总是如愿。研发部门现在可能比以往任何时候都忙碌，但是，他们有多少成果可以被认为是真正具有创新性的？大多数公司的项目量正在激增，但其中哪一个项目会丰富公司的产品类别，又有哪一个会为公司带来一个全新的市场？为什么产品经理不敢改良现有的产品或延伸产品线？哪一个管理团队成功地描绘了创新的愿景，并且在公司内部建立了有效的创新文化和创新流程？

如果浩如烟海的企业年度报告中所宣称的创新被鉴定后是真实的，那么我们可能有千千万万个创新型公司，"谁可以做好创新"这个问题也不会有那么大的吸引力。然而，看看那些所谓典型的创新型公司希望传达给外部的信息，我们发现，真正的创新型公司屈指可数。这些具有代表性的创新型公司，往往会被一些创新专家与媒体引用。媒体的曝光致使这些公司极易失败——在领导层级有所变动时，这些公司容易失去它们令人叹为观止的创新触觉。以下是一些例子。

- 3M 公司挣扎于将它的前任 CEO 詹姆斯·迈克纳尼的六西格玛信条整合进其传统的创新文化之中。
- 在史蒂夫·乔布斯作为 CEO 回归公司之前，苹果公司经历了企业业绩过山车般的波动。
- 面对日益增长的手机设备市场，英特尔公司在快速实现其产品线的多元化中挣扎。
- 在 A.G.拉夫里作为 CEO 上任之前，宝洁公司只是缓慢地、整体地增长。
- 康宁公司在见证了其每一次大规模的市场挣扎之后，正在不断尝试重塑自己。
- 戴尔公司在其被高度赞誉的直销商业模式达到了顶峰之后开始重新启动它的增长。
- 其他公司如索尼、辉瑞、诺基亚和空客都以创新为基石而起家，近年来却都处在动荡时期。

原因何在？

1. 领导力要素

有些公司因一项创新型措施而震惊整个市场——如皮尔金顿公司的浮法玻璃技术——然后又跌回创新的休眠期。另一些公司可能是创新的弄潮儿，但是也输于无法长期保持这种优势。这些公司的创新，如果没有触发机制，可以说纯属意外。这些辉煌的事件反映了当前高管团队较大的信心和决心：在创新竞争力方面的信心及意图将创新转变为核心竞争力的决心。但是一如市场和竞争环境不断变化一样，CEO 和高管团队也会变动。新的领导者往往会使用新的管理手段，同时提出不同的改革重点。新任 CEO 可能会引入一些新的管理哲学和流程来促进创新，如拉弗利在宝洁公司开展的"连接和发展"路径。

有时候他们会发布一些新的政策和工具,以改善之前可能被遏制了的员工创新的自由度,从而提高商业绩效,如迈克纳尼在 3M 公司引入颇具争议的六西格玛系统管理方法。除非创新已深深根植于该公司的文化基因之中,否则领导者的变动可能会使创新在公司的重要性排序中发生变动。

1.1 尝试者众,坚持者寡

大多数公司会推出一个分/子公司或部门来开展创新改进的活动。一些偏激的管理团队认为创新是自上而下的路径问题,于是在公司推出了一系列大规模的创新变革项目。皇家飞利浦电子公司的 CEO 简·蒂默于 20 世纪 90 年代推出的"百夫长"项目便属于这一类。该项目主要聚焦在重新构建公司的创新流程和组织机制。实际上,有一些公司可以从流程的精简中获利。但是,改变公司的文化才是关键,否则,公司的行为还是与原来毫无二致,创新也会陷入困局。

相比之下,大部分的管理团队会以一种非常低调、务实的方式来开展创新。他们并不进行什么大型的变革项目,反而转身去寻找那些容易达到的成果。一旦这些低挂的果实被发掘,他们就会一步一个脚印地去修订其原有创新流程中不足的地方。这些做法可能一开始会提高业绩,但是如果没有关于创新的愿景与创新模式,公司文化和行为将不会有所变化,这将阻碍其获得当时开展创新努力所应得的全部效益。

几乎很少有公司可以很好地管理创新流程。有一个公司在这方面做得比较好——包装业巨头利乐包装公司。他们的管理团队不仅彻底审查了公司的创新能力,改进和精简流程,同时还致力于动员员工。通过整个公司范围内的领导力开发和文化变革项目,利乐包装公司可以持续地采纳新创意。同时,该公司还实施了一项创新激励机制,从而保证长期创新,并监管高管团队的创新变革。

现如今,许多管理团队擅长将创新的流程精简化和规范化,并将其应用于企业。能否持续获得创新绩效的决定因素在于能否获得高管团队高水平的、持续性的创新支持。管理团队对于创新的态度产生了"集体式创新领导力",这将根植于企业的文化。这便是我们认为存在一种并不是每位领导者都具有的、特定的、可区分的创新领导力的原因。本书将详细阐释这个问题。

1.2 创新领导力

市场上从来不缺少描述创新型组织的特征的文章和书籍。例如,琼斯和奥斯丁列举了创新领导者的 5 大特征。

- 深刻的客户洞察力。
- 科技领先的意识。
- 激励人心的领导力。
- 激励型的组织奖励。
- 知识共享。

他们将这 5 大特征称为"提升创新绩效的区分度"的有效指标;这些特征更多地与创新型组织的集体管理与领导相关,而较少地与特定的个人有关。他们也没有正式的"创新领导者"画像。

基于之前的实证研究,本书将细致分析各种各样的创新领导者的特征和属性。本书对"创新领导者"的画像可能非常主观,包罗诸多特征,但其每个笔触都将为我们描述创新领导者添砖加瓦。

1.2.1 界定创新领导力

普雷斯顿·鲍特戈是 IMD 的一位组织行为学教授,他为我们较为全面地理解领导力的各个要素提供了一个相对简单的界定:

> 领导者完成所有应该完成的事情,不论是其主动完成还是因为工作要求而被动完成。领导者在做的但是目前暂无成果的活动尤其重要。他们提供了目标感、方向感和焦点感。他们建立联盟,获得承诺。

Innovation Leaders

对于领导力的这种界定在应用于创新情境时有如下几个优势。

首先,领导者完成其工作日程安排,是行动导向的;他们不仅仅深度思考、发表演说,还会"完成所有应该完成的事情,不论是其主动完成还是因为工作要求而被动完成"。许多公司都认为创新很重要,但是它们在给研发部门投入资金之外又真正地做了什么?

其次,该界定重点强调了诸多创新驱动因素所带来的 3 种基本类型的问题。

(1)领导者提供"目标感",即说明了"我们为什么要做这件事""创新带来的好处是什么""如果我们不这么干的坏处是什么"。

(2)领导者提供了"方向感",即说明了"我们应该选择哪条道路前行""我们应该采用何种创新模式"。

(3)领导者提供"焦点感",即说明了"我们的优先级在哪里""我们的努力应该重点放在什么地方"。

最后,该界定强调,创新如果成为组织的一种能力,就不会局限在一个特定的部门或小的群体,例如,会扩展到新业务的开发或研发部门。它一定会渗透整个组织,在组织中享有优先权,并且成为大家的期待——当我们有承诺和动机,组织的创新便会实现。

1.2.2 创新是否需要特殊的领导力

我时常在我的创新课堂上让我的高管学员回答这个问题——我承认,我很不公平地强迫他们在"是"与"否"之间做出抉择,他们的回答一般大相径庭。那些来自研发部门的高管学员和那些以创新为目标的高管学员会不约而同地选择"是"。业务创新部门的领导者,他们可能并不能准确地描述出创新领导力的细节,但是他们认同创新领导力与众不同。相比之下,那些将创新看作一般管理课程的部分高管学员,意见分歧可能更大,虽然回答"是"的稍微多一些,但回答"否"的比例也占相当一部分。

那些回答"否"的人一般认为在任何业务活动中都需要目标、方向和焦点,也包括创新。结论是，一个真正的领导者，如果环境需要，就可以成为一个创新领导者。这些认为"创新领导力不是一种特殊领导力"的领导者，倾向于从直觉上认为创新领导者真正做的事情与其心智模型有关。有一些流行的创新领导力模型可以支持他们的观点，即创新领导力是一种拥抱创新的普适的领导特质（请于附件 A 中参考这些模型）。

相反，那些认为"创新需要一种特殊的领导力"的高管们不这么认为。在他们看来，如果"创新需要一种特殊的领导力"这一假设不成立，那么会有太多领导者通过在过程中关注创新而获得创新上的成功。但有证据显示，这种情况在很多企业中并不存在。更进一步说，很少有那些为股权持有者价值增加做出贡献的偶像型领导者会在大众媒体的报道中强调创新是其核心专长，如通用电气公司的杰克·韦尔奇，这些明星领导者并不会将自己界定为创新领导者。该结论的反面也成立，即并不是所有的创新领导者都会在业务上获得成功。该论断说服了诸多管理人员——既然创新不同于其他的业务工作，那么创新可能真的需要有不同的态度和行为来与之匹配。

2. 直面创新的职责

在我们试图去界定创新领导者的特征之前，我们先观察一下创新的基本要素，以及由此对业务领导者所提出来的挑战。我们将主要从 6 个方面来聚焦创新职责。

- 尝试新事物的渴望。
- 对重新定义客户价值的痴迷。
- 承担风险的勇气。
- 管理风险的能力。
- 发现机会和执行项目的速度。
- 转变焦点和心态：从业务优化到业务创新。

2.1 创新需要有尝试新事物的渴望

毫无疑问，创新关乎挑战现状和创造新事物。我们希望创造更好的产品、流程、服务或管理方法。创新需要对于变化的好奇心、实验性和开放性。创新领导者永远挑战现状，鼓励近乎疯狂的想法，甚至会在他们的公司"煽动"大家尝试新的创意。

因为许多公司仍然处于一种"没有坏就不去修理"的状态，所以创新领导者在管理上会遭遇频繁的否定。因此，创新领导者必须有勇气在公司培育并推进实验和持续变革的氛围。

最高层管理团队中几乎没有标新立异者或创新捍卫者，这毫不奇怪。职业生涯的晋升机会往往偏爱那些不制造"组织波动"的人，而不是那些"革命者"。"组织波动"的制造者往往对创新者备感亲切，因为后者也会在自己的晋升道路上遭遇障碍和阻力。但为了刺激创新，公司需要晋升那些"挑战者"，而不仅仅是"维持者"。

2.2 创新需要痴迷于重新定义客户价值

利乐包装公司的前 CEO 尼克·史瑞伯如是说：

> 创新与附加价值有关，而增加附加价值便需要通过领导力。
>
> 人们可以通过多种方式来增加附加价值。这其中最重要的，可能便是通过领导力——一个非常难以捉摸的概念！这就像好的判决一样，好的领导力很难去界定，但是当你看到它的时候你就会知道！领导力可以激励公司追求一个它之前从来没有梦想过的目标，可以鼓励每个员工发掘自己最大的潜力。激励性领导力会鼓励新创意的产生，并提供资源将新创意付诸实践。

我们发现，成功的创新者一般会促生行业新标准。在很长一段时间内，价值的创造一般来自引领产品和流程的前沿技术。米其林公司重新界定了价

第 1 章
创新需要一种特殊的领导力

值——用里程寿命来界定——通过使用颠覆式的轮胎技术；索尼公司用它的 PS 游戏机做了几乎一样的事情。如今，价值创造可以来自全面引进新的商业模式或管理方法。成为一个创新领导者，没有必要成为一个伟大的技术创新者。迈克尔·戴尔可以被认为是一个创新领导者——通过在个人电脑行业的颠覆式的变革，而不是产品本身的变革：

> 人们关注戴尔公司，看到了企业在直销模式下可以与客户进行一对一、面对面地交流。但是人们真正应当关注却极易忽视的，是这套关系背后的一整套价值链：投资、开发、设计、制造、法务、服务、配发和销售。客户价值的创造来源于对所有这些事项整合后的功能。

金教授与谟玻格妮教授建议：重新定义价值始于我们对于当前行业的潜在假设的质疑。可以通过回答以下 4 个问题来提出质疑。

- 本行业中有哪些被我们认为理所应当的，但是应该被剔除的要素？
- 本行业中的哪些要素应该被放置在行业标准之下？
- 本行业中的哪些要素应该被放置在行业标准之上？
- 本行业中有哪些要素是之前一直没有的，但是需要被创造的？

为了在挖掘客户价值上找到有巨大突破的机遇，创新领导者需要自觉或不自觉地挑战行业的潜在假设。强烈的客户导向会点燃重新定义客户价值的热情。典型的价值创造者，对于客户的需求有永不满足的好奇心；对于他们有意识或潜意识中的挫败感感同身受，对他们未来可能需要或想要的东西有一种直觉。正如盛田昭夫在关于索尼的具有传奇色彩的随身听的故事中所强调的，这种好奇心与对于传统的市场信息的饥渴需求不是同义词。他说，没有市场调研，就不会有随身听，这是一种来自对客户关系的、根深蒂固的、本能的好奇心。索尼过去的广告口号——"You dreamt it! Sony made it"——就反映了索尼的创新愿景：通过正确评估客户的尚未表达的需求来重新界定价值，并利用其技术专长来满足客户需求。

Innovation Leaders

创新领导者的挑战之一在于，鼓励对价值要素进行持续性的重新评估。事实上，有时候这种激励性的态度可能高度不稳定。当你是一个成熟的玩家，尤其当你是市场领导者的时候，挑战本行业当前的价值传递方式非常困难。正如哈佛商学院的克莱顿·克里斯滕森教授具有信服力的阐述：对于那些试图寻找挑战现有企业的方法的新进入者而言，一个非常自然的做法便是引入颠覆性的技术，并且界定当前的现状。这便是许多创新者来源于那些想要使用颠覆性新概念进入原有市场的外来者的原因。

美国西南航空公司首倡简装修、低价格的航班，这使其获得了巨大的成功——该创新思路后来又被欧洲瑞安航空公司和易捷航空公司跟随——这个成功的案例为以上我们的论述提供了很好的支持。该创新思路的创立者在传统的航空行业中挑战之前的某个假设，使其可以在商业上获得革命性的成功。创新为它们塑造了无法匹敌的低成本优势，并使它们创新性地界定了航空公司乘客的价值诉求。耐人寻味的是，在一个传统的航空公司内部开展如此具有颠覆性的革命应该是相当困难的。

2.3 创新需要有承担风险的勇气

管理层承担风险的勇气是广受认可的创新驱动因素之一。对于承担风险有各种各样的解释，所以这个话题一直是人们争论的焦点。经典的解释认为，风险承担与企业家精神相关——时刻做好准备，愿意将现有的资源投入一个新的、通常是没有经过验证的商业提案中。

创新领导者在面对挑战时都以此原则为基本标准，并且还要说服组织的其他部门也遵从该原则。尽管许多公司将风险承担界定为其核心价值观之一，但是它们不能相应地在其绩效考核和奖励系统中做出改变。管理人员很少因为没有承担风险而承担一定的责任，尤其当他们达到预期绩效目标时。大多数创新演讲都会提到"试错""容错"机制，但是这种机制却鲜见于实践。

富有传奇色彩的英特尔公司前 CEO 安迪·格洛夫，给风险承担增加了两个十分有趣的维度。第一，他宣称创新领导者必须有聚焦的勇气，即需要非常清晰地确定是否要开展一项工作以及是否要停止一项工作。第二，格洛夫认为创新领导者需要有勇气"自我蚕食"，即果断淘汰自己的老旧业务，而不是等待别人的蚕食。我们都知道，我们需要很大的勇气来淘汰自己的业务以获得更高的绩效，尤其当现有业务的潜力还没有被完全开发的时候。正如一位风险投资合伙人所建议的：

> 你必须决定是你自己去淘汰你的业务，而不是等到诸如 eToys、亚马逊或其他公司来蚕食你的市场。这是一种非常不同于现有企业试图努力去保护现有成果的思维方式，该方式也不同于硝烟弥漫的互相蚕食。

正是这种原则，与管理人员的核心信念一道——印证了当前非常流行的摩尔定律——使得英特尔可以在行业中长盛不衰。而承担创业风险的意愿适用于各级管理层，格洛夫的观察结论只适用于创新领导者的最高层，即企业的 CEO 及其核心高管团队。

2.4　创新需要管理风险的能力

在一个创新项目中，风险承担者（通常是项目捍卫者、创新者）常常与那些躲避风险的人（通常是高级管理人员）关于风险的可接受水平有一些争论。风险承担者经常抱怨高级管理人员的态度中隐藏着排斥风险的倾向性，而保守的风险管理支持者会指责风险承担者不负责任。这些争论毫无价值，因为各自都有对的地方。创新既是好的风险承担，也是好的风险管理。

创新领导者面对的挑战是需要跳出原来的单线思维，既要开展承担风险的工作，又要严于风险管理的工作。他们首要的工作是将具有风险的项目提上议程，同时排除异议。从某种意义上说，一线的创新捍卫者应该非常坚定和执着，因为他们甚至可能被指责是"盲目的"和"顽固的"。相反，创新领导者需要确保项目的每个阶段的所有已知风险因素都被确认并被妥善管理。这是一种非常不稳定的平衡，因为这可能需要创新者在其创新精神和企业家精神不受鼓励的情况下完成。

每当 CEO 或业务部门负责人成为某个项目的捍卫者及负责承担风险的领导者时，他们就会面临进退两难的局面。没有人敢在他的顶头上司最喜爱的项目上寻找风险因素，因为这代表了其对领导者的直接反对。飞利浦公司命途多舛的 CD 的故事就反映了这样的危险。飞利浦公司一个广为人知的故事是，CEO 简·蒂墨因为其早年在 CD 音响方面获得了巨大的成功，而将企业的 CD 业务项目视为珍宝。时至今日，即使公司的很多人认为 CD 业务有很多先天的不足，但是它的支持者们却盲目地低估了其基于个人计算机技术而发展出来的竞争对手——CD-ROM；因为公司里没有人敢去挑战 CEO 的权威。直到多年以后，飞利浦公司在该项目上损失惨重，才放弃了该项业务。

一个相似的故事是孟山都公司对于转基因生物的孜孜不倦的市场拓展工作。该公司的 CEO 罗伯特·夏皮洛认为，孟山都公司将凭借其在转基因生物上的强大优势建造一个生命科学的强大王国。因此，他将公司的未来愿景界定在转基因生物科技方面，并且据此在世界范围内大力推广转基因生物。但是专家们指出，当媒体爆发争议来质疑该公司关于转基因产品的承诺后，孟山都公司的高级管理人员们并没有有效地抵制转基因产品的诋毁者们。所以，承担风险的创新捍卫者很难将创新事业愿景化，同时，他们需要非常谨慎地成为风险的评估者和消化者。这种权衡是创新领导者面临的重要挑战。

2.5 创新需要有快速发现机会的能力和项目执行力

硅谷的创新者和创业家深知，拥有超级棒的创意和最好的技术并不必然成功——第一个将其实现的人才是赢家。最先将其实现的人往往可以迅速学习。新产品的成功是从新产品的首先发布开始的，紧接着是从他人的反馈中迅速学习，随后是在当竞争者意欲进入该行业时，发布一款更新版本的新产品。

硅谷的一位 28 岁的创业者马特·霍巴特如是说：

> 如果你有一个创意，你最好假设至少有 4~5 个人有同样的创意。但并不是拥有好创意的人就可以成功，而是那些可以迅速将创意落地的人可以成功。

这要求 3 种特殊的能力。

（1）持续搜寻机会的能力。

（2）在项目各个阶段进行决策管理的能力。

（3）快速执行的能力，尤其是整合内部和外部资源以建立高效团队来获得成功的能力。

创新领导者本能地创造了一种认可机会搜寻的价值、探索新创意产生的环境。他们通常会鼓励人们尽早识别机会，使那些看似虚妄的创意进入讨论环节。在这个过程中，最有挑战性的是决策环节。一个项目应该投向何方？项目中每个阶段的标准是什么？何时以及基于何种标准，该项目可能会被下马？作为投资项目的创业者的代表，创新领导者有责任既给予他们的员工开展实验的自由，又提供必要的资源。在这两者之间，寻求平衡是一项挑战，同时，快速决策也是一项挑战（不论决策是什么）。在硅谷，创新者通常从风险投资者处得到一样的建议：如果你终将失败，那么你要尽快失败，优雅地失败。

2.6 创新需要转变焦点和心态：从业务优化到业务创造

业务领导者一般需要承担开发其负责领域的新产品的责任，创新由此也主要在于更好地维持和改进现有的业务，而较少去创造新的业务。这也是现在大多数公司都在为突破现有的增长率而挣扎的原因。那么，除了创造全新的、快速增长的产品种类，联合利华和雀巢公司是如何在成熟的食品行业中获得增长的？当第二代移动手机市场接近饱和时，诺基亚和摩托罗拉面临着同样的问题。创造新的业务完全不同于仅仅将新的生产线引入企业。

Innovation Leaders

由此，创新领导者面临着双重挑战。第一个挑战是在经营现有的业务和开发新的业务之间找到平衡点，或者如德雷克·阿贝尔教授所比喻的那样，掌握现在和抢占未来。在以财务绩效为指标的市场竞争中，最大、最迅速的转变是将昨日的增长潜力转化为今日的盈利——这需要在异常艰苦的任务中找到平衡。公司的主要挑战在于避免被成功束缚，并且学会"既开展渐进式的，也开展激进式的创新活动"。

第二个挑战是拥有对于未开发的市场需求的敏感度，选择前景看好的领域并持续跟踪。此时，创新领导者必须有能力构建一个可以引导他们产生新的业务机会的愿景。

至此，我们将创新看作一个没有细分类型的、统一的过程，讨论了创新及其不可避免的责任。现实中的创新更加复杂，就我们所观察的，存在多种多样的创新类型。因此需要不同的领导力来引导不同类型的创新活动。但在试图给创新领导者做出界定和对其特征进行分类前，我们首先将建立广泛的创新类型。

3. 定义和描述创新

虽然几乎每个人都会讨论创新，但是，对于这个词语真正的含义是什么、这个词语在商业语境下有什么新的含义，我们仍然有很多困惑。3M公司将研究与创新做了区分，认为研究是将资本转换为知识，而创新是将知识转化为资本。世界经济合作与发展组织（OECD）对创新做了如下界定：

> ……是一个迭代的过程,该过程起源于对于一个以技术投资为基础的新市场或新服务机会的发掘,从而导致的为获得商业成功而进行的一系列的开发、生产、营销活动。

虽然该定义倾向于技术和产品的创新——这毫无疑问是创新的一种形式——但它有助于我们将创新理解为一个全面的商业活动。

第 1 章
创新需要一种特殊的领导力

3.1 界定创新的过程

另一种主要从过程视角来看的对创新的界定方法——由一系列包含字母"i"的便于记忆的单词组成。它可以帮助我们理解创新的主要内容：创新（innovation）整合了两个方面的过程——投资（invention）和落地（implementation）。

投资，本身是一种沉浸（immersion）在市场上的、发掘潜在需求或解决当下问题的结果。随之会产生设想利用这个机会以获得其潜在利益的想象（imagination）过程，开发和选择有影响力的新概念来确定需求的构思（ideation）过程，以及一个具体的项目或投资的开展（initiation）过程。

落地，包含开发、检测新产品和服务的孵化（incubation）过程，随之会产生包括初次生产制造和大批量生产的产业化（industrialization）过程。此后，包括首次发布的推介（introduction）过程，在每个客户供应点从初步部署到完全部署的设置（installation）过程和整合（integration）过程——这个过程需要确保新产品或服务被客户的组织和流程体系完全接纳和整合。这个简单的关于创新过程的范式可以帮助我们更好地探索不同类型的创新领导者和领导风格。

创新观察者和学者认为企业内部的创新的产生和扩散有两种模式：自下而上的创新和自上而下的创新，如图 1-1 所示。这种区分与我们的主题有直接关系，在后面的章节中可以看到，每种模式要求创新领导者具有不同的关注点。

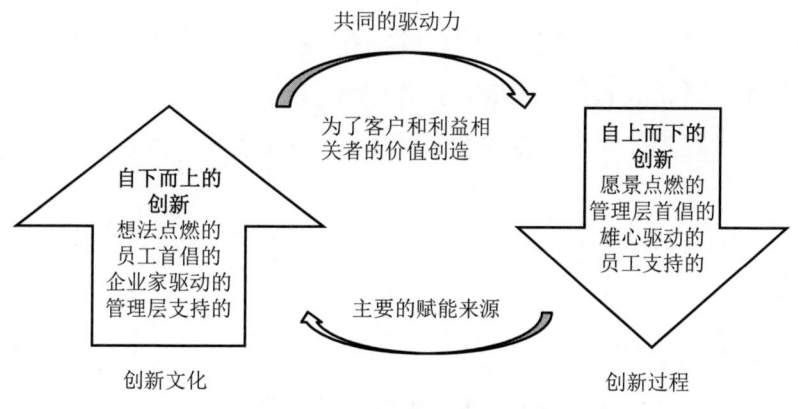

图 1-1　创新的两种模式

Innovation Leaders

在自下而上的创新模式中，创新性的想法一般源自企业的一线员工——不考虑他所属的部门。这些想法因处于一个开放式的环境中而得以发展，并且可能因为得到资金和支持而形成新的项目。这种类型的创新是由企业内部拥有高度的组织承诺和奉献精神的创业者所驱动的，他们从企业的管理层得到了授权和鼓励。自下而上的创新的主要驱动力在于组织鼓励个体的主动性、探索性实验和承担风险的组织文化。

与此相反，自上而下的创新是企业的管理层对于一个有雄心壮志的、极具吸引力的业务机遇的回应。这种创新想法一般从企业管理层的愿景出发，下达到企业的各部门，最后到想法的落地。自上而下的创新的主要驱动力在于组织过程，这种过程有赖于管理层的可操作性和绝对的执行。

在那些真正的创新型公司的内部，这两种创新模式并行存在，因为它们具有互补性。那些产生于一线员工的、有远景的想法可能会到达管理层，最后被转变成一个自上而下的、管理层大力参与和指导的项目。同样，一个自上而下的创新活动可能最开始由管理层发起，但最终还是因一线员工在执行的过程中不断实践创新性的想法而完成。

不过，有些公司以两种模式之一作为其"默认"的创新模式而闻名。例如，3M 公司长期以来被认定为一个典型的自下而上的创新者——至少直到 2001 年，它的 CEO 詹姆斯·麦克奈尼走马上任，才试图将其工作重点放在更加自上而下的创新上。相反，像佳能这样的日本技术公司更倾向于以自上而下的模式进行创新，管理层的参与度很高。

巴布森学院的埃里克·曼金教授强调，两种创新模式至少在 3 个维度上不同。

（1）创新性想法的数量。

（2）生成结果的方式。

（3）迭代的水平。

表 1-1 强调了曼金如何从这 3 个维度比较零售商百思买公司（自称为自下

而上的创新者）和通用电气公司（自上而下创新的支持者）。

表 1-1　百思买公司和通用电气公司的创新对比

标　　准	自下而上 百思买	自上而下 通用电气
创新性想法的数量	许多小的想法	很少的、几个大的想法
生成结果的方式	许多成功，赢得了员工承诺	巨大的成功，赢得了新市场和业务
迭代的水平	高，建立在实验的基础上	低，强调选择正确的目标

注：此表内容的使用已获得了埃里克·曼金的授权。

但是，这两种创新模式在领导力的关注点和要求方面也有所不同。当然，自下而上的创新是自发地发生的——没有直接的管理干预——在正确的文化或氛围中。领导者在鼓励自下而上的创新中的主要作用是积极发展高度支持性的文化。

相比之下，自上而下的创新由管理层引导，自上而下的创新领导者擅长做的是使自己的愿景成为现实。

4. 创新领导者：与众不同吗

4.1　对创新领导者的界定

总而言之，创新领导者可以被定义为在公司中推广创新议程的高管。无论他们的职能、地位如何，他们在组织中激励、支持和引导创新。基于个人信念或竞争的必要性，他们痴迷于为客户提供卓越的价值。即使面对其他高级管理人员的抗议，这些高管也站在了现代创新者和挑战者一边。他们知道如何动员他们的员工开展具体的行动，并且毫不犹豫地亲自指导创新项目团队。

在创新语汇中，他们有时被称为"捍卫者""投资人"或"推动者"，无论被称为什么，真正的创新领导者都倾向于分享决心，不怕在高级管理人员面前承担失败所造成的信誉风险。3M 公司极具魅力的前 CEO 刘易斯·雷尔非常有说服力地描述了创新领导者的行为:"我们追随那些追求梦想的同伴们。"

创新领导者的理想管理层级显然是公司负责人或业务负责人,他们的任务是协助公司的 CEO。这让我们想起了很多著名的名字:宝丽来公司的埃德温·兰德,英特尔公司的罗伯特·诺伊斯,苹果公司的史蒂夫·乔布斯,微软公司的比尔·盖茨,思科公司的约翰·钱伯斯,亚马逊的杰夫·贝佐斯,以及谷歌公司的拉里·佩奇和谢尔盖·布林。但有魅力的企业家不是唯一值得考虑的创新领导者。创新领导者可以在公司的各个管理层面、各种类型中找到。他们也来自公司的不同职能部门,我们特别强调的是营销部门和研发部门。不论有没有最高管理层的祝福与支持,他们都会致力于保持公司的创新基因——如果存在——或者修复它的创新基因。他们根据自己的个人立场,将自己看作公司创新过程的一部分,或者创新、创业文化的传音符。

创新领导者利用各种杠杆来改进公司的创新流程,形成强大的创新文化。他们似乎都拥有一些独特的领导风格,特别是在与其他优秀但更传统的商业领导者相比时。

4.2 创新领导者社会网络的需求

麦肯锡公司的传奇管理合伙人兼领导力大师马文·鲍尔认为,"企业应由位于组织中的领导者网络来管理"。这种观点可能更适用于创新领导者,而不是其他类型的领导者。事实上,无论是在项目执行层面还是在支持性层面,创新永远不是一个人努力的结果。众所周知,九票赞成,一票反对,仍然可以否决一个项目——如果高管团队由一个领导者来把控,无论他的魅力如何,创新都面临潜在的危险。因此,创新领导者的第一个角色是传播创新价值观,培育或吸引他人担任领导者角色,使其支持具体项目。

相对而言,由创新领导者来组建一个具有相似价值观和行为的团队则更容易。这有两个原因:首先,人们倾向于认同志同道合的人;其次,除非是专制,否则创新领导者通常会拥有高度的开放性和交流的积极性。员工,为他们工作令人兴奋不已！

最高管理层的情况则比较复杂。一半的创新领导者，除非他们自己占有顶级的管理层位置，否则可能无法影响其高级管理人员的偏好和行为。他们需要获得 CEO 的支持。如果他们的绩效是增长型的，他们可以通过纯粹的竞争来传播他们的价值观。当他们在组织中建立了相对稳定的人才体系时，他们可以将一些最好和最有积极性的工作人员转移到其他部门，以期启动自下而上的蔓延机制。

5. 描绘我们的旅程

5.1 定义和描绘创新领导者

鉴于我们已经确定创新需要一种特殊的领导力，第 2 章将进一步描绘创新领导者的肖像，其应该具有区分于其他类型领导者的特点——个性特征、本能和行为。由于创新领导者广泛存在，第 2 章将根据创新领导者关注创新流程（前端与后端）的某个方面将其进行分类，并表明其选择创新模式的倾向性，即自下而上或自下而上。

第 3 章的主题将是自下而上的创新和领导者可以做什么来鼓励和维持创新。自下而上的创新是公司创新文化的体现，这通常反映了公司的历史和创始人的风格或领袖魅力。这并不意味着自下而上的创新仅限于一个公司保持其历史创新遗产的完整度。事实上，通过创新领导者的态度、政策和创新流程，领导者可以在至少 4 个方面对创新的直接推动者形成强大的影响：发挥公司创造力的强大作用；系统地部署、补充领袖者队伍；鼓励与客户亲密接触的实践；促进"尝试去做"的氛围。

第 4 章将探讨自上而下创新的特点，强调领导者如何重塑业务、引入颠覆性技术、引导企业进入新的市场空间。自上而下的创新通常来自管理层的认知，即需要他们发现市场环境或技术的变化，从而为突破既有行业提供的巨大机会。创新领导者会动员整个组织开展工作，抓住机遇。他们确保将最初的想法变成可实现的愿景，即绘制具体实施路线图和流程。

第 5 章将重点介绍创新领导力模式之一，即首席技术官（CTO）或首席研究官（CRO），有时也被称为首席创新官（CIO）。本书还将研究这些技术主管在多大程度上会影响高层管理团队，以及他们对于高管团队建言影响力的变化。本书还将突出 CTO / CIO 的新挑战。

（1）向企业灌输科学技术的作用，提高目标意识。

（2）为科技投入指引方向。

（3）强化待开发技术与外包技术的重点关注点。

（4）成为企业家以将技术转化为新的业务。

5.2　创新战略的领导作用

本书的第一部分基于一个隐含的假设：创新是一个通用的过程——以相似的方式进行——无论情境和公司如何。创新领导者有共同的特征，他们之间的区别主要在于他们重点关注的方面——前端或后端——以及他们首选的干预模式——自上而下或自下而上。现实更复杂，我们都知道创新具有多种形式。因此，假设不同类型的创新需要不同的创新领导力风格，这更加具有说服力。

第 6 章概述了以下 4 个不同的创新推动力。

（1）新的或改进的产品、流程或服务。

（2）全新的产品门类或服务。

（3）全新的业务系统或商业模式。

（4）新的或改进的客户解决方案。

这 4 个创新推动力有一个共同的特征，即对于独特的客户价值主张有近乎苛刻的追求。然而，每个创新推动力都需要在流程、结构、文化和人力方面有明显的重视。CEO 应该清楚他们的高级管理人员是不是创新领导者，以及如何满足其创新战略所需的创新领导者特征。以下 4 章将各以一个例子来说明这

4 个创新推动力，并详细论述其所需的具体的领导责任。

新的或改进的产品或服务的渐进式开发是最流行的创新类型，可能占大多数公司研发支出的大部分。第 7 章将通过美敦力公司的案例来说明这类创新的领导责任，它将其创造的行业——心脏起搏器——的知名但较弱的竞争对手转变为"再创新"的创新者和市场领导者。这个故事中有一个强大的领导者，他愿意直面一种宽松而自满的文化，为其引入紧迫感和高度的纪律感。这个例子也突出了高级管理人员在支持创新文化以及那些不受人欢迎的勇敢的创新捍卫者方面的作用。

可以将专注于新的或改进的产品的渐进式开发的领导者与艰苦的团队运动教练进行比较，他们对他们的团队非常苛刻，但是能够激励团队最大限度地赢得胜利。他们强调的是挑战性、设定目标和测量标准。

通过激励创新创造一个全新的产品门类是较少采用的策略，几乎没有高层管理团队乐意接受超长期回报，也几乎很少有高管可以容忍进入一个全新的市场空间的不确定性。但是，利乐包装公司却决定开发一种可折叠的纸箱替代无处不在的、被食品行业采用了一个多世纪的金属包装。这个例子将在第 8 章中论述。它凸显了管理层初始愿景的重要性，显示了通过坚持不懈来度过风险项目不可避免的起伏，也显示了保持忠实于其初始价值主张的坚定决心，以及以强有力的业务能力来指导和管理这些项目的意愿。

集中精力开发全新的产品门类或服务的创新领导者，具有类似直接投资人的许多领导者特征。他们往往非常支持他们的团队，但他们如果是有远见的人，也会知道如何保持脚踏实地。他们知道如何使他们的团队面对并系统地解决每个障碍，以减少风险。他们的重点是培育、挑战和授权。

这些创新项目通常时间跨度较长，而且强调多功能性，因此单个高级管理人员往往难以从头到尾指导某一个创新项目。高级管理人员的集体领导是一个关键要求。这意味着各类领导者必须在项目的生命周期中适时地进入和退出，同时要保持尽可能的连续性，这就是所谓的持续不断的领导力。

Innovation Leaders

第 9 章将介绍如何领导创建一个全新的业务系统,以及选定内部或外部合作伙伴。最常见的是推出一个全新的、能够深刻改变现有行业的商业模式。TiVo 公司是美国视频点播电视的典型代表,它提供了一个业务模式创新的良好例子,其中包括各种组件:硬件、软件和服务。TiVo 公司的故事突出了特定领导技能对于不同类型的创新的重要性。

能够实现这种业务系统,或更普遍地,商业模式的创新领导者具有与务实的建筑师相似的技能。他们有能力设计复杂的建筑,有能力找到不同的领导团队来实现它们,包括各个细节。他们关注的重点是愿景、合作和总体规划。

第 10 章将重点研究渐进式新产品,这些新产品旨在为客户提供更丰富的体验,因为相比传统产品,它们提供了更全面的解决问题或需求的方案。这些新的解决方案通常由不同的元素组成,如产品和消耗品,或产品及与其配套的交付设备。它们可能由在各个方面互补的、在不同情况下并肩作战的合作伙伴提供。我们将通过介绍单一服务系统,特别是 SLDE 公司及其合作伙伴荷兰飞利浦公司对家庭咖啡业务的影响的例子,来说明这一现象。

引领这种发展需要深入了解什么是良好的客户体验,需要创新领导者愿意接触互补的、共享相同目标的合作伙伴,并以可复制的方式为客户提供该种体验。这种创新也有业务系统创新的一些特点,但这种客户体验却是一次性的,少了业务系统创新可以有的多次排练的环节。不过,创新领导者必须具备类似于乐团指挥的技能,其重点在于解释、协调和整合必要的投入。

5.3 培养一支创新领导者队伍

第 8 章介绍的"领导力链"概念强调了一些创新领导者在创新项目中愿意发挥补充作用的重要性。正如第 11 章所指出的,只有当公司在创新项目中发展了创新领导文化,才会出现一些会促进创新领导者涌现和赋权的管理价值观和行为。有少数大公司展现出明显的、强大的创新领导文化,如罗技公司、美国和瑞士的数码配件公司。罗技公司在维持创业时代的创新精神的同时,实现了盈利增长。罗技公司的文化通过5个关键要素的结合而发展起来。

（1）强大的创新遗产，根植于公司的创业历史，并形成于其创立的历史时刻、创新成果和所遭遇的威胁中。

（2）竞争激烈的行业环境和市场环境，突出创新作为生存过程的至关重要性。

（3）其主要创新作用模式的可见性和影响力，特别是创始人和CEO，以及所选择的继任者。

（4）公司嵌入的价值观及其现行管理态度、政策和流程。

（5）对创新管理作为创造力和纪律性整合过程的高度重视。

最后，第12章将讨论关于培养创新领袖的高级管理人员的一些关键问题。这将避免讨论领导者是天生的还是后天形成的人才，以及是否开展一些关于创新领导者态度和技能的训练，显然，这两个问题的答案都是肯定的。我们将重点关注创新型公司的领导者：（1）评估；（2）吸引、选拔和聘用；（3）开发配置；（4）留住人才，引领创新。

第 2 章

创新领导者有何特殊之处

> 创新领导者是拥有或能够调动创造性产品所需的全部要素以完成创新产品创造的独特人才。
>
> ——罗技公司联合创始人、前董事长　丹尼尔·波莱尔

如果对"创新需要一种特殊的领导力"抱有任何疑问,当你听到标志性创新型公司的高级管理人员谈论领导力时,这种疑问会迅速消失。例如,苹果公司的史蒂夫·乔布斯 2005 年在斯坦福大学毕业典礼上告诫毕业生应该"痴心不改,进取不息"。他坚持"你必须找到你爱的东西"。他的这种表达就是一种激发创新的韵律,我们将在后面的章节看到,这是创新领导者的重要特征之一。

1. 创新领导者的 6 个特征

由于缺乏对创新领导者的思考,缺乏对其行为和行为方式的深度研究,所以听取创新型公司的高级管理人员对"创新领导者的特殊之处"的评论对我们具有重大的启发意义。有趣的是,罗技公司、美敦力公司、飞利浦公司和诺基亚公司等 4 家公司的领导者提出了相似的创新领导力特征。

总结他们的评论和其他高级管理人员的观点可以看到,创新领导者有 6 个特征。其中有些特征是具体的、几乎是先天性的行为特征,其他的则可以称

第 2 章
创新领导者有何特殊之处

为本能性行为偏好。

（1）如罗技公司创始人兼前董事长所称的"情感主义与现实主义的结合"，或创造力和流程中的纪律性的非凡组合。

（2）接受不确定性、风险和失败，并使员工产生从中学习的冲动。

（3）对自己的使命和创新怀有高度的激情，并与员工分享这种激情。

（4）主动搜寻外部技术和创意，然后试验。

（5）拥有停止项目的勇气，而不仅仅是启动项目的勇气……以及决定何时坚持项目、何时下马项目。

（6）有建立团队、指导团队获胜的智慧和吸引、留住创新者的诀窍。

本章将阐释创新领导者的这 6 个特征，并阐释为什么说并不是每个领导者都拥有所有特征。

1.1 "情感主义与现实主义的结合"

如果我们将创新视为创造新产品或服务并将其推向市场的过程，那么这个过程中会有明显不同的阶段。创新领导者并非仅仅具有创造力，就像飞利浦集团前任管理团队成员和飞利浦研究院 CEO 亚当·柯慈雷所指出的：

> 创造力是创新的必要元素……创新领导者必然具有创造力，但是其创造力以一种平衡的方式表现出来。他们并不是每天都产生新的创意，因为如果每天都改变方向，创新领导者不会领导企业获得创新性成果。

实际上，随着项目的开展，创新的过程侧重于开发产品（或服务），然后将其商业化和工业化。在这个执行阶段，职能和团队流程的纪律性优先于纯粹的创造力。在同一个流程中提出双重要求——创造力和纪律性，将使创新难以从头到尾都占据领先地位。数码配件专家、罗技公司的联合创始人兼前董事长丹尼尔·波莱尔将这种双重要求定义为"情感主义与现实主义的结合"：

> 创新领导者是拥有或能够调动创造性产品所需的全部要素的人，他们了解和掌握将可行性产品打入市场的所有因素……
>
> 情感和激情是创新的关键驱动力。执行也是关键之一，但它是落地，并不是创造。
>
> 真正的领导者是能把所有要素都放在一个框架中，能正确地结合情感主义与现实主义的人！

在本章后面部分我们将会读到，真正"平衡"的创新领导者，即同等重视创造力和纪律性的领导者，是罕见的。在创新管理方面，一些创新领导者专注于创新的前端，而另一些则集中精力于后端执行阶段。

1.2 接受不确定性、风险和失败，并使员工产生从中学习的冲动

第1章强调，创新不仅要求勇于尝试新事物，并且要求承担风险，还要能管理不确定性以控制风险。事实上，大多数高管都将风险接受度、失败容忍度视为创新领导者的主要特征。

飞利浦公司的亚当·柯慈雷有言：

> 创新就是要尝试新事物，从原则上讲，每种新事物的背后都隐藏着一定的风险。因此，勇于冒险是创新领导者的特征之一——在风险与机遇的大小、风险投资组合的差距之间进行权衡，因为创新并不是单一的尝试；不论是一项接着一项地开展创新工作，还是并行开展各种创新工作，我们都将承担一些风险。在这个意义上，创新领导者要敢于冒险，但与此同时，他们要在冒险行动与防御行动间保持平衡，并进行合理的风险规避……他们要知道自己会遇到什么样的风险及风险产生的原因！

诺基亚公司的前总裁佩卡·阿列·佩伊拉说，风险承担不应是强制性的，它必须深深根植于公司文化：

第 2 章
创新领导者有何特殊之处

公司文化中应该有某些基本元素……（不惧）冒险。鼓励人们大胆地冒险——直言"我鼓励你冒险"是有点为难，它应该在某种情况下以一种自我激励的、不言而喻的、显而易见的方式开展。

只要人们从错误中学习，冒险就不能与对失败的接受和容忍相脱离。正如罗技公司的丹尼尔·波莱尔所说的：

要容忍错误！接受失败吧，否则你就会扼杀创新。成功与失败只是一线之隔。有时，这只是运气好坏的问题。但好消息是，你从失败中学到的比从成功中学到的更多！经验很重要，正如人们所说的——"正确的判断来自经验"，虽然他们忘记说失败来自判断失误！

在商业活动中，人们更希望 10 次中成功 6 次而非全部失败，以确保自己不会错过机会。但作为一个创新领导者，你必须接受失败是游戏的一部分，你的目标是从中学习并比其他人更少地犯错误。

失败的权利和失败与学习之间的密切联系被风险投资公司广泛认可，特别是在硅谷，失败被视为正常现象。正如《经济学人》曾经说过的："在硅谷，破产如同普鲁士人的疤痕——它是其参加过决斗的印记。"但是，一些有资历的人也强调要限制这种失败的权利，正如以下大家耳熟能详的名人名言。

不论如何，我都要再试一次。我宁愿再次失败，失败了反而更好！
——塞缪尔·贝克特

多次失败，加速成功！
——IDEO 格言

如果你终将失败，请以一些新的有趣的方式迎来失败！
——杰弗里·摩尔

当有如此多的错误可以犯时，为什么要同样的错误犯两次？
——奥斯卡·王尔德

这些充满智慧的话语都突出了"从失败中学习"这一内涵。上文提及的杰弗里·摩尔还区分过失败者与失误者：失败者是不从错误中学习的公司或人，而失误者是不会多次犯同样错误的公司或人。事实上，尽管失败会使管理团队及其财务支持者感到痛苦，但它的确是获得经验的最佳途径之一。风险投资家重视的所谓"先行者优势"就是获得"先行学习者优势"的机会。

相比商业世界，这种对失败的学习价值的认识在科学领域和技术领域被更好地理解和接受。用美敦力公司前 CEO 兼总裁比尔·乔治的话来说：

> 创造性创新领导者（特别能）容忍失败。事实上他知道，绝大多数伟大的突破都是预期外的实验结果。预期中的实验结果只是在验证以前的知识，而预期外的实验结果让你不禁脱口而出："噢！我可以从中学到什么？"然后你会去应用它、改善它。我觉得失败可以带来很多学习的机会。然而，现实中很多绩效导向的人不能容忍失败。但创新领导者对失败的容忍度很高。

但是，除非公司管理层倡导容忍失败的企业文化，否则这种容忍失败和从失败中学习的意愿将不会在公司得到传播和发展。

1.3 对自己的使命和创新有高度的激情，并与员工分享这种激情

在创新领导者的特征中，激情后紧随风险承担和失败容忍。本书不会辩论激情是所有领导者的普遍特征还是创新领导者的特质——这是分歧所在，但有一点是肯定的，激情似乎是创新者和创新领导者的共同特征。事实上，如果说领导者倾向于以高度的热情对待他们的工作，那创新领导者尤其如此。无论是前端型团队，还是纪律严明的后端执行型团队，所有创新领导者有一个共同点——蕴含超高的能量并天生具有将该能量传达给其团队成员的能力。

对于创业型创新领导者而言，如硅谷的公司创始人，激情通常是"干一番大事"的直接副产品，即建立下一个现象级成长型公司并获得收益。苹果公司

第 2 章
创新领导者有何特殊之处

的史蒂夫·乔布斯坦率地解释说：

> 很多人问我："我想开一家公司。我该怎么办？"我的第一个问题是："你的激情是什么？你想在公司做什么？"……几乎所有我知道的公司都已经开始启动业务了！因为别人不会相信一个创意的价值，除非你开办一家公司……开办一家公司如此艰难——如果你缺乏热情，你便会放弃。

风险投资家选择候选者的前提条件是拥有激情和精力，正如下面的引言所示。

> 我从来不投资那些说他们要做某事的人：我投资那些说他们已经在做某事，只是想要资金来推动所做的事情的人。激情超越经验。
> ——硅谷风险投资家　史蒂夫·贾维森

> 开一家公司就像上战场。你必须疯狂，充满激情，不可阻挡。
> ——硅谷企业家、天使投资人　奥德丽·麦克莱恩

在成熟的公司中，有很多因素可以激发创新者及其领导者的激情。管理人员可能对他们的客户充满激情，可能对他们的"以公司的前途为赌注的"项目充满激情，或仅仅是对赢得市场充满激情。例如，与微软公司在引进新技术方面的激烈竞争，激发了罗技公司这种获胜的激情。每个"第一"都会让人充满激情地庆祝，"第二"则都让人感到遗憾。对于诺基亚公司而言，获胜意味着保持其全球无线电信业务的领先地位。事实上，诺基亚公司和罗技公司如此相信激情的重要性，是因为他们根据其激情水平来选择新员工。诺基亚公司的佩卡·阿列·佩伊拉毫不含糊地表达了这样的信念：

> 无论你做什么，如果没有激情，那么你已经失去了最大的能量来源。如果你的团队没有激情——改变世界的激情、让事情变得更好的激情、追求更好的结果的激情——那么你只会得到平庸的结果。

在一些公司，特别是但不完全是医疗行业的公司，激情直接来源于公司管理层对公司使命和愿景的坚定信念，他们也会承诺以此为生。强生公司和美敦力公司是典型的具有强大使命感的公司。比尔·乔治说，美敦力公司坚信，每个人都应该致力于实现公司的使命，即帮助人们减轻痛苦、恢复健康和延续生命：

> 在公司的实践中，那些对病人没有激情的医生和工作流程，在美敦力文化中表现不佳……执行型创新领导者与创意型创新领导者有着同样的激情，但有不同的世界观。他们认为："如果你在实验室待着却从不帮助病人，这有什么好处呢？我就是想开车去帮助病人。因为你知道，这些人就在那里，每天都有人死亡。"

1.4 主动寻找外部技术和创意，然后试验

过去十年来，新技术的迅速扩散引发了许多企业管理创新方式的深刻变化。商业领导者和技术领导者越来越意识到需要重视利用内部和外部所有可能的技术和创新来源。开源创新——技术、分子、产品概念、设计或产品开发服务的外部采购——已经成为许多行业的必需品。在制药行业尤其如此，因为生物技术在迅速发展、专业的初创公司在蓬勃发展。分析师估计，现在制药公司大型研发预算中的25%~30%用于购买技术或"线索"（新的化学物质）以及与大学或研究公司的研究合作伙伴关系或合同关系。尽管在所谓的高科技领域，如信息技术或数字电子技术领域，也可以观察到同样的现象，但这种现象在更传统、成熟的行业才刚刚开始，如快速消费品行业和材料行业。这些行业的公司一般在几十年间都形成了自己的内部能力，会依靠内部资源来开展大部分研发活动。

美国日用消费品巨头宝洁公司显然是一个例外，它完全体现了创新来源外部化的趋势。与许多竞争对手不同，宝洁公司已经开始了一个系统化的过程，

第 2 章
创新领导者有何特殊之处

以在产品概念中寻找和利用外部技术。

大多数商业领导者和技术领导者,甚至开放型创新领域的领导者都知道如何说服研发人员购买外部的技术或研发成果。科学家和工程师本能地抵制任务外包,因为他们认为如果给他们机会,他们也可以处理这些任务。著名的"非我发明"(Not-Invented-Here,NIH)综合征在大多数公司的研发部门都存在。飞利浦公司的高级业务经理曾经在创新研讨会上公开表示:

> 自尊心极强的飞利浦公司技术人员不会想要利用别人的技术,当他能自己开发时……当他的开发成果更好时……当他耗时更长时!

正如大多数管理人员可能经历过的那样,我们可能需要很大的决心并花费大量的精力用于解释、哄骗甚至威胁——这需要强大的领导力,来克服"非我发明"综合征,该问题不仅仅存在于研发部门。当前大多数公司偶尔或频繁地利用技术外包,只有少数公司将其作为公司价值的一部分。TiVo 公司就是依赖技术外包的公司之一,将在第 9 章中介绍它的故事。TiVo 公司的联合创始人兼前任 CEO 迈克·拉姆齐在公司的最初章程中确立了两项基本原则。

(1)不要重新发明轮子,只有在增加实际价值的情况下才在内部创新。

(2)开展合作,与最好的合作伙伴公开合作。

十多年后,TiVo 公司仍然忠于这两项基本原则。

罗技公司采用了相同的务实性的哲学,丹尼尔·波莱尔指出:

> 创新型公司的领导者必须有开放的态度,而不仅仅是从内部接受新的想法……工程师是我们公司的开山功臣,您可以想象,我们曾经重视内部工程产品。然而,多年来,我们聘请了员工专门负责引进外包技术。
>
> 这对我们来说是非常重要的——从内部、外部获取能量的能力,并提供最好的产品或解决方案。最后,用户真正需要的是一个很酷的罗技产品,我们以实惠的价格提供最好的技术……这就是为什么你必

须准备好进行标杆对比、挑战自己的专业知识。如果外部有更好的东西，那就从外部获取。

1.5 拥有停止项目的勇气，而不仅仅是启动项目的勇气……以及决定何时坚持或下马项目

创新型企业家将精力主要投放在创业上，创新领导者对公司资源的有效利用负有监督责任，因此有时候创新领导者需要作为项目的"持斧人"。下马项目，特别是当没有明显的技术理由支持项目、只有市场或经济不确定性的理由的时候——这通常是领导者工作中最难且不太被了解的部分之一。所有 CTO 和研发经理都对此深有体会！飞利浦公司沙皇式的前领导者亚当·柯慈雷总结了他的研发同行们的感受：

> 我完全同意那些"领导力就是使项目下马"的说法，这当然只是领导力的一部分；另一部分是启动项目！但启动项目比停止项目更容易。停止是真正要求做出选择，这意味着冒险，因为你可能会停止有价值的东西。因此，停止项目比启动项目需要更多的领导力。所以，真正的领导者敢于做出选择，对他们认为不会为公司带来附加值的事情说"不"……
>
> 对我来说，创造性的环境既自由开放，同时又受到预算、人力等因素的限制。所以，如果你想创造新事物，你必须停止其他的事情……它刺激人们开展工作，激励人们对自己的想法开展批评工作——不是在项目的开始，而是在行动过程中。

作为飞利浦公司高级管理团队的成员，柯慈雷认识到，在累计投资仍然有限的情况下，在研究阶段更容易下马项目。在后期阶段，当一个项目已经成为一个暂时性的业务时，扼杀项目变得更加困难。传统的"沉没成本"综合征强化了企业家的信念，即成功可能就在下一个路口！

第 2 章
创新领导者有何特殊之处

因此，管理层需要有能力决定何时坚持项目、何时使项目下马。如果对项目能否成功心存疑问，保守者一般会停止冒险，因为下马一个项目不会证明谁是错误的。相比之下，创新领导者接受风险，因为不确定性暗示市场潜力。许多突破性创新的成功案例证明了高度信赖"自适应持续性"的力量，即创新领导者持续支持项目的能力，尽管早期工作的成果会经历挫折，但是不断探索如何帮助团队打开市场。

创新领导者如果深信自己的新产品优势，可能会拒绝同事的劝告，继续坚持一个不确定的项目。这种信念可能仅仅来自"直觉"，就像雀巢公司的奈斯派索胶囊咖啡（Nespresso™）项目一样。一些高级管理人员支持在雀巢公司内部推行这种新的产品，而创新团队则试图先在办公市场上推行，然后再到起初没获得太大成功的 HORECA[①]市场。Nespresso™ 最终还是成功了，但是是在以互联网为基础的消费者俱乐部概念兴起之后才成功的。该项目是在公司拥有该专利大约 16 年后才实现收支平衡的！值得一提的是，雀巢公司的高级管理人员之一、Nespresso™ 的捍卫者卡米洛·帕加诺，其父亲是罗马咖啡吧的咖啡师。在将 Nespresso™ 与他所熟悉的意大利标杆们进行对照后，帕加诺认为该产品将成为市场赢家。这有助于他说服他的德国和奥地利的执行委员会的同事、CEO 赫尔穆特·毛赫尔和执行副总裁鲁伯特·加塞。这些管理人员对于该产品的直觉可能不如帕加诺，但对于该产品的市场潜力（还有帕加诺的直觉）十分自信。

如果管理层觉察到客户的强烈兴趣，具有风险的创新项目可能被允许继续开展——尽管它们具有不确定性。利乐佳，第 8 章中具有特色的利乐"纸盒食品罐"创新项目，当其组织机构——集团分公司被拆除时，该项目很可能被管理层下马。但是，潜在客户在追踪产品测试方面的强烈兴趣，使利乐包装公司的创新领导者可以确认他们的项目前景光明。利乐包装公司的其他高风险创新

[①] 这是欧洲用于描述餐饮市场的一个常见缩写，它代表着 HOtels, REstaurants, CAfés。——编者注

项目便没有这样的优势，且被同样一批创新领导者叫停。利乐包装公司的集团领导力团队（GLT）成员博·沃森评论：

> 当我们设立"速度+"项目的时候，尼尔森（博·沃森的 GLT 同事）和我实际上是两个大项目的主席，这两个大项目都是我们决定叫停的。这是利乐包装公司的新东西。公司擅长启动项目，当我们看到商业化的问题时，我们往往倾向于寻找其他角度，而不是对现实说："我们做的已经足够多了。我们放弃吧！"……对于技术界来说，这是一件令人震惊的事情，因为他们从来没有看到过这样的决定。

在第 8 章中，我们将讨论将这些高风险、高影响力的项目的责任分配给一个作为授权指导小组一部分的高级管理人员队伍，而不是委托给某个人的重要性。当涉及何时坚持一个有风险的项目、何时使项目下马时，团队往往会做出更好的判断。

1.6 有建立团队、指导团队获胜的智慧和吸引、留住创新者的诀窍

团队在创新中处于核心地位，且领导者在建立团队中扮演关键角色，正如飞利浦公司的亚当·柯慈雷指出的：

> 创新领导者经常表达团队配合的愿景，但与此同时，他们也是团队成员之一，因为他们不能单枪匹马地自己做。创新绝对需要一个团队的努力，创新领导者知道如何组建和建设团队。平衡创新团队经常被视为创新领导者专长的能力。

很少有创新团队的支持者会像美国首屈一指的设计工作室、创新文化的传播者 IDEO 的成员一样如此积极。IDEO 常见的说法是："开明的（团队）尝试与错误胜于孤独的天才的努力。"为了更好地表现设计团队在创新项目上工作时的激情，IDEO 自称为"热辣团队"。

第 2 章
创新领导者有何特殊之处

作为公司的终极创新领袖、IDEO 的创始人兼前任 CEO 戴夫·凯利非常重视团队组建和建设的过程。他认为，由志愿者组成的团队表现更好，IDEO 已经基于此而创造了一种团队组建方式——围绕"热辣工作室"来搭建团队，这是一个类似好莱坞的系统，可以围绕项目和专业快速组建团队。在这种做法下，IDEO 的二级创新领导者的工作室主管不用选择他们需要的团队。他们描述他们负责的项目和他们需求的人才、职位。然后，设计师可以选择他们想要参与的项目……和他们的领导。IDEO 经理也非常清楚地认识到，即使团队由志愿者组成，也需要加强团队的积极性，把一群富有灵感的人变成一个"热辣团队"。这就是他们花费太多的时间和精力来思考如何使他们的管理和物理环境更适合团队的原因。

传统公司认为，IDEO 是一个特立独行的组织。虽然 IDEO 的管理风格可能是非正统的，但是当涉及领导者对组合团队的关注时，它绝对不是一个特殊的案例。在日本大型技术型企业中也有类似的模式。在像佳能和东芝这样的公司中，排名最高的创新领导者（通常是 CTO 或首席工程师）通常不会对研发部门进行分级负责，研发部门经常向部门或工厂管理部门报告。不过他们认为，对重要的新产品开发团队的领导和团队组建是他们的主要任务之一。日本的创新领导者将自己的"热辣团队"组合在一起，像一个调配异国情调鸡尾酒的调酒师一样，为工作奉献，关心团队建设和创新。他们在团队组建时寻求年龄、资历、经验、技能、个性甚至心态的平衡。这与许多西方同行形成鲜明的对比，西方同行有时只是在工作人员可用性的基础上快速地组建团队。

几十年来，创新领导者尝试与"兼容性"人员组队，这被广泛认可。管理层在人员能力的基础上匹配创新项目，当然，他们的态度同样重要。"基于其态度和技能选择人员"是最基础的智慧。在这个过程中，团队合作和集体精神得以开发，过度自我、自负的情况得以避免。

最近一本新书《能人团队》(*Virtuoso Teams*) 质疑了这种常识，它倡导特殊的项目应该由特殊的人管理。作者比尔·费希尔和安迪·博因顿引用来自各

Innovation Leaders

个领域（表演艺术、科学、体育和探索）的突破性团队的引人注目的例子，反对接受已被广泛认可的所谓的团队合作的常识。他们建议在同一个团队中集结特别有才华的人，即使这可能导致内部冲突。招聘人才和对态度的培养成为团队建设中被极力推崇的标准。作者建议，能人团队领导者应遵循以下 7 项规则。

（1）在团队背景下推动文化、愿景和行动。

（2）招募最优秀的人才，永远不要局限于当下可用的人。

（3）同时实现客户和团队的雄心勃勃的目标。

（4）在团队中聚焦个人"我"，而不是常规的"我们"。

（5）在组织内培育人才市场，促进能人团队的创建。

（6）积极跨越边界，发挥思想交流的渠道作用。

（7）通过管理空间、流程和时间来激发创意。

诺基亚公司的佩卡·阿列·佩伊拉将创新领导者的团队建设范围扩大到公司的界限之外。在移动电信业务中，硬件、软件、服务和内容的不同参与者需要合作，了解如何以最有效的方式推广市场：

> 我们必须确保将一些公司聚在一起，共同成功。我们觉得这不是一个"双赢"的世界！这是一个"多赢"的世界，因为有这么多的合作伙伴。

2. 创新领导者倾向于关注创新阶段

领导力不是一种绝对的、统一的技能。不同类型的目标可能需要不同类型的领导力。领导力的共同点是能够动员、激励和指导一群人一起实现有价值的目标。但是，随着目标性质的变化，多种领导力或不同的领导风格和态度是必要的。而这同样适用于创新。

如前所述，如果我们将创新定义为将创意成功推向市场的过程，那么它包含两个阶段：创造性的前端，产生创意和技术，并将其转化为有效的概念；纪律严明的后端，重点是把概念变成一种或一项完整的产品或服务，并将其推向市场。

前后两端都涉及复杂的跨职能过程，但这些过程本质上是非常不同的，需要不同的、互补的人才、态度和领导风格。事实上，有些观察者认为创造性的前端需要"问题提出型"领导者，而纪律严明的后端则需要"问题解决型"领导者。这就是要区分前端创新领导者和后端创新领导者的原因。由于少数行政人员同时具备这两种素质，高级管理人员的关键任务是：（1）确保公司的前、后端领导团队中有足够的核心骨干；（2）使这些核心骨干一起工作。斯坦福大学的查尔斯·雷利三世教授和哈佛大学商学院迈克尔·图什曼教授用"双管齐下"来描述那些设法使不同的二元性人才共存的领导者。

因此，将创新作为一个综合的无缝衔接的过程进行管理，需要高水平的团队整合者——知道在此过程中如何引导不同阶段、具备动员两种互补型领导力的能力。这些高级创新领导者必须能够从多样化的团队中获得最好的成果。正如罗技公司的丹尼尔·波莱尔解释的：

> 如果你研究一个公司，你很难找到一个在工作中的执行部分做得很好，同时在创新中的创造力部分做得好的人。因此，伟大的创新领导者是能够建立一个混合的团队、将不同类型的人才聚集在一起的人，他们可以让这些人才共同合作，使公司共享同一种语言。

美敦力公司的比尔·乔治用体育运动的隐喻来强调创新领导者必须吸引和配置多种才能的人：

> 就像一支足球队。你需要有人打分，需要有人确保安全，需要有个人掌控规则，需要有人创造辉煌的成绩！这样做很不容易，这几乎就像两种文化在一起运作。

Innovation Leaders

我们来探讨创新管理在这两方面所需的领导力。

2.1 引领创造性的创新前端

创新的前端关乎感知新的市场需求、探索新的机会、尝试新的技术，并产生正确的客户问题解决创意。它还涉及培育和开发新的产品和服务的概念，以及在早期阶段培育新的企业。它涉及非线性的过程，甚至是不同的过程，在这些过程中需要大量的组织创造力。

专注于创新前端的创新领导者应该拥有一系列独特的品质。

- 对新想法极度开放。
- 对外界的好奇心。
- 敏锐的观察意识。
- 接受"脱离思维定式"的想法。
- 易于联网。
- 督促探索性活动。
- 善于从弱信息中发现规律。
- 实验和学习的意愿。
- 接受不确定性和时刻准备面对风险。
- 容忍失败。

这些是创新领导者比较突出的特征，它们在创新主题的书籍中最常被提到。

在人员管理方面，创新领导者往往被视为鼓舞人心的梦想家、极好的激励者和卓越的教练。他们通常可以有效地吸引和留住有创造力的人——他们通常是创新创业者的"吸铁石"，因为他们会创造一种鼓励冒险和挑战的氛围。根据美敦力公司比尔·乔治的说法，他的副主席兼事实上的 CIO 格伦·纳尔逊是创新领导者的榜样：

他总是开放于接受新的创意。他总是想要去尝试一下。他总是愿意拿出一些资金来，为一个新的、不知道是否会成功的创意提供资金支持。

乔治认为，这种支持纯创意的前端创新领导者的主要素质是好奇和宽容：

> 他真的对技术很感兴趣；他非常愿意亲自动手；他非常了解产品。他可以接纳一个创意，构建一个愿景——也许这就是该创意的核心。这个愿景就像干草堆中的一根针，但他一直在寻找它，并会询问："你如何实现它呢？"而不是说："哦，这永远不会有用的！"有时候，商业领导者可能会说："那永远不会有用！看看其中的各种瑕疵。"但是创新领导者会说："不，看，那里有潜力！"这就像对粗糙的钻石进行抛光，使它成为一件艺术品。

2.2　领导纪律严明的创新后端

创新显然不会停止，因为新产品或服务会促生良好的市场导向观念。新的概念需要得到进一步丰富，并转化为在时间和成本方面可以有效地开发、设计和生产的商业主张、产品或服务。构成创新的关键性后端的过程相对而言比较趋同，它们都拥有一个单一的目标：快速面市以获得收益。创新的前端需要探索与发明，需要大量的组织创造力，而创新的后端则关乎精湛的计划，只有这样，创新才会像跑酷游戏一样，内容丰富，流畅贯通，这要求在规划和执行方面有很强的组织纪律性。创新的后端不是缺乏创造力，而是其重点在于为许多可能发生的问题提供解决方案。

令人惊讶的是，创新领域的研究较少关注转向创新后端的这些关键性活动所需的领导力特质。这些领导者是否只是好的"执行者"？事实上，经验表明，后端创新领导者与前端创新领导者具有完全不同的品质特点。

- 严谨分析。
- 重点实施。

- 擅长运营。
- 具备协调多个部门的能力。
- 在决策和行动上有良好的速度。
- 目标明确。
- 愿意投入资源。
- 在风险管理方面倡导实用主义。
- 具备解决问题的技能。
- 有因为推进产品面市的强烈欲望而产生的紧迫感!

在人事管理方面,后端创新领导者显示出超强的感染力——在组织内部领导团队,并与团队成员并肩作战。他们要求苛刻,特别是在产品面市时间方面。他们喜欢员工随时待命、有随叫随到的能力和情感的承诺。他们可能与前端创新领导者具有同等水平的激情,但他们的激情是不同的。只有当看到他们的新产品或服务成功面市时,他们才认为自己的工作已经完成了。

美敦力公司的比尔·乔治强调后端创新领导者迫切的面市要求:

> 只有有纪律的人才会确保把新产品推向市场。因为他知道,只有当新产品面市,创新才算完成,可以说,才为下一轮持续不断的创新铺设了道路。他可能会接受不那么充足的产品,会接受一个不太完善的产品,他们坚信有"瑕疵"的产品可以被改进!正是这些有纪律的人推动了新产品面市。

根据乔治所言,这些领导者的第二个特点是强烈的纪律感和速度感:

> 业务导向型创新领导者和执行导向型创新领导者了解监管过程、质量保险过程和生产需要什么。例如,你需要增加一条生产线,因为你不是只生产一百个,而是正在生产十万个产品。

总而言之,任何渴望推动创新的 CEO 都需要确保管理团队中包含前端创新领导者和后端创新领导者。虽然这种仔细的区分是有用的,但这种区分并不会有太大的持续性影响力,因为它假设创新只有一种类型,即认为这种区分是适用于所有类型的创新的通用过程。实际上,正如我们都知道的那样,创新有许多不同的类型,这就是第 6~10 章将描述不同创新战略的领导责任的原因。

3. 创新领导者聚焦于创新流程和文化

大多数公司在成立时都具有创新性。新的公司都起源于公司创始人的愿景和雄心壮志。当然这一愿景通常聚焦于市场机会和开发创新。创新型公司在早期阶段通常受益于强大的、几乎出于本能的创新文化。最常见的情况是,它们很少花费大量时间来将我们今天所谓的创新流程规范化,即建立系统和可重复的创新方法,如图 2-1 所示。

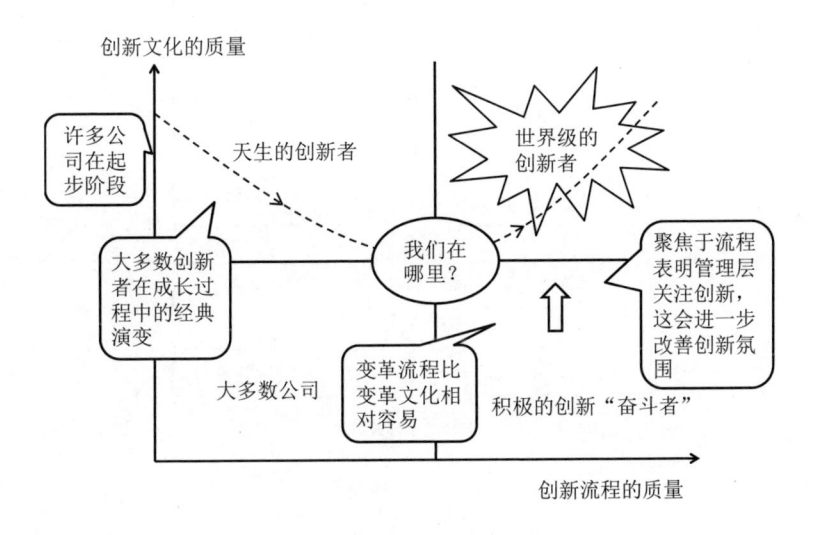

图 2-1 聚焦于创新流程和文化

随着时间的推移,随着规模的扩大和复杂性的增长,新的管理层取代了创始团队,许多早期创新者失去了其天生的创业精神。相反,他们倾向于开发更为正式的创新管理的方法、程序和机制。这样的过程肯定是有益的,有时是不可或缺的，但它们并不完全取代以往的文化。然而，由于变革流程通常比变革文化更容易，精简创新流程通常会在管理层关心创新的整个组织中传达积极的信息，并使其坚定变革创新流程的决心。这本身往往有助于改善公司的创新文化，从而创造一个良性循环。

3M 公司的前任 CEO 刘易斯·莱尔总结了文化与流程的结合如何为管理创造挑战：

> 创新可能是一个无序的过程，但需要有条不紊地进行。真正好的领导者了解有秩序地管理无序创新项目的手段，并且使其不会妨碍无序的创新的效果。

在结束本章之前，总结我们迄今为止介绍的一些创新参数是有必要的，见图 2-2。

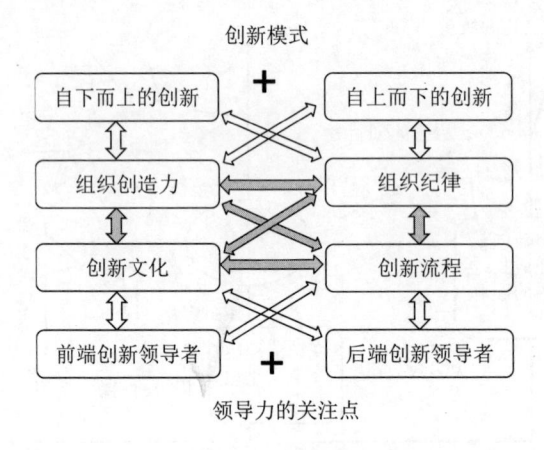

图 2-2 创新参数

自下而上的创新是自发的创新模式。它不是由管理层强制或组织的。只要行政经理和员工产生了满足市场需求或提高绩效的创新想法，并且通过本地或部门项目来实施，这种创新模式就出现了。如果公司鼓励各级组织创造力的发展——这是创新文化的关键要素——自下而上的创新的前景将是可观的。资深创新领导者，即那些被新技术和新创意所吸引的人——前端创新领导者——通常会设法支持和资助这些首创性的举措。随着时间的推移，他们会根据自己的个人偏好、行为和影响力，将注意力集中在发展具有探索性、实验性和创业精神的创新文化上。

相比之下，自上而下的创新是由高级管理层发起的，其目的在于实现获取具有吸引力的市场或竞争机会的愿景。它由组织实施，通常通过一个受人瞩目的公司项目来开展。它需要大量的组织纪律，通常关注流程。执行导向型的资深创新领导者——后端创新领导者——将参与这些项目。随着时间的推移，他们会根据自己的个人偏好、行为和影响力，将注意力集中在从愿景到市场现实的高效的创新流程上。

世界级的创新型公司显然不单一地依靠自下而上或自上而下的创新。它们同时关注这两方面，把精力集中在创造力和纪律性上，同时兼顾流程和文化。它们也知道，需要一个有纪律的流程来增强创造力，并依靠纪律来创造优胜的市场和客户导向的创意。同样，它们也意识到，在组织中建立和促进纪律文化是可实现的。所以它们在前端创新领导者和后端创新领导者的帮助下，同时在两个层面上开展工作。

部分创新领导者虽然都拥有本章提及的一些特征，并且认识到两种创新模式之间的互补性，但还是自然倾向于采用适合本企业的首选的创新模式——侧重文化的自下而上模式或专注于流程的自上而下模式。我们将在第3、4章中看到，建立创新文化来增强自下而上的创新，建立从愿景到现实的自上而下的创新，其各自的内涵和外延是什么。

第3章

刺激自下而上的创新

　　（谷歌公司）认为员工是其创新的源泉；公司希望员工产生创意，然后争取将创意发展到产品阶段。在理论上，适者——那些解决用户需求的人——生存！

——360技术博客

　　与高度组织化的公司相比，设法挖掘和利用所有员工的创造力的公司拥有强大的竞争优势，因为前者的员工只做他们被要求做的事情。汽车行业观察家多次发现丰田公司对抗西方竞争对手的秘密武器之一，是内部建言机制。丰田公司所采用的这个经典的却经常被忽视的创意系统据称每年产生超过200万个创意；该公司有超过95%的员工提出建议，也就是说每个员工每年可以提出超过30条建议。丰田公司可以自豪地宣称：其中超过90%的建议会在本公司得以实践。这证实了一些创新观察者的观点，即如果你想发现好的创意，那就先创造大量的创意。

　　自下而上的创新意味着员工不仅主动产生创意，还有权实施其中的一部分。一个典型的自下而上创新的例子是3M公司的Post-It贴片。创意领袖斯彭斯·西尔弗——微球胶（一种奇特的不粘胶）粘剂的发明者——以及阿特·弗赖伊并不仅仅是把创意提交给管理层；他们在一些主管的协助下从事研发，直到将创意转化成为产品。此后，这个研发团队并没有就此止步，而是推动管理层同意将产品市场化，从而成为 3M 公司最成功的商业案例之一。

真正的自下而上的创新者拥有管理层孜孜以求的难以捉摸的创业特征。因此，令人饶有兴致的，是思考创新领导者应该怎样来为这种自下而上的创新创造蓬勃发展的条件。

1. 鼓励自下而上的创新：经典方法

乐观的管理人员认为，每个员工先天都有创造力，并且这种创造力可以被动员起来。这意味着，除非迫于高层领导的阻碍，否则大多数人都渴望通过提出创意来改善现状或创造新的业务，从而提高个人在公司中的声誉。如果这种观点与实际情况相符，那么管理层在推动自下而上的创新中的主要任务，便是消除障碍并促进创意的征集。

这些障碍往往与管理态度相关，具有以下特征。

- 对那些与当前优先事项不相关的创意缺乏兴趣。
- 对思考不成熟的想法缺乏耐心。
- "非我发明"综合征。

但是，大多数管理人员知道需要刺激和促进自下而上的创新，他们为此采取了各种方法。

1.1 在创新方面树立颇具野心的管理目标

一个众所周知的管理方法是为业务部门制定一个雄心勃勃的整体创新目标，以过去 2 年、3 年、4 年或 5 年中新创产品的销售占比的形式表示。这刺激了自下而上的创新，因为这一目标一般不能通过普通方法得以实现——它需要大量的持续的创新方面的努力。当然，这种做法能否成功取决于管理层是否依此进行绩效评估，而不是以是否达到销售和利润目标等传统指标为依据。

关键绩效指标（KPI）的使用者可以支持这种创新目标的达成，如 3M 公司、惠普公司和美敦力公司。美敦力公司的前任 CEO 兼董事长比尔·乔治这

Innovation Leaders

样讲道：

> 我们美敦力公司有这样一项规定，公司收入的 70%应该来自过去 24 个月中推出的新产品。这给组织开发新产品带来了巨大的压力。我认为美国有两个伟大的创新型公司——3M 公司和惠普公司，它们有一项制度是……公司收入的 25%~30%应该来自过去 4 年推出的产品——所以我们在制度上更进一步。

这一绩效评价标准相对而言简单可行，还有另外两个优点。

（1）通过衡量新产品的销售占比，管理的重心放在了产品是否成功打入市场上，而不仅是推出的新产品的数量上。

（2）如果销售占比目标已经达成，就可以像 3M 公司和惠普公司的管理层现在定期做的那样，把这一目标再提高。这个目标是不断发展变化的。

但是，该方法不是普遍适用的，也不易施行。它主要有两个缺点。

（1）它不能广泛用于传统行业，如不依赖新产品本身来竞争的加工或材料行业。

（2）它需要对"新产品"进行严格定义，以防止管理人员耍小聪明或者增加产品小类以达到目标。

1.2　允许员工在工作时间追求自己的想法

员工匆匆忙忙处理日常工作或应对紧急事项的时候，很难产生创新的想法，创新是需要时间的。

- 观察的时间。
- 梦想、思考和想象的时间。
- 与他人一起推测研究的时间。
- 实验的时间。

这在研发领域非常重要。

第 3 章
刺激自下而上的创新

过去,在企业赞助的中央研究实验室很规范的时候,科学家们一般都不会受到过大商业压力的影响,所以会有创新的时间。但是,在追求提高研发生产力及业务导向的压力下,有许多这样的中央实验室已经拆分,其中的大批员工由业务部门经理领导。剩下的企业级的研究单位,如果还存在的话,我们可以看到,它们的资金普遍被削减。其预算的很大一部分现在正在转移至业务部门,因此,业务部门也就有权要求研究所有所产出。

这种转变一般都达到了预期目标,即研发更加以业务为导向,因为拆分后的实验室完全致力于为业务部门的同事提供服务和支持。然而,这种转变的负面结果便是科学家、研究员和工程师的研发时间减少了,所以他们的主要精力集中在短期和中期研究上。ABB 公司、西门子公司、飞利浦公司、杜邦公司等 4 家创新巨头的高级研发管理人员都表示,他们担心公司内部管理人员的"短期主义"会威胁企业的创新能力。

3M 公司声称其现在著名的"15%规则"解决了这个问题:3M 公司的每个研究员或工程师都可以自由地将 15%的工作时间用于追求个人研究兴趣,且无须受到监督。其他公司,如谷歌公司等,也在研发方面效仿了这一规则——希望能为员工提供自下而上的创新空间。谷歌公司鼓励他们的工程师将其工作时间的 20%用于个人项目,即使这些项目不一定具有实用性。

3M 公司的内部研发人员认为这一制度起到了很好的效果,因为 3M 公司具有强大的内部联网文化。由于传统上 3M 公司的大多数创新都是以团队为基础的——首先提出某个创新想法的人所花费的 15%的工作时间确实没有被浪费,因为接下来还可以由同事在各自有限的空闲时间内开展进一步研究。

3M 公司也以鼓励探索和实验的文化而闻名,公司会用真实的方式传达出管理层对创新的强烈兴趣。这种制度自由的好处更多地表现在心理层面——3M 公司内部人士承认——而不是现实层面,因为实际上研究人员还是会受到巨大的商业压力,并且常常需要把他们那 15%的个人时间奉献出来。

然而这种提供个人研发时间的做法仍然存在局限性——它不易沿用到研

发以外的其他职能上。与从事技术工作的人不同，运营人员（如市场营销和销售人员）通常不会刻意观察他们在特定项目上花费的时间，因此，无法从"15%规则"中获取相似的收益。他们的绩效不是按时间分配的，而是按工作成果来评价的。

尽管如此，这一规则所传达的精神仍然有效。这就是许多企业通过设立像新业务发展部门或孵化器这样专门开发新创意、新技术的职能部门来实践这一规则的核心意义。

1.3 建立创意收集和创意奖励的流程

正如本章开篇丰田公司的例子一样，领导者鼓励自下而上的创新最自然的方式是建立一套流程和机制来系统性地挖掘员工的创意。虽然历久弥新的实体"意见箱"并没有完全消失，但它正越来越多地被企业内网上的"虚拟意见箱"取代，特别是对于工厂的蓝领和行政部门的白领而言。

更进一步地，有些公司在各职能板块任命了"创意倡导者"或"创意投资人"。这些人通常是思想开放且具有强大企业影响力的高级管理人员，承担着员工创意的直接接收者和捍卫者的角色。他们的主要目标是为想做贡献的员工提供一个可选的、安全的渠道来表达自己的创意。这意味着员工的直接上司可能不会知道那些与员工的日常工作无关的创意。这些特殊的"创意捍卫者"有多重角色，其中包括：

- 判断他们收集到的原始创意背后的机遇；
- 帮助提出创意的人保护他的创意；
- 协助"包装"创意并呈现给管理层；
- 遏制管理层在讨论中匆匆做出的负面判断；
- 从初始的创意验证阶段到下一次审查之前，为创意提交者提供指导。

液体食品包装巨头利乐包装公司等其他公司已经任命了"创意配对者"，即具有广泛的联系网络和丰富的公司经验的、能够让创意提交者与潜在的内部用户或实施者联系起来的管理人员。利乐包装公司基于内联网的创意管理系统为员工提供了两个切入点："我有一个创意"按钮和相应的"我需要一个创意"按钮。这个系统及相关的配对者网络，创造出了一个内部的创意市场和结算中心。

但并不是所有实施了正式的创意收集手段的公司都能够长期保持这一体系的有效运作。失败往往由不遵守管理这类事务的几项必要规则所导致，可以归纳如下。

（1）最基本的是，无论提交到系统中的每个创意的实际价值如何，组织者必须快速给予认可，而且要保证后续承诺。不及时的回应很容易引发一些创意提交者"那又怎样，何苦呢"的不满情绪，继而导致创意的数量急剧下降。

（2）后续的创意评估并决定选择、拒绝还是推迟它，以及做出以上决定的机构构成必须具有透明度。后续消息如果是负面的，必须清楚地说明该决策的原因，并鼓励创意提交者继续提交创意。

（3）被选择、被实施的创意必须为提交者带来某些奖励或利益。不一定是经济利益——认可也是一个强大动力——如果是货币性质的奖励，比如奖金或者所节约成本的溢价，这种奖励可以适当选择。重要的是实施奖励本身。

（4）为了保持高水平的动力并保持势头不减，管理层需要追踪、评估并宣传其创意收集的结果。比如，收集到的创意数量，被选中的创意占比，得到实施的创意数量，以及由此创造出的新业务或获得的收益。

（5）领导者还必须意识到，除非员工的兴趣经常受到新活动的刺激，否则创意收集的驱动力会随着时间的推移自然而然地升高或下降。所以，可以在所寻求的创意类型或类别中引入变化性和新颖性——如寻求降低成本的主要方法——或者可以改变所提供的奖励。

一个引人注目的持续进行创意管理的例子是索尔维集团——位于比利时的一家价值96亿美元的化学品、塑料和药物公司。有趣的是，索尔维集团的创新驱动和管理体系起源于基础化学品部门，这一部门的业务主要集中在一些相当传统的商品上,如碳酸钠,然后延展到了整个公司。与"集团创新领袖"雅克·范·瑞洁克沃赛尔紧密合作,一些高级管理人员推动了索尔维公司的创新工作。其中,奥利维尔·蒙福特——负责索尔维法国业务和化学品业务新营业部的一名高管——积极参与了公司内自下而上的创新流程的设计整编,这一流程被公司内部称为"参与式创新"。同时他还分担了另一项他所谓的"颠覆性创新"的促生和指导工作。

范·瑞洁克沃赛尔、蒙福特及其部分同事,包括索尔维集团非常敬业的"创新领袖"布丽奇特·劳伦特,是本书力荐的创新领导者的完美例子。在这个令人肃然起敬的化工企业(该公司已经有140多年历史)中,有些人可能被称为"创新活动家",因为他们决心用一切可能的手段促进公司的创新。例如,该公司确保所有的索尔维集团管理人员,无论其职能如何,其个人绩效考核中都包含创新这一重要因子。他们宣称管理人员参与的创新项目,都会被计算在绩效考评中并影响其薪酬和职业发展。

索尔维集团系统地运用了上述 5 条规则。员工提出的创意首先由一些确定的协调人进行评估和推进,这些协调人在组织中扮演"接力者"的角色,这类似于利乐包装公司的"创意配对者",然后将被选中的创意交给"专家",专家们的判断是无可争辩的。这些专家将验证这些创意,并将最终选定的创意交给最适合的小组来实施。

索尔维集团的"参与式创新"管理体系是辅以"创新领袖"网络的,这些领袖的任务是帮助各级管理人员在其部门中启动并实施创新计划。有趣的是,这一概念已经被一些发展了自己的"创新者"的法国公司采纳,从而创造出了一个渴望跨企业交流经验的创新领袖网络。

索尔维集团已建立并支撑起一个缜密的创新奖励系统,以表彰和奖励索尔维"参与式创新"活动的最佳贡献者。这一奖项会奖励从 6 个彼此不同又互为补充的类别中选出的最佳创意。

- 新业务。

- 以客户为中心的项目。
- 绩效提高。
- 管理改进。
- 可持续发展和企业社会责任。
- 转移性创新（从公司内外借鉴来的并在内部得到发展的创意）。

本着保持创新势头的宗旨，索尔维集团在2007—2009年提出了雄心勃勃的创新目标。

- 100%涉及：所有高管都有自己的创新目标，每个员工每年至少提出一个创意。
- 50%的创新项目通过结构化的合作协议与外部伙伴合作开展。
- 30%的新销售额来自过去5年推出的新产品或服务。

管理层还将其多样的创新举措作为在特定主题下进行内部营销的整体活动的一部分。这些主题每隔几年重新推出一次，所关注的重点会有些许变化，但整体保持了最大限度的连续性——例如，1997年，"以创新促进增长"；2001年，"创新与竞争力"；2005年，"创新中的增长与竞争"。

1.4 鼓励员工将创意向前推进

鼓励所有员工自发地提出创意，让管理层可以评估和实施，这是一件好事。但要进一步要求员工开展团队合作，不仅要形成创意，还要将其发展成经过验证的概念，这会更有力量。团队比个人更具创造力和生产力，而且经由严格的以客户为导向的团队研究产生的创意会比自发的、尚不成熟的个人创意走得更远。

热切地希望通过创新寻求增长机会的公司——无论是产品创新、服务创新还是活动创新——会毫不犹豫地将责任委托给一个或多个"创业团队"。他们的使命是探索机会，产生、评估并验证创意，然后将其发展成为可以纳入企业发展战略或投资组合决策的新概念或解决方案。在理想情况下，创业团队应由

Innovation Leaders

年轻的"高潜力"管理人员组成,因为这是一个良好的创业型领导者的试验场。企业应根据开放性和积极性来选择团队成员,而不仅仅依据工作技能。创业团队在履行使命时,显然需要由资深的创新领导者进行指导。

由美国广播公司的新闻杂志节目"夜线"(*Nightline*)与加利福尼亚著名的设计公司 IDEO 公司开发的视频[①],说明了从客户问题到机会、从创意到概念的令人信服的过程。该视频是位于瑞士洛桑的 IMD 用于培养高级管理人员的最受欢迎的创新方面的教学工具之一。它展示了一个 IDEO 设计师团队如何在一周内重造一项传统产品(超市购物车),并最终以一个非常创新的想法收尾。视频展示了一个结构化创意管理过程的力量,远远超越传统的头脑风暴练习。它还表明了将项目委托给一个具有开放性思维和多样化技能的专门团队的重要性。(本章后面将回到"团队技能多样化的重要性"的话题)。IDEO 视频的作用是在 20 分钟内让人们了解,为了在自己的公司也实现类似的成功,管理人员需要了解哪些事项。附录 B 是帮助管理人员介绍这一方法的小手册,其中包含 15 个流程步骤。

像罗技公司和飞利浦公司这样的公司的技术部门都是此方法的热心使用者,并且它们已经培训了一些员工来推进管理过程,为使其可操作化,这是必需的。但是,按照 IDEO 视频所描述的方式,结构化的创意管理过程在重造已有产品之外还可以有更多应用。它可以直接应用于以下方面。

- 创造一个全新的产品或服务理念。
- 为全新的商机提供创意。
- 为解决某一公司目标形成具体思路,如降低成本。
- 发明提高功能或组织效益的新途径。
- 解决技术或操作问题。
- 摆脱危机。

[①] 视频可见于 http://www.abcnewsstore.com,具体使用建议参见附录 B。

1.5 建立决定与投资新创意的机制

创新领导者,特别是前端创新领导者,本质上是好创意的"观察者"和"支持者",但他们的角色并不止于此。他们还应该有权力决定如何处理这些创意及选择实施创意的投资手段。如前所述,创新要求风险承担和风险管理之间的微妙平衡。创新领导者会不断面对这个艰巨的挑战,因为他们通常是接触并管理前端创新者的人。因此,他们倾向于在评估新产品、流程、服务或商业创意时尽早参与其中。他们必须独自或作为团队成员之一,决定应该为哪些创意投资,应该把哪些创意暂时搁置,又应该把哪些创意婉转否决。

显然,创新领导者做出正确决定是至关重要的。确保有吸引力的机会不被忽略、商业资源不会浪费在无用的追求上,这是需要商业眼光和鉴别力的。这其中的困难在于,创意不能用与其他类型的管理决策所依据的方法和确定性来评估。它们不会以大多数公司分析投资机会的方式进行评估,不会像一个详细的、产生唯一结论的"做/不做"判断的论证分析那样进行。它们需要经历逐步完善和减少风险的过程,该过程中需要分阶段、成比例地分配资金,以消除重大不确定因素。创新领导者必须接受由此带来的高度的管理不确定性,并需要向管理层的同事做出解释。

为了保持富有创造力员工的积极性,并在此后继续维持公司积极的创新氛围,创新领导者必须确保有关新创意讨论、采纳、合理化和沟通的决策过程都是透明的。创新型公司越来越多地将这种重要的创意筛选和支持工作委托给一个集体机构——一些人称之为"创新理事会"。无论其名称如何,这种创新管理机构都有重要的责任,那就是为公司或者为一个或多个业务部门选择最佳的投资机会。

将这项重要任务委托给一个管理团队而不是一位管理人员有许多优势。

- 对创意的优点和风险进行更广泛和更正式的审查。
- 通过多个角度进行更客观的评估。
- 为决策提供更可信的依据(正面的或负面的)。

- 用于指导初始项目的资源池。
- 评估和选择创意的可见性和透明度更高。

但最重要的优势在于高级管理人员可将创新领导者聚集在一起——传统的和保守的管理人员不应该在其中——让他们有机会影响新项目的流程。

一般来说,这种集体机构要在严格的管理准则和预算监督下运作;换句话说,他们没有完全的权力进行独自投资。

尽管如此,壳牌公司应对20世纪80年代的油价下滑而开始的具有高度创新性的"游戏改变者"(GameChanger)是个例外。"游戏改变者"是一个小组织,用于策划并管理创意的激发、捕获、培育和成熟的全过程,直到创意能够被应用于业务并通过现有的主流业务和技术持续开发下去。"游戏改变者"的目的是增加创意的数量并加快好创意的应用,如壳牌公司的CEO杰伦·范·德·维尔所述:

> 在这个新世纪,创新所要求的组织类型与过去不同。我认为我们需要一个覆盖全球的网络,而不是一个分级的金字塔。我们已经通过"游戏改变者"项目建立了这一网络,用于创建、培养及实现创意。壳牌公司的"游戏改变者"项目最初是为了培养内部企业家精神,现在,其应用范围已经扩大至寻求外部创新。它开始于壳牌某分公司的一个小型的兼收并蓄的"游戏改变者"小组,现在已经扩展到了整个公司,发展出了既有公司层面也有业务部门层面的"游戏改变者"小组。

"游戏改变者"的概念与马克·莱斯所说的"颠覆式创新中心"相符,他将其定义为"通过它,领导者能够高效且有效地参与创新"。与壳牌公司的营业额相比,"游戏改变者"项目的投资预算看起来可能不算太高(2004年勘探和开发公司是2 000万美元,即其研发预算的10%)。然而,独特之处在于,"游戏改变者"们可以按照自己的意愿自由地分配资金,而无须向高级管理层

第 3 章
刺激自下而上的创新

做出解释。这个创意融资和培育体系创造的杠杆因素很重要,它产生了大量的额外收入,并创建了多项新业务活动和合资企业。"游戏改变者"的成功项目包括:

- 创建全球通信和可视化系统;
- 发展四维地震技术;
- 构想和实现"可膨胀管"(用于更深/更快地钻孔);
- 创建 Well Dynamics 公司(与哈里伯顿公司合资组建)。

壳牌公司的"游戏改变者"的前领导者、已故的杰克·赫希认为,创新领导者的作用类似于"啦啦队长"的角色,他应该是提供支持的和永远积极的狂热者、激励者,甚至是一个"骗子",但又不失纪律性。他解释说,"游戏改变者"概念的成功在于以下一些基本原则。

- 只要这些管理人员准备参与实施,他们就是打破现有业务规则的激进创新思想的热情支持者,而不论这些创意从何而来。
- 只接受那些创新的、适合壳牌公司的、不由公司投资的创意("游戏改变者"们将自己视为投资好创意的"天使投资人")。
- 一小队专家(同级而不是等级制度规定的上级)论证创意,并且快速执行通过的创意(好创意能在提交后一周内获批并得到充分的资源)。
- 专家独立提交评估,但不做出决定。"游戏改变者"可以做出所有投资决策,而无须为此作出解释。
- 在创意筛选过程中确保创意被有序管理(从创意资料到实验资料、投资资料及最终的业务资料)。
- 随着项目通过各种关卡,成为全面研发项目,准备被转移到现有部门(如利润改进思路)或将要被商业化(如新业务),需要逐步提高其资金投入水平。

总而言之,壳牌公司研究与技术服务部前主管、现任澳大利亚壳牌公司董事长蒂姆·沃伦认为,如果可以保证如下 4 个条件存在,就可以鼓励创新。

（1）使每个渴望创新的人都感受到创新的便捷性，即需要保证整个系统透明、过程快捷、资源充足。

（2）每个创意在被否决之前都应有机会被验证。

（3）在早期成长阶段，确保有合适的人在浇灌和培养这些创意。这意味着初级阶段的创意由同级评议，而不是直接提交给那些淡漠的上级小组。

（4）组织中的每个人都意识到创新可以通向成功。鼓励创新让商业显得更加明智！

2. 建设创新文化：四大驱动力

从长远来看，最有效的刺激自下而上创新的途径是使公司文化更有利于创造力和创业精神。管理人员常常对于改变他们公司文化的劝勉感到不舒服，因为他们认为公司文化是一个没有实际意义的因素。许多公司普遍接受的公司文化是从前几代继承而来的，它是由许多历史事件和经济因素塑造的，几乎不可能有深刻的改变，至少在短期内不可能。这种改变公司文化的例子非常罕见，仅限于出现在紧张的危机之后又来了一位激进的新CEO，如日产汽车的卡洛斯·戈恩。

我们不能从根本上挑战这一观点，或声称每个公司都应该尝试沿用3M公司、苹果公司或IDEO公司的文化。然而，在任何给定的公司文化中，有具体因素影响并鼓励着创新，其中一些因素仍然可以受到管理人员采取的实际措施的强烈影响。

加里·哈默尔是这种主动性哲学的倡导者，倡导公司应该"把硅谷带进企业"。他认为，在硅谷，创意、资本和人才自由流通，聚集成最有可能产生创新和财富的组合。他称这种现象为"资源吸引力"，并认为它是硅谷创新力的根本。他建议在公司内建立类似的市场。

（1）资本市场——让最好的项目来竞争以获取公司资源，无论项目从何而来。

第3章
刺激自下而上的创新

（2）创意市场——深度开发公司内外所有员工的头脑，确保追求最好的创意，不论这些创意从何而来。

（3）人才市场——为最好的项目配备最优秀的员工，不论项目与他们的业务部门有何关系。

这些措施都是管理层可以轻易采取的决策。然而，由此产生的哲学可能会深刻地改变公司的创新文化。

经验表明，管理层有许多可以刺激自下而上的创新的工具，而不必着手于那些具有创伤性的公司范围的文化改革。这些工具有：

- 促进组织创造力；
- 动员领袖团队；
- 倡导以客户为中心的态度；
- 鼓励"可以做"的氛围。

本章将会一一解读这些工具，并从决策和行动方面重点阐述它们对管理的影响。

2.1 促进组织创造力

"创造力"这个词通常会让我们想到这样一个画面——一个人在淋浴时突然被一个绝妙的主意"击中"。这是因为，在崇尚个人主义的西方文化中，我们更多地考虑个人的创造力，而不是集体或组织的创造力，然而，正是后者发挥了刺激创新和实践创新的作用。如第2章所述，创新是一个团队合作的过程，创新领导者专注于建立团队和指导获胜，这在日本很常见。

在大多数西方公司中——以制药公司为例——可能有大量的个人创造力，特别是在研发方面；但是，在有效的、高效的团队中施展创造力的能力可能并不是那么令人印象深刻。颇具讽刺意味的是，在日本，情况恰恰相反：组织的创造力非常普遍，而且许多公司正在寻求增强个人创造力的方法。虽然受到日本教育制度的约束，但经由团队合作过程的扩大和杠杆化，个人的创造力现在被视为培养那种对于突破性创新非常重要的"不受限"思维的必要元素。

管理层至少可以做4件事来提升公司的组织创造力。

(1) 促进员工多样性。

(2) 雇用、容忍并有效调动有建设性的特立独行者。

(3) 寻找并提拔"宽带宽管理人员"。

(4) 鼓励系统性的外部联系。

2.1.1 促进员工多样性

在谈论公司文化时,管理大师有时会使用"企业 DNA"来说明公司的基本价值观被嵌入其历史和构成的事实。这个比喻适合用于组织创造力的讨论,组织创造力总是由于公司基因,即其员工的背景、概况和观点的丰富多样而得到增强。

创新需要多样性,因为创造力反映了互补或相悖的观点和想法的碰撞,而如果组织中的每个人都一样的话,就不会有这种碰撞了。公司总是招聘同样的人——银行倾向于招聘受过财务培训的经理人,保险公司倾向于招聘精算师和律师,化学品公司倾向于招聘化学家和化学工程师——这削弱了组织创造力的丰富来源。

多样性来源于多个维度。

- **性别多样性**。许多研究表明,在将理性的左脑与感性的右脑连接起来的方式上,女性与男性是不同的。另外,正如我们都注意到的那样,女性因为与人的互动方式的不同而改变了她们所属的团队或她们所领导的团队。然而,许多创新团队,尤其是在高级管理层,女性仍然占少数。如果实现性别平等,组织创造力肯定会得到加强。

- **年龄多样性**。年轻员工可能会提出更大胆的解决问题的方法,因为他们不受过去经验的羁绊;资深员工可能有良好的判断力,因为他们经验更丰富。这就是为什么组建年龄多样化的创新团队总是有益的。为了从这种二元性中受益,一些公司甚至在一个创新项目上同时存在两个相互竞争的团队——一个"青年队"和一个"资深队"——最后采用两个中能取得更好结果的那个。

- **出身和文化的多样性**。真正的全球性公司，就其员工的多样性而言，是罕见的。大多数公司，不仅限于日本和欧洲的大多数公司，倾向于采用因背景和教养相似而会以相似的方式处理事情的人来填充管理队伍，这样的做法减少了"不受限"思维产生的机会。为了增加融合和晋升的机会，来自其他文化的外国人也感受到了消除文化差异、适应雇主本国风格的压力，因此他们可能会失去独特的见解——这损害了创造力。
- **教育背景的多样性**。公司通常倾向于从它们知道并信任的几个明确的、实用的学科来聘用它们的大部分员工：律师、会计师、营销人员、商学院学生、工程师等。"虚无缥缈的"社会科学可以帮助理解复杂的客户心理或员工心理，所以它们在高科技行业也可以发挥价值，但是往往容易被忽视。缺乏这类学科背景的员工——心理学家、人类学家、民族学家、社会学家——的公司通常也缺乏性别平等，因为这类专业更为偏爱和接纳女性。

总之，通过系统的员工多样性政策，无论是在招聘阶段还是在职业发展动态、管理任用中，组织创造力都可以得到有效提高。这通常是公司人力资源总监的责任，因此，他们应该始终是所有创新指导机构或机制的正式成员。

2.1.2 雇用、容忍并有效调动有建设性的特立独行者

组织创造力最大的杀手就是"集体思考"，即习惯性地沿着平行的和曾适用的方式思考以快速达成共识。IDEO 公司对创新思想的产生要"鼓励疯狂的创意"的劝诫，是与雇用并容忍有建设性的特立独行者的建议是分不开的。特立独行者是那些从不从众、倾向于追求自己的想法和挑战现状的人。他们是那些总是质疑"我们现在做事的方式"并提出激进方案的人，这些方案有时完全不实用但有时非常棒。

特立独行者在研发领域比较多见，而在企业管理方面往往较少见，在高级管理职位上更少，因为他们往往在与管理层的交往中最为"非政治化"。当然也有例外，即使在 CEO 职位上也是如此。例如，苹果公司的史蒂夫·乔布斯可能不会介意被称为"特立独行的 CEO"；奥迪康公司（世界助听器领导者之一，2003 年欧洲年度最佳公司奖）的丹麦 CEO、管理实施了当时所谓的"意大利面组织"的尼尔斯·雅各布森应该也是这样。

特立独行者通常在广告或媒体等创意产业中比较多。他们倾向于加入那些在创新方面声誉比较好的公司，通常会摆脱僵化的、专制的或受到管制的、需要"站队"的组织。这种公司会让他们窒息，他们会在有建设性后变得有破坏性。为了生存和发展，他们需要一些活动的空间，最重要的是言论自由，他们需要被授权去实现自己的想法，从而促成改变。

当然，如果完全不加约束，特立独行者会像非制导导弹一样，在早期快速取得成果而非常令人兴奋，但长期也可能造成重大的伤害。这正是发生在巴林银行的年轻交易员尼克·里森身上的事。有一段时间，他为巴林银行创造了巨大的利润，但最终由于虽有创造性但完全不可控制的交易和他制造的混乱造成了巴林银行的衰落。这个故事不应该被解释为对合规性问题高度敏感的银行和金融机构不应该雇用特立独行者，而只是意味着特立独行者必须在管理监督下才能得到自由。

一些特立独行者的存在——不仅仅是一个孤立的人——以及他们服从和被调动的方式是创造性组织的重要标志之一。无法识别特立独行者的公司应该担心他们的自下而上的创新文化，因为特立独行者常常发出声音且通常很容易被注意到。但是请注意，管理的问题不是要保持自己组织内部的特立独行者长期存在——这些人往往会因为长期待在同一个组织中而疲惫不堪。管理问题的难点在于营造一个"可以做"的氛围（如本章后面所述），它是"对特立独行者友好"的，以便吸引他们，并且只要他们屈尊留下来就能有效地调动他们，然后再雇用新人。

第 3 章
刺激自下而上的创新

2.1.3 寻找并提拔"宽带宽管理人员"

在一次创新研讨会上,一位在 NEC 担任高级职位的日本参会者在黑板上画了 3 种蔬菜来定义他们公司想要吸引的创新管理人员:一个椭圆形的土豆,一根细长的胡萝卜和一个菌盖大、菌柄长的蘑菇。然后,他对他的画做了以下解释:

> 我们不想雇用"土豆",即在功能或学科覆盖面方面很有广度但没有深度的人。这些人是浅层的通才,他们一无所知或者知之甚少。我们也不喜欢"胡萝卜",即那些在各自领域很有深度但没有广度的专家或行家,因为他们选择了留在某个狭隘的领域。他们最终会掌握一切和所选择领域相关的东西,却不知道或很少了解其他领域的东西。我们正在寻找的是"蘑菇",即在许多领域有广泛的兴趣和知识且有一定深度的人。我们的重要创新项目要委托给这些人。

这位日本经理用通俗易懂的语言描述了"宽带宽管理人员"的含义,这是一个包括微软公司在内的高科技公司正使用的概念。

广度可以分为 3 个方面。

- 兴趣的广度,它类似于好奇心,是对创新者及其领导者的关键要求。
- 思维的广度,它反映了洞察微小预兆和识别模式的能力,是创新的重要特征。
- 经验的广度,它反映了一个人积累的知识和智慧,在评估风险因素、支持项目和指导团队方面至关重要。

但是,深度也是必需的,至少在某些方面,因为要作为可信的领导者而得到尊重是至关重要的。

因此,创新领导者应该尝试招募那些"蘑菇式"的管理人员而不是"胡萝卜"或"土豆"。更重要的是,尽管管理层往往只是出于高度的结果导向而倾向于将责任委托给高度专注的人,创新领导者要注意提拔上述这类"宽带宽管理人员"。寻找评估措施来拟任人选和在后备人才身上找出难以捉摸的宽带宽特征这一任务，这是人力资源部门的职能。

2.1.4 鼓励系统性的外部联系

前面已经说明，通过有目的的人力资源建设和管理，即通过招聘和配置包括特立独行者在内的具有多样性和互补性的员工以及提拔"宽带宽管理人员"，可以增强组织创造力。但是，只通过纯粹的内部方式是不能使组织创造力获得蓬勃发展的。它还需要来自公司外部的不断投入，即具备对市场、客户或竞争对手的深刻洞见、新的产品或服务理念、顺应技术趋势的新兴知识等。外部联系是内部创造力的必要兴奋剂和放大器。

因此，创新领导者应该鼓励员工走出办公室，走到公司外部，从对外接触中学习，并且与同事交流经验。简而言之，他们需要积极而广泛地探索市场信息和知识。

举个例子，IDEO公司的创新过程始终是从整个项目团队沉浸在非常宽泛的"市场"概念中开始的。IDEO公司的管理人员认为，没有先了解和理解那些建造、销售、使用和修复产品的经验，就不能创造性地重新设计产品。获得这样的信息并没有捷径：你需要离开你的办公室，面对面地与人交谈。IDEO公司特立独行的CEO戴夫·凯利是这种做法的发起者，他说：

> 诀窍在于找到这些真正的专家，这样相比于通过普通方法自己学习，可以学得快得多……
>
> 在美国企业中，很多老板……衡量……谁是好员工……是那些一直看着自己桌子上的东西的人吗？他们肯定离答案还远得很。真正获得信息的人正在与外部的声音交流,会见其他专家……这比坐在桌子前更有用！

在本章后面，你将会看到，创新领导者如何激励员工建立以客户为中心的态度，这种态度是确保这种富有成效的市场联系的前提。

但组织的创造力并不仅仅是通过大量的市场联系来激励的。利用外部知识和技术也可以提高组织创造力。这超出了对技术的直接购买或技术许可的范畴，通常被称为"技术外包"。为现有技术来源和新兴技术来源建立联系网，如合作开发，将大大有助于激发内部学习和创新思维。这种联系网已经成为许多创新型公司的标准做法，在制药行业尤甚。大型传统制药公司已经与小型创新生物技术公司之间建立了复杂的技术研发联系网。电子行业的高科技部门也是如此，比如惠普公司、诺基亚公司、美敦力公司、罗技公司、佳能公司和索尼公司，只不过它们是从消费品开始而已。

外部技术网络对组织创造力——创新思维——的贡献日益强大，一些先进的公司正在像管理技术人员一样积极主动地管理它们的技术建设工作。它们通常结合一些众所周知的机制来管理。

- 为每个主要技术系列任命"技术守门员"。技术守门员通常从公司最高级的研发专家中甄选。他们应该通过网络及时了解他们所在地区的最新技术发展情况，如会见外部专家、追踪基于网络的信息交流、建立与大学的联系、参加科学会议等。
- 创建"科技咨询委员会"，指导高级技术管理人员。这类咨询委员会通常聚集了著名的外部专家，这些专家一般是学术界受人尊敬的学者。他们的任务是发掘并跟踪各种与公司相关的技术的早期发展。
- 在研发机构内设立专门的"技术侦察部门"。像在惠普公司或英特尔公司这样的公司里，这种部门的功能就是充当公司对新技术和创意的"眼睛和耳朵"。它找到新技术的来源，并使公司的科学家和工程师与这些潜在的知识提供者和合作伙伴相互联系。

2.2 动员领袖团队

自下而上的创新发生在组织内部，员工有一个创新的想法然后单独或与同事一起努力主动实现。理想情况下，他们可以得到高级管理人员的支持。

自下而上的创新是企业创新的众多形式之一；这是由几个"领袖"的热情驱动的——愿意冒着职业风险来推动创意发展的创新者和管理人员。渴望促进自下而上创新的创新领导者需要特别关注这些珍贵的创业人士。他们需要识别、培养、授权、支持（保护并指导），以及奖励这些创新领袖。

根据各自的侧重点不同，可以将创新领袖分为3种类型：技术领袖、业务领袖、行政领袖。

- **技术领袖**在研发或工程部门比较多。他们可能是最先发现一种值得与同事分享的有趣的技术的人，即便他们不能立即想到如何在业务上应用它。如果这项技术看起来很有潜力，那么他们在招呼同事进行开发之前是不会休息的。或者，技术领袖可能不是产品创新创意的发起者，但他们与创意发起者合作，使其在技术上可行。
- **业务领袖**是营销、产品管理和类似职能部门的成员，是那些能够觉察到藏在新技术本身或背后的潜在市场机遇的人。一般来说，业务领袖都知道如何让管理层赞同自己的创意以获得资金和支持，同时他们通常自愿与自己的技术同事一起提出创意。
- **行政领袖**——真正的创新领导者原型——是高级管理人员，他们准备倾听技术领袖和业务领袖，并决定承担支持他们创意或项目的风险。他们首先会站在高管层的对立面，为创新领袖团队进行辩护，帮助他们获得资源，使其可以开展工作。他们还将投入大量的时间和精力来指导团队，直到项目中断或产生成果。

成功的自下而上的创新需要这3种领袖共同发挥作用。因此，创新领导者作为行政领袖时，需要确保没有任何项目是脱离于技术领袖和业务领袖的。相反，他们需要共同参与，共同探索，合作前进。有一些大型研发机构采用了这个规则，认为如果科学家或工程师不能说服业务伙伴认可新发现的长处，那么他们也就很难说服客户采用它。相反，如果营销人员不能向技术同事说明其产品创意的价值，那可能意味着他们提出的创意基本没有什么技术优点。第 8 章中讲到的利乐包装公司的故事将有力地说明"领袖团队"的力量，同时也突出表明，重要的长周期开发项目通常会随着时间的推移而动员起很多技术、业务及行政的领袖，我将其称为"领导力链"。

2.3 倡导以客户为中心的态度

善于自下而上的创新的公司通常是先天或后天以客户为导向的。它具有这样一个根深蒂固的信念，那就是大多数的创新旨在创造新的客户价值。这种信念转化为对增加这种额外价值的一种几乎痴迷的探索。在这些公司中，本能地以身作则的创新领导者并不罕见，他们亲自与客户接触并鼓励员工寻找客户没有说明的需求或要求。请注意，在这里，"客户"一词是广义的，它包括所有分配、购买和使用新产品或服务的人和单位。

与战略营销相关的书籍已经写过很多有关客户价值创造的内容了，本书的目的不在于总结它们。然而，由于创新领导者有责任推动强有力的客户导向，所以概述关于客户价值创造的三大策略——玩相同的游戏，但玩得更好；玩相同的游戏，但用不同的规则；以及用新的规则玩新的游戏——并反思它们的共同含义，应该是很有价值的。这三大策略不是相互排斥的；真正的创新公司，如丰田公司，会根据实际情况来选择策略。

2.3.1 玩相同的游戏，但是玩得更好

第一种策略的倡导者，如《更好》(*Simply Better*) 一书的作者认为，许多公司已经将产品过度分类，并且给产品填充了太多客户根本不需要或不想要的功能。有多少人使用过洗碗机的多种洗涤程序，或者有多少人经常使用微软办公软件里无尽且冗余的功能？"玩相同的游戏，但玩得更好"的意思是回到业务的基础，找出对客户真正重要的关键属性。这也意味着在重要产品所包含的客户价值上尽可能超越竞争对手，以超越客户的期望。

米其林公司是该策略的著名先驱之一。多年来，它将其研发工作专注于轮胎的一项重要属性——耐用性/寿命——一项使其主导市场多年的颠覆性技术。

在汽车的质量和容量方面，丰田公司也很好地采用了这一策略。它意识到，汽车买家首先关心的是无故障行驶。因此，为了在汽车质量和可靠性方面成为并持续成为行业标杆，丰田公司花了很多精力。

2.3.2 玩相同的游戏，但用不同的规则

第二种策略的支持者，如"价值创新"概念的推动者，建议通过重新设计其产品的"价值曲线"来改变游戏规则。他们认为，这意味着拒绝竞争对手关于经营方式的公认的假定，考虑为不相关的属性建立层级结构。价值创新者毫不介意在某些属性上"投放不足"，以便在其他属性上"超额投放"。更重要的是，他们会发现并强调对大部分市场非常有吸引力但是竞争对手可能完全忽视的新特性。

如前所述，像西南航空公司或瑞安航空公司这样的廉价航空公司的出现，是价值创新原则的典型例证，许多传统的运营假设和服务属性都被新公司抛弃，它们转而专注于单一的关键客户利益——尽可能低的机票价格。

许多观察家认为，丰田公司已经通过采用这一策略的一个变形而让自己在美国的豪华轿车市场占有一席之地。作为一个以美国制造商和德国制造商为主的市场的新进入者，雷克萨斯必须改变游戏规则以建立其形象，也就是将客户服务提升一个数量级。当然，雷克萨斯必须放弃其竞争对手青睐的产品特性，比如质量、设计或汽车性能，由于缺乏既有形象，这些特性不会给雷克萨斯带来竞争优势。开创新的服务标准并对客户精心呵护弥补了它的不足。

2.3.3 用新规则玩新游戏

第三种策略的拥护者认为，除非从"被市场推动"转向"推动市场"，否则公司永远不会创造任何新的东西。前者强调要用心倾听客户的意愿并尽可能地满足他们；后者意味着依靠自己的愿景来发明全新的产品，最终满足客户未说明的潜在需求，从而创造新的行业或商业模式。

丰田、亚马逊、宜家和星巴克等公司通常被认为是典型的"推动市场"的创新者，因为它们提供了人们之前从未想到的产品和服务。以普锐斯混合动力

汽车为例，很明显，丰田公司大胆采用了这一策略。在混合动力发动机推出之前，没有客户提出过需要它，但实际上很多人都担心环境问题和燃料成本。丰田公司不愿意只简单满足客户提出的需求，它选择推动一种对新型环保汽车的需求，这是一些具有社会意识的客户的潜在需求，从而创造了一个现在由其占主导地位的全新的领域。

2.3.4 这些价值创造策略的共同要求

以上3种策略的核心彰显了一个共同特色，即公司范围内对客户的浓厚兴趣，以及对市场进行二次猜测的才能和过程，有些人称之为"客户感知"。采取自下而上的创新的公司通常有两个特征：（1）以客户为中心的流程，以探索创造价值的机会；（2）以客户为中心的文化，以确保客户的声音从始至终都能被听到。创新领导者在这两方面大有可为。

以客户为中心的流程

无论遵循何种战略，探索创造价值的机会的流程与营销人员所称的"市场研究"大不相同。在传统形式中，市场研究侧重于数据——观察市场情况及推测市场趋势——通过对现状和趋势的意义和影响做出判断，从而将数据转化为情报。这种研究很重要，但其目的主要用于支持当前的运营。

如果要进行创新，企业需要进行更深入的客户研究，并发展以下两种能力。

（1）了解客户为什么要做或者为什么要买。这需要一个流程来探索市场和客户行为变化中隐藏的微妙而重要的信号——这种眼光是消费品公司所积极寻求的。

（2）感知客户可能会购买哪些产品或服务。这类似于预测未来的行为——对难以捉摸的客户或消费者的预见，这是盛田昭夫所倡导的，就像他认为没有任何市场研究能确定消费者对索尼的随身听有需求那样。

以上能力通常出现在已经开发了以客户为中心的流程的公司中，这种流程可能不会自发出现，而需要得到管理层的强烈鼓励。在以客户为中心的流程中，人们谋求超越传统的做法且将研究重点集中在客户好恶上。他们试图站在客户的角度，凭直觉或逻辑来思考。这意味着要了解客户使用产品或服务的背景，甚至情绪。他们从中得出所需的结果列表，并将这些结果转化为客户需求的优先排序，包括有形的和无形的需求、行为上的或情绪上的需求，最终将其转化为产品概念和设计方案。图 3-1 说明了这种以客户为中心的流程。

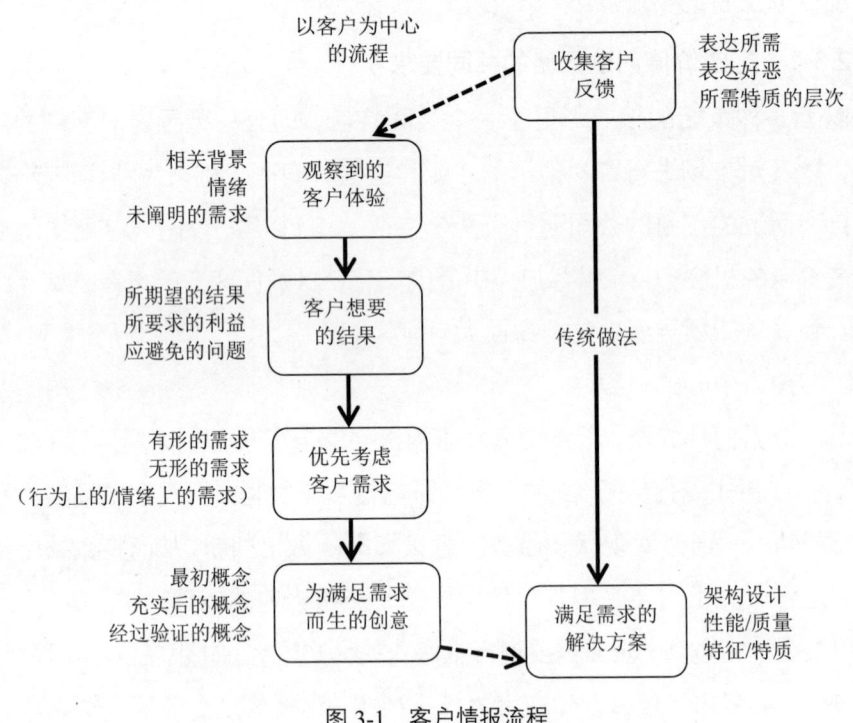

```
以客户为中心
  的流程

                    收集客户      表达所需
                     反馈        表达好恶
                                所需特质的层次
相关背景
情绪          观察到的
未阐明的需求    客户体验
                ↓
所期望的结果    客户想要
所要求的利益    的结果
应避免的问题                  传统做法
                ↓
有形的需求    优先考虑
无形的需求    客户需求
（行为上的/情绪上的需求）
                ↓
最初概念    为满足需求    满足需求的    架构设计
充实后的概念  而生的创意 → 解决方案    性能/质量
经过验证的概念                         特征/特质
```

图 3-1　客户情报流程

以客户为中心的文化

　　为了获得有效性，以客户为中心的流程需要在员工重视客户、听取客户的声音并尽全力给予客户满足和惊喜的环境中进行。这种类型的环境——我称之为"以客户为中心的文化"——在大公司中是罕见的，需要创新领导者来创造它，最重要的是需要他们随着时间的推移来维持这种文化。

　　如果以客户为中心的文化渗透整个公司，特别是在研发部门和工程部门，而不仅仅是营销部门和销售部门，自下而上的创新会更容易产生。这要求包括创新领导者在内的高级管理人员必须以言语(不断提醒员工其薪酬来自客户）和行为（有组织地亲自拜访客户并建立以客户为中心的情报流程）来体现这种文化。他们需要说服所有部门，即使那些与客户没有直接接触的部门，在感知市场并最终满足客户方面发挥作用。

硅谷一家成功的个人金融软件供应商——财捷集团及它的邻居罗技公司是高级管理人员决心将以客户为中心的文化渗透公司所有职能的两个典型代表。财捷集团的前任 CEO 斯科特·库克因希望把公司内每个与客户接触的人都变成"客户倾听者"而著称。他还鼓励在财捷集团中创建一个"客户洞察经理"职务，其作用是对财捷员工拜访客户的过程进行引导，以便观察并记录客户在使用公司的软件包时的经历和感受。库克的理念在一个著名的录像采访中得到了非常令人信服的展现：

> 每天有成千上万的学习机会……
> 捕捉客户的声音……倾听他们的生活！
> 怀抱激动的心情解答问题……
> 创造倾听的机会……
> 通过倾听赢得忠诚度……
> 工程师需要并希望客户反馈……
> 在客户身上花时间……接纳客户！
> 我们希望人们在使用产品时感觉非常好……
> 在客户工作时与其进行第一手接触……
> 让客户感到与公司的沟通良好……

当客户成功时，我们的成功就会如期而至！我们的成功归功于他们！

罗技公司的联合创始人兼前董事长丹尼尔·波莱尔在采访中表达了类似的以客户为中心的理念：

> 拥有 50 多个行业"第一"的罗技公司一直致力于创新。更重要的是，罗技公司不是为了创新而创新。我们创造人们想要购买和喜爱

使用的新产品……因为它们增加了价值,它们提供了创新的解决方案,使运算更容易、体验更丰富或更有趣。如果有人说"英特尔在里面",那么我会说"罗技在外面",外面就意味着它只展示了冰山一角……我们制造的产品是客户持有的产品,它们必须是有情感的产品,就像客户自己的手表、键盘、鼠标那样,人们能触摸到它,感受到它……这个愿景占据着我们员工的心灵,并且不断激励他们:"我们要如何弥合技术本身和终端用户之间的差距?"

罗技公司零售定点设备事业部的工程总监伊夫·凯驰——一位典型的创新领导者——正是按照以上准则工作的,他甚至通过捕捉客户研究的漏洞而让他的营销同事感到惊讶!被人熟知的是,他会拍摄他访问的客户的桌面场景或笔记本电脑包,以便尽可能生动地向他的员工传达电脑鼠标使用模式和客户问题。最近,他亲自承担了一系列深度访谈任务,因为他想开发一种能够运行演示文稿的新无线设备,所以,其访谈对象是该新设备的潜在客户或用户。他想了解客户如何展示他们的演示文稿和展示时的感受。这使他能够建立深刻的用户洞察力,从而产生设计创意,然后解释给他的同事,从而使他们成为更积极的营销伙伴。凯驰现在强烈鼓励他的高级项目负责人采用这种研究方式。

总而言之,如果领导者积极推动以客户为中心的文化,则可以刺激自下而上的创新。比如,营造一种环境,在这种环境中,人们至少共享以下 4 种信念,并接受它们在态度和实践活动方面的影响。

- 信念 1:客户/消费者无处不在且不尽相同。

这需要保持**好奇**的态度,重点在于**观察**。

- 信念 2:客户/消费者有挫折感,也有愉悦感。

这需要保持**移情**的态度,重点在于**感受**。

- 信念 3:客户/消费者会对照,他们使用产品并不断获得新的体验。

这需要保持**严谨**的态度,重点在于**调查研究**。

- 信念 4:客户/消费者提供线索,他们了解得更清楚。

这需要保持**谦卑**的态度，重点在于**倾听**。

2.4 鼓励"可以做"的氛围

在自下而上的创新模式中，一旦员工产生的创意通过了验证并被选中，员工就应该得到授权和鼓励以实施创意。因此，公司必须建立创业文化，让员工在"可以做"的氛围中工作。在大多数情况下，这种文化不会自发出现。创新领导者需要努力创造和维持一种能够刺激创新的冒险、挑战和自我实现的精神。

公司的创新氛围受到具体的管理态度、管理政策和管理流程的积极或消极的直接影响。一项在众多公司进行的研究找出了以上 3 方面中的具体创新激励或阻碍因素。附录 C 展示了最有影响力的一些因素，图 3-2 则展示了公司通常最缺乏的一些氛围因素。

管理态度	管理政策	管理流程
• 缺乏创新承诺 • 低风险承担度与低失败容忍度 • 投资决策的回报周期太短 • 未从过去的失败中吸取教训并向成功者借鉴学习	• 缺乏对创新者及其贡献的具体奖励和认可 • 缺乏对创新努力、进展及其结果的系统性跟踪 • 不愿完全授权创新团队，无法摆脱官僚规则 • 创新资源分配不合理以及/或者资源受财务业绩所限	• 缺乏制定创新愿景、战略和优先项的明确流程 • 计划制定过程重数字而轻机遇 • 缺乏向市场和客户披露管理层和工作人员情况的流程 • 决策过程神秘、缓慢且不透明

图 3-2 公司缺乏创新的氛围因素

资料来源：作者的研究和咨询经验。

希望改善创新氛围的管理层应该定期进行调查，比如每 2~3 年进行一次，以确定：

（1）附录 C 中列出的哪些因素被员工认为对公司的创新氛围具有重大的影响。研究确实表明，在一些公司甚至行业中被认为特别重要的某些因素，在

Innovation Leaders

其他公司可能不那么重要。对这些因素的反应有力地反映了公司的既定文化。

（2）与受访者对什么构成"理想"状况的看法相比，哪些因素在公司中特别缺乏。在公司不同的组织层面和职能部门之间进行对比会很有意思，因为它们可能表明了在组织的某一部分中需要解决的具体问题。

创新氛围调查涵盖了传统员工满意度调查所处理的或应该处理的众多因素。积极的创新氛围确实与员工的满意度和管理的动机高度相关。所以这两个调查可以很容易地结合起来并由人力资源部门同时开展。管理层应充分交流调查结果，了解找出来的障碍并探讨相应的优先改进事项。

总而言之，为了使自下而上的创新可以自发产生，创新领导者有很多可以做的工作。第 4 章将展示如果要积极开展自上而下的创新，创新领导者需要做些什么。

第 4 章

引导自上而下的创新

> （传统的）专业管理不会提供给你在一个缓慢增长的世界中所需要的增长……我们的挑战是将纳米技术带入未来。我们必须提供个性化的医疗。我们必须制造可再生能源！
>
> ——通用电气公司 CEO　杰夫·伊梅尔特

第 3 章强调了创新领导者如何积极地刺激自发的、无计划的自下而上的创新。大多数人认识到，有时可以通过结合偶然性和创业精神来实现突破。但是，成熟的创新领导者不愿意仅仅依靠这些难以管理的因素。他们不会愿意把自己的角色限制在一种温和的自由放任状态下，他们可能会任用创意人才，让这些人才有实践创意和启动项目的自由，他们希望能够以某种方式进行创新。成熟的创新领导者具有决定性的价值，他们将毫不犹豫地以以下这几种方式参与创新。

- 第一，他们认为创新受益于主动管理。如果创新开始消失在公司的"雷达屏幕"上，他们会很快将其带回管理议程中，因为对于他们而言，创新是竞争的必需品。
- 第二，他们认为创新是一个跨职能的过程，只有在分配具体责任和进行进度追踪时才会发生。他们建立了一个流程、一个治理体系和组织机制，使得创新在组织内自上而下地发生。
- 第三，他们认识到，创新不仅仅是一些特定职能（如营销或研发）部门的

Innovation Leaders

责任，而是要靠全公司努力，必须不断鼓励和策划强化创新的活动。
- 第四，他们认为创新是发展和抓住新兴市场机遇的最佳途径。他们亲自参与高影响力的创新项目，展望、发起、引领和指导这些创新项目。他们亲自参与创新探索和创新项目。

1. 将创新视为竞争的必需品

今天，许多蓬勃发展的公司以创新的产品或服务发家。创新贯穿它们的创始过程，可能是它们早期的经理人职业生涯中最关注的方面。然而随着时间的推移，随着企业的发展，它们最初具有的创新本能和注意力往往会减弱。创新逐渐成为公司的支持活动之一，而不再是其存在的理由。它可能隶属于具体的职能部门——通常是研发部门和营销部门或新业务拓展部门。

偶然情况下，一些具有威胁性的外部事件或内部问题仍可能导致高级管理人员再次将创新置于公司议程的首位。这种对于创新的复兴往往是由迫切的愿景——竞争的必需品——推动的。这通常发生在有新人到来时——一个充满活力的 CTO 或 CEO，他们坚信创新是最根本的增长引擎。一些重大创新与新 CEO 的到来的关系常常见诸新闻头条。想想史蒂夫·乔布斯回到苹果公司，杰夫·伊梅尔特坐上通用电气公司的头把交椅，以及 A.G.拉夫里在宝洁公司的故事。

1.1 让创新留在管理议程的首位

当增长率趋于平缓或竞争激烈时，大多数 CEO 都希望激活组织，并加强对内部和外部创新路径的探索。高级管理人员将创新视为一项严谨的战略任务，认为在创新上的努力能够防范外部市场威胁，并且可能改善内部业绩。

通过观察、分析或直觉判断，优秀的企业领导者通常能够及早感受到各种市场威胁或竞争风险，并对其做出反应。创新领导者通常会进一步提出对这些情况的创新性的回应。

74

第 4 章
引导自上而下的创新

1.1.1 利用创新来回应外部威胁

对未来利润或增长的严重威胁是重新评估公司创新战略和创新流程的强大的管理激励。以下 4 种类型的威胁通常会引发创新的复兴。

威胁 1：颠覆性技术

最严重的威胁莫过于竞争对手或新的行业进入者将颠覆性技术带入市场所带来的挑战。当一家公司的生存岌岌可危时，管理层必须提出强有力的创新性的回应。通常，挑战出现在行业层面，这要求快速而严肃地重新评估过去的战略、技术投资和传统方法。这种威胁的一个很好的例证，是由数码相机和基于网络的光扩散技术所引发的对于卤化银摄影技术的快速替代。在柯达公司和富士公司，它引发了领导者大幅度加强对创新的关注和重视，并在数字摄影的新背景下，全面开展公司的动员工作。

威胁 2：绩效下降

市场份额和盈利能力持续下降的问题虽然不严重，但同样让管理人员担心，这往往是由有更强创新能力的竞争对手的出现导致的。今天这种威胁正在严重影响美国和欧洲的汽车制造商。所有人都在努力达到日本和韩国这类竞争对手不可思议的市场敏锐度和产品开发效率。在美国，通用汽车公司和福特公司当前经历的危机正在进一步扩大，因为它们的主要竞争对手丰田公司正是混合动力发动机这一颠覆性技术的创始人。只有巨大的创新驱动力加上战略的变化才能拯救这些处于挣扎中的巨头的命运。第 7 章描述的美敦力公司的创新复兴之旅始于相同的认知：公司的心脏起搏器业务正输给新的竞争对手——即使这个行业是它创造的——所以公司需要大幅度提高其创新效率。

威胁 3：商品化

第三种威胁是产品或服务逐渐商品化。当新兴因素消失，激烈的竞争导致大幅度的降价活动时，这种情况甚至会渗透包括增长部门在内的许多行业。当平板显示器行业中的 PDP 技术和 LCD 技术等生产能力得到大量投资的时候，这种价格竞争就会加剧。日本之前在该行业占领头地位的企业，如夏普公司和松下电器,正在被迫推出其他的创新举措,这么做只是为了与韩国企业和中国台湾企业这些竞争对手保持竞争力,而韩国企业和中国台湾企业也不会坐以待毙,因为它们看到竞争对手——中国大陆的企业正在崛起。所有企业都在加大研发力度,努力通过流程创新来降低成本和实现产出优化。

威胁 4:股市压力

虽然最后一种威胁可能微不足道,但它仍然将重点放在公司的创新绩效上。令人沮丧的股价确实令管理层警惕。当股票价格缺乏增长空间时,情况便会变得悲惨——想想当制药公司错过联邦药物管理局(FDA)批准期限时,药物公司股价受到的"惩罚"。像食品和饮料这样的传统行业,这种压力也一直存在,特别是收购方案在潜在回报方面显示局限性时。当分析师认为其已经失去了增长势头的时候,可口可乐公司也感受到了这种压力,随后它便使用达萨尼品牌的瓶装水来开拓欧洲市场。联合利华公司也遭受着同样的压力,但是它尚未使用大量的创新活动来支持其"增长之路"计划。

1.1.2 将创新当作内在必需品

即使在管理层认为没有特殊的外部威胁时,创新仍然会回归管理议程的首位,他们相信,这将给公司带来显著的市场竞争优势和内部效益。这种情况的出现,可能是由于管理层的雄心壮志成了驱动创新的触发因素。

雄心 1:改变游戏规则

创新领导者本能地不断寻找通过创新以获得竞争优势的机会。他们执着地寻找在行业中胜出的更好方式。这种态度是宝洁公司引进其新的"连接与发展"创新计划的原因。宝洁公司的创新愿景结合了两个互补的重点,这两点对于快速消费品行业来说是史无前例的。

(1)通过关注消费者想要的属性,而不是竞争对手认为的属性,从而推出能提供全新的且真正具有价值的产品。例如,家庭清洁产品的新包装能提供确切的污渍种类、数量等数据,从而增加用户友好性。

(2)设法增加公司开发的创新概念数量,并且通过让研发和市场推广等部门接触各种外部技术和创意来缩短产品面市时间。

雄心 2：使组织卓越

创新领导者可能会采取新的创新计划，但这可能仅仅出于提高公司效益的愿望。高级管理人员经常认为组织中的创新机制并非最佳，因此，他们寻求改进开发新产品流程的方法，并增加研发投入，努力提高时间/成本效益。他们将有机会在创新过程中实现公司在其他领域可能获得的相同程度的效益。

利乐包装公司是具有这种倾向的一个很好的例子。它启动了一个公司范围的创新活动，该活动只有一个总目标：在对公司未来至关重要的创新中实现卓越。利乐包装公司的高级管理人员并不直接对任何具体的直接的竞争威胁做出反应。不过，他们知道，他们的核心市场竞争日益激烈，常温牛奶和果汁的包装的利润率会随着时间的推移而降低，除非他们为客户找到新的、有吸引力的和具有成本优势的包装解决方案。从它创新的历史来看，该公司拥有深厚的研发文化，但管理层意识到，用于新产品的资源并不总是有效的。利乐包装公司在企业创新方面的不懈努力旨在使它成为行业的"一流"创新者，并在市场的竞争威胁中守住自己的未来。

雄心 3：激励和动员员工

大多数创新领导者本能地认为，在创新方面的动员工作通常对其内部员工具有激励作用。强调创新传递出积极的信息，它允许员工质疑现状并鼓励他们为此做出贡献。它激励每个人都实现令人兴奋的目标、应对令人激动的挑战。最后，它还可以强化公司作为行业领袖的雇主形象，有助于招聘人才，特别是有竞争力的人才。

1.1.3　将创新视为唯一的可持续战略

正如我们所讨论的，为应对某些威胁，一些公司开始创新，还有一些公司则将创新定位为核心战略。后者不仅动员员工进行创新实践，它们的管理层也在不断寻求更有效的方式来管理创新。它们的领导者是保持日常创新的"创新活动家"，他们不必将创新重新置于管理议程之上——因为它一直都在！在这

Innovation Leaders

样的公司中，创新是每个人的首要任务。

对于创新的这种痴迷有多种驱动力。其中有两种是普遍存在的：竞争和技术发展的速度，以及工业和技术周期或其波动的幅度。

快速的技术变革

消费类电子产品、信息技术、电信、医疗技术和处方药品等行业的公司都是由快节奏的技术和产品开发及高强度的竞争所驱动的。在这些行业，是赢还是输取决于是否具有下列能力。

（1）赶上新技术浪潮并保持领先。

（2）不断开发、维护有潜力的产品开发渠道。

这些努力使创新成为管理层关注的首要任务。这些行业的公司永远面临着重新评估其创新流程的压力，以提高新产品质量，加快新产品推出速度。

第11章中的罗技公司是一个很好的例子，它被认为是一家能与大型竞争对手（微软公司）、敏捷的竞争对手（美国的或亚洲的公司）一样快速创新的公司。罗技公司的高级管理人员从来没有想过要详细规范公司如何开发新产品。公司内只针对采用外部技术或构建项目路径等问题制定了一些基本的行为规范和流程规则。工程经理和营销经理已经获得了极大的自由，这些自由使他们发明新的方法来提高效率并保持领先地位。创新始终渗透在罗技公司的公司文化中！

长久而强大的技术浪潮

创新已经成为一些行业的核心流程，这是必然的。这些行业的创新节奏可能并没有那么快，但仍然经历着重大的技术浪潮。半导体行业、医学影像行业和高科技材料行业是这一类行业的例子。这些行业的参与者面临着长期的挑战，及早识别和投资下一次技术浪潮能帮助它们建立必要的能力，并可能为其奠定未来市场先行者的基础。

总而言之，无论触发因素是什么——外部威胁、内部雄心或员工激励——许多公司都将创新作为核心流程。它们的管理层认为在研发和创新效益方面实现巨大飞跃以保持领先地位同样是迫切的任务，这也是那些暂时落后的公司重新领先的秘诀。当创新精神和创新势头一落千丈时，创新领导者必须从根本上激活组织，开展创新增强活动。

1.2 制定创新愿景和战略

第 1 章中提到的普雷斯顿·鲍特戈，他建议高级管理人员要在向员工提供以下几项清晰认识方面发挥领导作用。

- 目标感——我们为什么需要做某些事情？
- 方向感——我们应该走哪条路？
- 焦点感——我们的优先事项是什么？

这 3 个要素对于希望开展自上而下的创新的创新领导者来说是至关重要的。将创新作为竞争的必需品——无论是由威胁还是机遇而引发——并列举进行新的（或重启的）创新活动的所有合适的理由，是许多创新领导者给予员工目标感的方式。当它直接与市场竞争挂钩——一种相对容易实现的联系——创新将不再是一个模糊的目标，它成为一种生存条件，每个人都自我动员。

为创新提供方向感和焦点感，对于创新领导者来说，是一项更为复杂的任务，因为它意味着制定出令人信服的创新愿景和战略。很少有管理团队已经采取了这一步骤。像宝洁公司的 A.G. 拉夫里、苹果公司的史蒂夫·乔布斯、谷歌公司的拉里·佩奇和谢尔盖·布林这样的人物，都被认为是非凡的梦想家。可以肯定地说，明确的方向和焦点对自上而下的创新是必要的。但是，它也有助于自下而上的创新，因为它将组织的创意能量转移到所需领域，消除"随机"的风险，从而减少那些无关紧要的或优先级较低的创新。

这个方面的问题如此重要，所以应该用一个章节的篇幅作重点陈述。第 6 章"认清创新战略的领导责任"——将提出一个高层次的框架，对通用创新推动力进行分类，并说明领导者必须采取何种措施来实施他们选择的创新战略。

2. 建立流程和管理机制

高级管理层的首要任务之一，就是确保公司利用流程来积极地管理创新。虽然这个主题在前一本书①中已被充分地介绍，但还是有必要提醒读者它在实际中意味着什么。具体来说，它意味着采用经典的优秀流程管理指导方针，并将它们运用于创新中。这需要建立专门的流程管理指导方针和流程管理机制。

2.1 流程管理指导方针

创新和其他企业流程一样，应该被正式地管理，这意味着需要遵循以下5个大致的要求。

要求1：拆分和厘清流程

创新流程与许多其他复杂的跨职能流程一样，问题是只有极少数管理人员能够看到和了解整个流程，这削弱了大多数管理人员在较大范围内开展计划和做出贡献的能力。通常情况下，大多数管理人员只能看到流程中的一部分，而管理创新需要帮助创新流程中的每个人高度认识到以下几点。

- 整体流程架构。
- 流程步骤或阶段。
- 每一步的输入和输出。
- 各个步骤相互联系的方式。

这需要采用一套在公司内广泛应用的流程模型、模板和术语，但也要能反映不同业务部门具体的应用差异。如图 4-1 所示，我所倡导的通用模型是简单而全面的，因为它超越了上游和下游的传统的新产品开发（NPD）流程。它将创新视为一组持续、连锁和动态的子流程。

---

① 指《产品神话：公司如何成为市场赢家》（*Product Juggernauts:How Companies Generate a Stream of Market Winners*）。

第 4 章
引导自上而下的创新

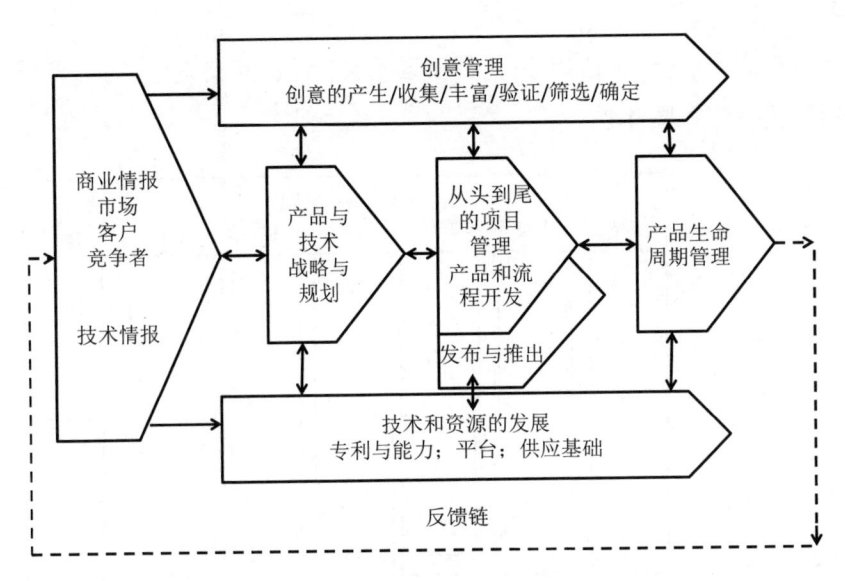

图 4-1 创新流程模型

要求 2：明确地分配流程管理责任

采用流程管理的公司知道，必须清晰地分配管理流程中的职能。这当然适用于创新流程及其子流程。高级管理人员需要了解以下 3 个问题。

- 在整体创新框架内，每个子流程由谁负责？我们是否指定了适当的"流程负责人"？
- 一旦任命，谁应被授权来监督和建言"流程负责人"？我们是否确定了有责任心的流程指导人或赞助者？
- 谁应该协调一切并整合所有子流程？我们应该委托谁来全面管理创新？

流程负责人通常是卓越的、有奉献精神的个人，他负责开发流程（如果流程还不存在）、记录流程，以及调动流程实施后的组织，支持并持续改进流程。

流程指导人被认为会授权流程负责人，即授予他们必要的权力来干预超出其组织边界的范围。他们应该审核流程、监督和支持改进措施。流程指导的任务可以分配给个人或跨职能团队，使其对该流程集体负责。例如，CTO 将经常指导技术相关的流程负责人。相比之下，将创意管理流程的监督委托给单个人可能较难实现。一个跨职能的"创新理事会"可能是更好的选择。流程管理责任的经典分配如图 4-2 所示。

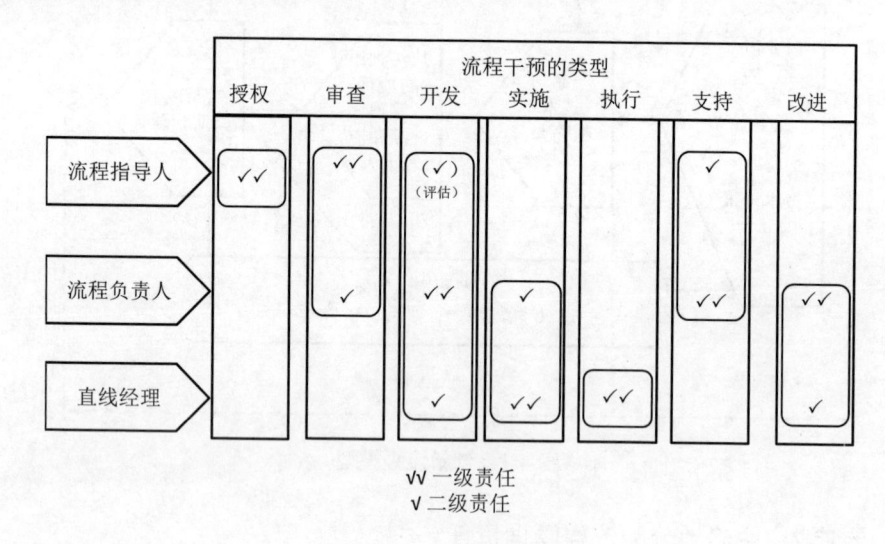

	流程干预的类型						
	授权	审查	开发	实施	执行	支持	改进
流程指导人	√√	√√	(√)(评估)			√	
流程负责人		√	√√	√		√√	√√
直线经理			√	√√	√√		√

√√ 一级责任
√ 二级责任

图 4-2 流程管理责任

要求 3：评估和改进每个子流程

一旦创新流程在内容和边界上得到界定，并且管理责任得到分配，高级管理人员就应该要求流程负责人和流程指导人对其进程进行评估。真正理解每个流程的成熟阶段有助于发起流程改进。

对流程发展水平或成熟程度的判断有多种方法，软件工程研究所（Software Engineering Institute）开发的能力成熟度模型（CMM）是其中一种便捷的办法。图 4-3 总结了可用于判断流程成熟程度的标准，并定义了 6 个不同的成熟阶段。基本上，每个流程管理团队都应该准备好回答以下问题：我负责的子流程——

- 不统一？
- 存在但混乱？
- 定义和描述清晰吗？
- 如何控制和测量？

- 管理是否到位？
- 如何优化？

(预测指标)

	阶段1 迷失	阶段2 混乱	阶段3 被描述	阶段4 被控制	阶段5 被管理	阶段6 被优化
流程意识被广泛认可	否	是	是	是	是	是
流程被绘制、被理解	否	部分	是	是	是	是
流程负责人和流程指导人到位	否	部分	是	是	是	是
资源（人员、资金）的可获得性	否	部分	部分	是	是	是
能力和工具的可获得性	否	否	部分	是	是	是
流程绩效的测量	否	否	部分	部分	是	是
问题的预测和解决	否	否	否	否	部分	是
问题的规避	否	否	否	否	否	是

注：从Humphrey的能力成熟度模型开发而来。

图 4-3　流程的成熟阶段

具体来说，每个子流程的分析必须包括以下内容。

- 对流程的投入是否充足：我们是否拥有合适的资源来有效地管理有关人员、信息来源和预算？
- 流程本身的功效：我们如何处理各种任务的排序？我们的活动以及我们内部沟通的价值和及时性如何？
- 流程可交付成果的质量：我们的流程在产出质量、及时性和成本效益方面能够达到什么样的预期？

一旦对流程的评估开始并且被流程指导人通过，流程负责人将为他们的流程制定一个改进计划。他们将动员各级管理团队开发（如果还不存在）或重新设计甚至重新思考他们的流程。当然，通过外部基准测试来确定最佳实践是开始改进活动的好习惯。

要求 4：全程使用跨职能团队

如果创新中存在一个根本的要求，那应该是创新流程及其所有元素必须由跨职能团队来管理。事实上，图 4-1 中突出显示的每个子流程都不是单一职能的。这个原则目前已经被项目和工程管理领域广泛接受，同时，该原则对于一些前端流程也是有效的，一般认为其是属于营销或研发的一部分。

- 例如，商业情报收集流程不应该让市场人员单独来完成。即使市场研究专家在提供工具方面发挥关键作用，但他们还是要培训来自其他职能部门的人员以使他们掌握面谈技巧，开展焦点小组，帮助分析新的发现。商业情报收集是一个应该让组织中每个人都参与的流程。
- 技术情报收集逐渐将由研发部门的科学家和工程师主导，他们将成为其专业领域的"技术守门员"。但技术情报还应包括工艺技术的制造工程，并且在信息技术上听取信息系统专家的意见。
- 技术资源开发流程同样不应该完全由技术专家掌握。是否投资特定技术、特定技术是外包还是内部开发，这些都属于战略性的选择，应该让业务经理参与其中。
- 创意管理也是一个跨部门的过程，因为现在已经很好地证明：多样化的视角会提升创意的质量，也会让最终保留下来的创意更加严谨。由于研发比营销更倚仗先进的创新技术，所以创意管理流程的负责人一般来自研发部门。
- 产品和技术的战略与规划本质上是跨职能的流程，因为这两个方面是相互依赖的，技术有时会推动产品战略，反之亦然。

要求 5：建立和追踪流程的绩效指标

当创新自上而下地发生时，管理层要定期测量进度。流程导向的组织知道从以下 4 个类别的指标中选出一些有意义的指标（不需太多）的重要性。

- 滞后指标，衡量过去行动的结果。它们通常是最常用的，因为它们是最容易测量的。
- 领先指标，用于跟踪被认为会对未来结果产生影响的活动。它们的使用频率较低。

- 流程指标，用于测量流程绩效目标的完成度。它们经常被流程导向型公司使用。
- 学习指标，反映在若干关键领域取得进展的速度。目前很少有公司系统地使用它们。

图 4-4 显示了这 4 个类别中的一些常用指标。

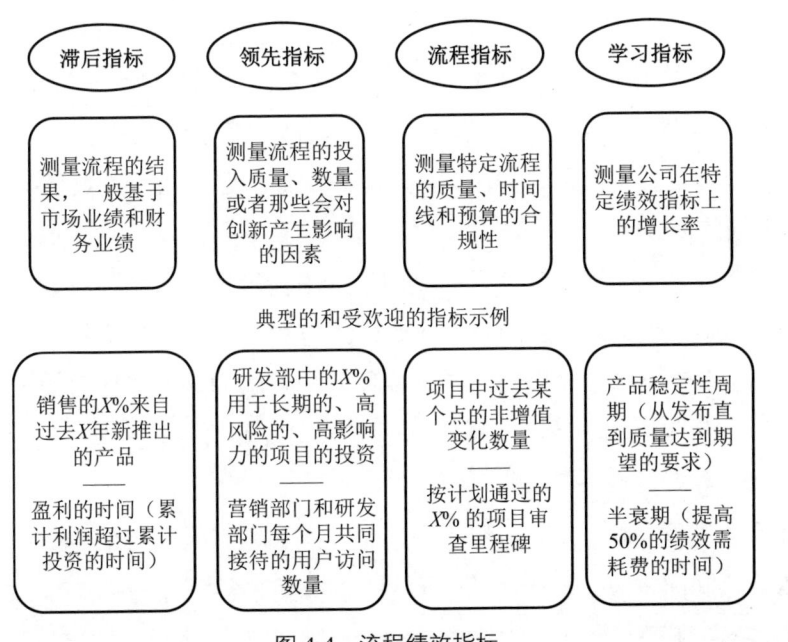

滞后指标	领先指标	流程指标	学习指标
测量流程的结果，一般基于市场业绩和财务业绩	测量流程的投入质量、数量或者那些会对创新产生影响的因素	测量特定流程的质量、时间线和预算的合规性	测量公司在特定绩效指标上的增长率

典型的和受欢迎的指标示例

销售的 $X\%$ 来自过去 X 年新推出的产品	研发部中的 $X\%$ 用于长期的、高风险的、高影响力的项目的投资	项目中过去某个点的非增值变化数量	产品稳定性周期（从发布直到质量达到期望的要求）
盈利的时间（累计利润超过累计投资的时间）	营销部门和研发部门每个月共同接待的用户访问数量	按计划通过的 $X\%$ 的项目审查里程碑	半衰期（提高 50% 的绩效需耗费的时间）

图 4-4 流程绩效指标

2.2 流程管理机制

创新领导者知道，他们公司的经典管理机制——可以联想到大多数组织中激增的各种委员会和工作组——并没有真正地引导和管理创新。创新是一个复杂的、多方面的、跨职能的过程，结合了创造性的元素和高度纪律性的活动。它需要特定的管理机制。

任命专门的流程负责人是第一个必要的步骤，但这还不够。还需要向个别高级管理人员或集体管理团队分配流程创新的指导责任。此外，还必须创建其他机制来处理特定流程的执行。最后，如前所述，管理层需要确定整个流程的

85

协调人。选择正确的机制——对引导自上而下的创新的单个流程和整体流程——是创新领导者的重要任务。

2.2.1 不同的流程，不同的机制

流程——适用于所有创新子流程——可以分为 3 大类，它们分别具有不同的特征，面临不同的要求，需要不同的管理机制。

离散流程

具有清晰的开始时间点和结束时间点的流程可以被称为离散流程。委托给项目组或创新工作组的大部分专项任务都遵循离散流程的模式。在创新领域，大部分项目，无论是研究课题、产品开发任务还是市场考察任务，都是离散流程的完美例证。

传统上，用于处理离散流程的机制包括项目管理组织和跨职能团队。事实上，除了单独立项之外，还没有其他更好的方式来管理离散流程。比如在项目期间，从专家库或各级管理部门中选择任命项目管理人员或项目领导者，让他们组建一个跨职能的项目组，成员共同努力实现其目标。

循环流程

像离散流程一样，循环流程有开始时间点和结束时间点，但是它们的活动往往随着时间而重复。管理循环流程的基本方案是预算——在一年中的某个特定时期，它遵循了一个既定的仪式。在创新中，也有几个重复的流程和子流程。通过循环流程可以达到以下效果。

- 商业情报专家定期对其研究的主要调查结果进行整合。
- 在公司创意库积累的创意会被评估、筛选和实施。
- 产品和技术战略会被制定和修改，然后转化为具体产品和研发路线图或计划。
- 在重要的推进会上对项目进行审查，在此期间，它们将收到所需的预算和资源。

循环流程通常需要委托给专门的跨职能团队。这些特设机构一般被称为委员会。例如，产品委员会确定新产品的发布时间，这是产品战略和规划过程

的关键要素。

但是，"委员会"这个词的使用过于频繁，因此，它不能向其成员或整个公司传达其清晰的形象。它是委托执行机关？是咨询机构？还是协调者？这就是我主张给这些机构赋予明确的角色和层级的原因。

- 例如，"董事会"一词应该用于具有执行任务的高度授权的机制。如果是召集一群高级管理人员负责产品技术战略和规划，那应该使用"战略委员会"，因为它被认为是高层决策机构。如果被称为"方案审查委员会"，它的职责则更像项目审查和经费批准。
- 如果是围绕创新流程的咨询机制，则应该使用"理事会"这个词。不同于董事会，理事会不做商业决定；它向管理层提出建议。这就是为什么许多公司与外部顾问建立技术理事会，以指导高管层的技术投资决策。同样，营销理事会收集了营销公司的典型案例来为产品选择或发布政策提供指导。组建创新理事会是为了帮助管理层推荐和评估新的产品理念。
- "协调组"描述了另一种组织主体，它得到管理层的授权，负责跨越职能、运营、商业主体以及地域的合作任务。

持续流程

由定义可知，持续流程应该永远活跃，而不是陷入循环或重复。例如，收集商业情报或创意应属于持续流程，它们需要永久活跃。客户或竞争对手的见解也应该由每个人每天生成，新产品的创意也是如此。当然，对这些见解的分析、整合以及新创意的评估和选择会有周期性循环，但是它们的生成和收集应该是持续的。

管理持续流程是一个重大的挑战，因为它必须被纳入管理人员的日常任务中。企业需要建立新的组织机制来引导这些流程，特别是情报收集流程，一般采取外勤资源"网络"的形式，有些部门自愿从事情报收集的工作，这是他们正常工作的一部分。情报网络需要专门的"网络鼓舞者"来促进，他们负责提取和分析数据、信息及由此产生的见解和展望。因此，除了现有的市场机制外，

Innovation Leaders

管理层应考虑设立以下几种情报管理机制。

- "市场嗅探器"网络，用于检测新兴的和未满足的客户需求以及关键的市场问题或产品问题。
- "竞争对手侦察员"网络，负责预测竞争对手的举动，每个网络专注于特定行为者。
- "技术守门员"网络，每个守门员用于监测特定的学科或工程领域的技术趋势。

这些机制可以委托给专门的创新情报支持组织，有时被称为"高级营销"——高级是因为它有预见性！

总而言之，图4-5显示了企业实施的用于管理创新子流程的各种机制。可以说，没有一家公司实施所有这些机制，因为很少有公司正式管理所有子流程。管理中重要的是决定哪些流程应该关注，这些流程最适合用什么机制来激励和指导。

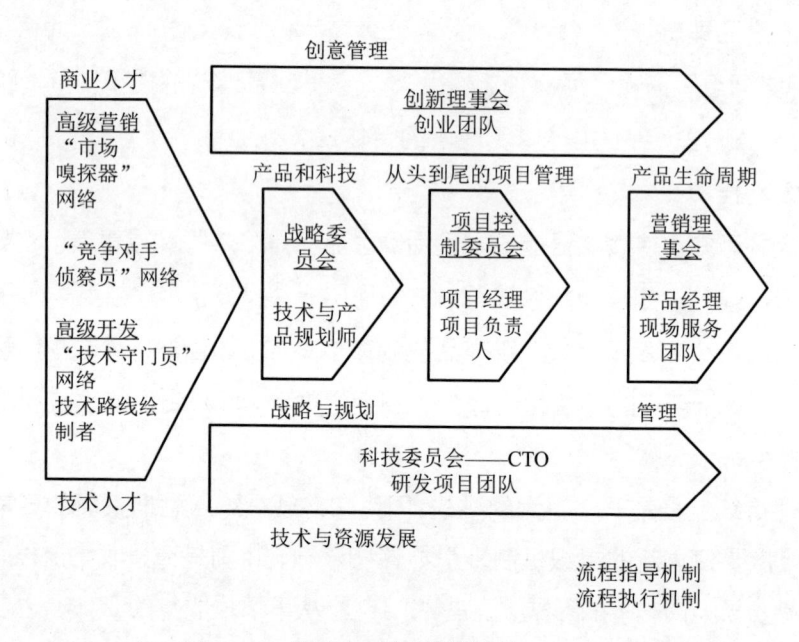

图4-5 创新管理机制

2.2.2 把创新流程视为一个整体的治理机制

建立有效的创新子流程管理机制至关重要,而且该管理机制需要将所有这些子流程整合到一个无缝的、可重复的过程中。高级管理人员面临的挑战是他们需要决定该由谁整合、协调和实施企业的整体创新工作。这个问题至今没有答案,至少无法被完全解决。

其中有一个错误的答案——这也是在大型企业中经常出现的一个问题——认为创新是科学的和技术的过程,因此可以委托给属于市场营销职能或业务研发职能的 CTO 或 CRO 及商业流程。将创新分解为两个职能是危险的,因为它将导致企业的业务方面或技术方面的孤岛思维。如本章前面所述,创新及其所有流程从根本上是跨职能的,因此不能简单地分配给某个职能部门。

成功的创新公司的经验表明,综合治理和管理创新的流程,有以下 3 种方案。

方案 1:任命独立的"创新官"

有些企业成功实施了这一方案,有些企业尝试了却很快因为效果不佳而放弃了它。统筹各个业务单元、功能和市场区域的任务是极具挑战性的。这是一项艰巨的任务,无论是其规模——其覆盖面的广度——还是敏感的政治意义(因为创新官经常会干扰各级管理部门)。风险还在于组织中的其他人员会认为任命创新官是高层管理团队将创新这一任务转交给对应专家的信号,而停止积极地参与。

在内部运行良好的企业采用这一方案会取得成功,因为它任命了一位成熟的创新官。这需要 3 个重要的条件。事实上,根据他们的经验,这一职能及其负责人将在以下情况被接受。

(1)如果企业具有自上而下传递流程的传统和文化。那样的话,管理人员可能会理解管理流程的意义,也会重视和尊重专门的流程负责人,即使他干预了他们的业务和组织。

(2)如果创新官被认为得到 CEO 和高层管理团队的大力支持。这种状况可以反映在核心管理团队的职称、工作汇报关系、成员资格及高级管理人员所声援的支持和行动中。没有高级管理人员的支持，它将"不可能实现"。

（3）在甄选创新官这一角色时，可以考虑以下因素：在创新方面有着令人印象深刻的个人履历、有跨职能和面向商业的视角、具备政治敏感度、有感染力。委任一个错误的或弱势的管理人员会不利于创新。

方案2：延伸CTO的职能

日本许多技术密集型公司将整个流程委托给他们的CTO（在日本通常被称为"总工程师"），这被认为是第一个方案的变形。这些才华横溢的高级专家肯定会满足上述3个条件，特别是他们的履历——他们往往从企业最大的和最成功的创新项目的负责人中选拔。他们也是高层管理团队的重要成员。

这个选择与本章前面已经否定的方案截然不同，即任命两位负责人——一位处理创新技术方面的CTO，以及一位商业经理人。在这个方案下，CTO成为事实上的负责人，负责其商业方面的整个流程。这一方案的基础是完全了解业务的商业方面和战略方面，这是日本CTO经常遇到的情况。与其西方同行不同，日本的CTO将业务和竞争维度整合到其职能中。在技术先进型公司，特别是如果CEO是一个以销售为导向的人，CTO就有责任绘制未来几年的创新路线图。因此，他们会在方法和内容两方面监督创新过程。

方案3：设立集体管理机构："创新委员会"

这个方案的采用频率比其他两个方案低，但它可能是避免将复杂的跨职能流程委托给单个个人的最自然的方式。一个"创新委员会"，特别是如果由公司的高层创建，并向高级管理人员汇报，便可以促进：

- 集体领导和对这一关键流程的共同责任；
- 与所有利益相关者持续开放的沟通；
- 领导力的连续性，尽管领导者有时会变。

创新委员会应负责开发、指导和完善企业创新流程，监督企业的文化和创新氛围。它不应该直接干涉创新的内容，如对新项目和新业务作出具体决策，决策应该由各级管理部门作出。

创新委员会成员应从公司的创新捍卫者中选出，他们完美地代表了公司的核心业务和职能。还应聘请高级人力资源和企业公关人员加入创新委员会，使其发挥作用，动员管理人员，确保他们拥护和支持创新议程。

关于由谁主持创新委员会，这一决定非常重要。如果管理层认真地将创新列入每个管理人员的议程，那么在开始阶段，CEO 就是一个理想的选择，他将自然地重新调整管理团队的其余部分。创新委员会一旦活跃，就可以进行变革，新的主席可能是最高级的技术官员（在技术密集型公司中是可取的）或具有强大创新资质的高级业务经理。

3. 动员人才，提高创新能力

面对企业创新复兴运动的需求，高级管理人员可能会对具体的做法感到犹豫，特别是当公司几乎从零开始，没有任何创新基础设施或习惯时！从哪里开始？如何开始？如何重建失去的自上而下的创新动力？

经过多年对创新不经意的忽视，成功复兴创新的公司的经验给出了一些教训。在大多数情况下，这些公司采取务实的方式来逐步调动员工，从头开始。它们应用了系统的流程和变革管理的一些关键原则。它们的具体历程和成功因素可以总结如下。

3.1 采取循序渐进的动员方式

步骤一：甄选和任命小型"创新指导小组"

在真正从零开始的公司，或那些想全面重新思考创新的企业，管理层可以正确地意识到创新是每个人的责任，但事实上，这意味着没有具体负责人。创新驱动力并不容易启动。因此，高层管理团队应先选择一小批高层次的、积极性强的跨职能高管——未来的创新领导团队，委托他们设计创新推动计划。

这个小规模创新指导小组应该具有以下 4 个特点：

（1）应该是小规模的，成员为 3~5 个能够非正式地一起工作的人。

（2）其成员应该是可信的、有权力的。小组组长（如果不是所有成员）应来自高层管理团队。

（3）其成员应具有积极性，精力充沛，相信创新的重要性，决心将事情办成。

（4）应该是跨职能的，包括业务部门和核心的职能部门（如研发、市场营销和人力资源等部门）。

步骤二：将 4 项筹备任务委托给创新指导小组

创新推动计划的公开推行只有在管理层就绪时才能启动。因此，创新指导小组应该独自执行以下任务。

任务 1：选择和定义创新流程模型和文化

创新指导小组应首先就创新对公司的意义达成一致，界定创新的组成部分，即创新所包含的子流程及其界限。图 4-1 提出的创新流程模型可以作为参考。在创新流程和文化方面，还应该确定具体的创新驱动因素。对创新的界定和模式化可以通过两种互补的方法来完成。

（1）通过分享个人经验和想法，在最适合公司当前环境的模式方面达成一致意见。

（2）通过发现和适应组织的需求，了解其他相关公司已经做了什么——标杆的把握。

任务 2：进行务实的创新诊断以确定优先事项

接下来，创新指导小组将对公司目前的创新状况进行"临时性"的诊断，确定流程和文化的普遍缺陷、创新的关键障碍和变革优先事项。这个初步诊断最好通过与关键职能部门和业务部门的代表进行一对一访谈的方式进行。访谈将不仅可以了解需要解决的问题的根本原因，还可能找到变革的途径。这个初步诊断的最终结果应该是按时间长短进行分类后的变革优先事项的列表。可以通过确定以下事项来选择优先事项。

（1）对公司创新至关重要的文化问题和流程问题。

（2）最坏的或缺乏的因素。

（3）直觉上被认为是最容易解决的问题。

在这3个参数的交点处就可以筛选出优先事项，如图4-6所示。

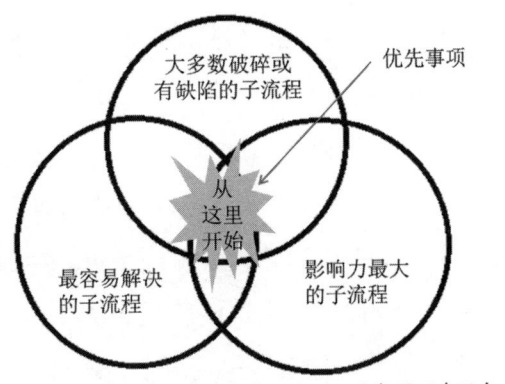

注：该图可以为子流程服务，也可以为氛围因素服务。

图 4-6 筛选推进创新的优先事项

任务3：提出具体的流程管理责任

变革计划可能需要同时在不同的地区推行，这意味着任命第一个流程负责人和指导人，以进行具体项目的改进。一开始，要分配的管理责任的数量是有限的，因为只有少数流程将成为优先事项。但是管理人员由高层管理团队任命，因为这些管理人员必须在没有太多支持的情况下快速推进项目。他们越高级、越有能力，他们的成功机会就越多，成功概率就越大。

当实现具体改革方案的重要资源成为必要时，已经建立起来的机制就需要进一步加强和授权。最初的创新指导小组在功能和地域方面可能需要扩大，使更广泛的管理人员参与改进项目。创新指导小组可以变成创新委员会。任命这样一个高效和可见的创新管理机制，以最可靠的方式向组织传达了两条重要信息。

（1）创新是一个关键的过程，需要在持续的基础上进行高度的指导和支持。

（2）创新是渗透公司所有学科、职能和地域市场的过程。

任务4：建议改变计划，开始具体行动

要保持平衡，计划应该包括一系列相对快速的行动组合——优先事项——以及具有长期影响的行动。最佳实践公司已将诸如建立基于内部网络的创新管理和追踪工具或启动改变思维方式的管理发展计划等事项纳入第二类。

步骤三：将项目公之于众

一旦上述准备工作中的一部分得到实施，管理层应该能够调动更多的管理人员并启动具体的方案。公开的最好方法之一是在专注于创新的企业会议上收集更多的来自第二线和第三线的管理人员的意见。高级管理人员认为他们是未来的创新捍卫者。会议应该要求这些管理人员在自己的部门中逐层地将信息收集、整理。因为会议的目的应该是用来获得承诺，所以保守派和怀疑论者不应该被邀请参加这样一个聚会。

步骤四：实施变更操作

从哪里开始和在实践中做什么，有很多种选择。所面对的最大的约束因素是管理团队的雄心，及其愿意投入这种创新推动计划中的资源数量。一般来说，这些行动可以分为3大类。

行动的重点是建立创新流程

他们认识到创新是公司核心流程之一，因此需要正式管理。典型行为包括：

- 为创新中的每个主要子流程指定流程管理人员，并开始认真的流程改进措施；
- 同意并实施一些具体创新指标，并对这些指标进行系统追踪；
- 建立一个内部网络的创新站点，共享项目信息、支持具体流程。

处理创新文化和心态的行动

它们处理创新的"较软"的方面，以及各个管理层对创新的态度。典型的行为包括：

- 创建一个特定的工作组来确定和解决创新的"软性"层面或者文化障碍（在管理理念、管理政策或管理过程等方面）；
- 举办"动员活动"（创新论坛、创新奖和奖励等），吸引人们的注意力和想象力，释放他们的热情合作；
- 组织创新管理研讨会，汇聚不同业务部门或单位的管理人员分享经验和想法。

期望快速回报的、切实的创新提升项目

它们可以处理与创新流程特定方面相关的各种具体优势，如：

- 为特定的市场启动"向客户学习"计划或"引导用户"计划，识别突破性机会；
- 创建一个简短的创意管理培训班，可以在各个业务部门或单位推出；
- 启动跨职能的缩短交付周期的驱动力（从需求识别到市场推广）。

3.2 尊重有效变革管理项目的条件

成功开展内部增长和创新活动的公司的实践经验教授了我们这一类型计划成功的关键要求。这些经验教训并不是创新驱动的独特之处，它们适用于所有管理变革。

3.2.1 展示最高管理层的坚定承诺

成功进行创新变革的首要条件在于高级管理人员对变革的坚定且持久的承诺。所有变革举措的"杀手"是变革被认为只是最新的"月度管理潮流"——不可能坚持也不值得担心！管理人员显然会做或假装做某事来表达他们对创新举措的支持，但深层次上则会"像往常一样"，他们将确保遵循公司一贯的传统绩效测量指标，然后结束变革！

消除这种风险的唯一方案是 CEO 和他的高层管理团队做出真正的坚定不移的承诺。创新的效益永远不会立即得到实现。在创新方面最成功、实现最大收益的公司，会把创新作为核心过程，不懈努力，逐步改进。

管理层的真正承诺应通过一系列有力且一致的信息进行传达，重复一遍又一遍。更重要的是，管理层应该采取可见的措施和步骤，来逐步说服业务人员：管理即"业务"。这些具体措施通常分为 3 类。

- "大棒"类：选择和执行新的绩效评价体系，绕过怀疑派和温和派，以及更糟的"阻碍者"。
- "胡萝卜"类：对高绩效者和实施模范给予一系列奖励（物质的和非物质的）和加速其职业发展的措施。
- "支持"类：创建支持机制，分配资源，修改策略和系统以支持新的驱动。

3.2.2 保持清晰的焦点和优先事项

成功进行创新变革的第二个条件是确保创新驱动力在一系列繁杂的举措中不会被丢失或被削弱；这些繁杂的举措可能会动摇管理层的关注点，并削弱创新驱动力。焦点越清晰，信息越简单，越好！但这并不意味着它应该是唯一的变革举措。创新驱动与持续不断的追求卓越运营的努力是相容的，前提是要明确：最高管理层的每个人都要承担责任。

3.2.3 沟通明确的变革议程和创新流程

开展全公司创新之旅意味着公司及其管理人员将通过真正的变革过程，拥抱以创新为核心的价值观。变革必须在以下 3 个层面发生。

- 从心理层面看，大多数管理人员过去并没有太多关注创新。
- 从组织层面看，人们必须学会在跨组织、跨职能的横向团队中工作。
- 从流程层面看，创新中的许多经典流程（如创意管理和投资组合管理）必须正式化。

与任何变革过程一样，创新驱动力包括 3 个基本的阶段。

阶段 1：就当前的现状达成共识

首先，管理人员需要有机会理解以下几点。

第 4 章
引导自上而下的创新

- 鉴于竞争和增长的压力,企业为什么必须在创新方面做出巨大的努力。
- 预期会带来什么好处(在增长方面,获得更高的利润和股票价值等)。
- 如果没有做到这一点,会面临什么惩罚(增长停滞、市场份额的丧失等)。

其次,他们必须评估企业从哪里开始变革。

- 企业各方面已取得了哪些成就?
- 有哪些资源(或不可用的资源)?
- 企业创新流程的状态和水平如何?绩效如何?
- 需要克服什么障碍才能向前迈进?

最后,具体来说,管理人员需要知道最高管理层计划做什么来帮助公司发展。

阶段 2:就管理创新的方式达成共识

一旦管理人员看到改变某些事物对于创新的价值,他们必须就达到创新目的的最佳方式达成一致意见。他们需要利用所选择的创新流程模型;了解他们开始工作的优先事项;内化他们自己和团队都应该发展的创新领导者品质,从而来引导和支持当前的各种创新努力。

第二阶段通常需要公司范围的两种类型的活动。

- 流程开发活动,以建立缺失的流程,改进有缺陷的流程。
- 管理发展活动,如召开创新研讨会,提出模型,讨论常见问题,并介绍理想的行为模式。这些研讨会应该从金字塔的顶端开始,然后自上而下逐级运行。

创新型公司在第二阶段的经验凸显了尽早开始管理发展计划的重要性。这能避免外界误以为流程工作是孤立的公司行为,与市场没有直接联系。这些管理人员越多参与流程开发活动,他们会越有归属感。

阶段 3:各级管理人员获得共同的行动承诺

即使管理人员意识到并了解在创新领域需要做些什么,确保行动和努力的可持续性仍然是重要的。

- 制定绩效指标（"考核什么即得到什么"）。
- 根据所需的维度奖励（或惩罚）行为和表现。

当然，获得共同的行动承诺并不随着绩效指标和奖励制度的建立而停止。它还涉及确定并启动一些高度可见的企业项目，以创造激情和鼓动员工。这些项目必须经过仔细选择以确保切实可行。

4. 全身心投入创新搜索和创新项目

创新驱动力不仅是为了应对威胁而启动，也不是简化低效率的流程；它们可以挖掘未开发的市场机会。

即使不是有远见的人，高级管理人员也必须能够明确他们期望创新发生于公司何处。如果创新是他们的业务战略和优先事项，他们必须指出具体的方向，而不是让它随机发生。他们应该提出以下问题。

- 我们需要在哪个领域寻找创新以及创新有何目的？
- 我们想恢复哪个市场或细分领域？
- 我们想要关注价值链的哪个方面？
- 我们要优先考虑哪些未满足或不良满足的客户需求？

追求市场机遇的创新驱动力分为两大类。

（1）重点突破项目，旨在实施具体的、全新的产品或服务理念，创造新市场。

（2）在特定的市场空间中广泛搜索可实施的机会，这被认为是非常有前景的。

在这两种情况下，有组织地寻求创新反映了创造新愿景、实现新突破的管理雄心。

4.1　重点突破性项目

与大多数人的看法不同，突破性项目不一定只以随意的或一致的方式发

第 4 章
引导自上而下的创新

生。它们可以由管理人员进行规划和发起,以利用创新的产品或服务理念,或利用十分有前景的技术来满足大部分未满足的市场需求。消费类电子产品、办公自动化、摄影和汽车等行业的许多突破性创新都是高层管理团队通过愿景和决定、以自上而下的方式发起——他们希望获得快速增长的市场空间。苹果公司推出的创新产品/服务也同样如此。诸如 Macintosh、iTunes/iPod 及 iPhone 这样的创新并不是随机的行为,而是由史蒂夫·乔布斯进行审核的,是经过深思熟虑的自上而下创新的成果。他们首先确定目前不满意的解决方案,以应对潜在的高市场需求。

苹果公司发现数字音乐播放器的大而笨拙或小而无用的用户界面"令人难以置信的可怕"。

他们在涉及内部职能和外部合作伙伴的结构化过程中持续创新,都在创新领导者的直接监督之下。

本书后面的章节将详细描述两家公司以自上而下的方式实施重大突破创新。

- 利乐包装公司(第 8 章):采用革命性的纸盒包装来代替传统的金属食品罐。
- TiVo 公司(第 9 章):推出全新的电视观看、编程和录音系统。

但不是所有以愿景为导向的创新都必须同样惊人。它们不需要在所有方面都是革命性的突破。事实上,可以通过早日认识到新的趋势,开展项目,创造重要的产业。创新可能来自为竞争对手所提供的产品或服务增加一些真正独特的元素,从而打造显著的竞争优势。这正是荷兰金融服务业巨头——荷兰国际集团旗下的 ING Direct 的创立过程,这是银行业在特定行业的成功案例之一。

像大多数银行一样,1997 年初,ING 充分意识到网络银行将导致传统的"实体"零售银行业务的终结。但是 ING 的一些高级管理人员,包括其加拿大

99

Innovation Leaders

总裁兼 CEO，为提供网络银行业务的创意增添了创新的意味。这一观点是一个直观的观察结果，并在股票交易等相关领域取得了非常大的成功，但以优惠价提供有限的优质服务的方式尚未在零售银行业普及。

  加拿大银行业缺少的是我们在其他行业看到的：折扣店。我们看到它们在电信行业、在零售行业勃兴。但是为什么我们在银行业看不到它们呢？
  ING Direct 的概念意指成为一家致力于提供方便的、一致的服务的可信的金融机构，其中包括高价值的、简单的产品，每个产品都将吸引广泛的年龄层人群。

ING Direct 在加拿大及其他一些国家采用的商业模式对于零售银行业来说相当新鲜。它基于一个非常有限的产品范围（储蓄账户和投资证书，后来延伸至抵押贷款）提供异常有吸引力的价格，并且是通过电话或互联网全天候提供。通过明确的、易于理解的定位和大量的市场宣传，加快了客户的获取过程，并将间接费用和利润减至最低，从而实现规模效应。

到 2003 年，ING Direct 的概念已经通过一个成熟的流程在 7 个国家扩散，ING Direct 的资产总额达到 720 亿欧元，公司已有 600 多万客户，每月有 30 万新客户加盟。总经理强调：该公司的产品范围和渠道有所扩展，但始终应该忠于其原始价值主张。

  我们专注于储蓄账户和简单贷款。你不能比这更简单。我们不是使用单一渠道——分支机构来提供许多不同的产品，而是通过多种渠道提供少量产品——互联网、电话、邮件和 ING Direct 咖啡馆。

4.2 广泛的搜索

管理层也可以以开放的方式启动创新。在这种情况下，目标是在新的市场领域确定未明确但有希望的机会，管理层需要对其增长潜力和创新潜力进行判

第 4 章
引导自上而下的创新

断。最初的想法虽然是模糊的，但它确定了搜索区域的边界，并引发了对具体产品或服务机会的集中追求。一旦出现了这样一个以愿景为导向的过程，创新就不再是随机的。市场营销部门或研发部门的前沿创新者将有责任探索管理层已确定和优先考虑的明确领域。他们的任务是为实现愿景创造最好的创意、概念和解决方案。

这种探索性搜索采用的方法要与公司通常采用的方式截然不同。它可以被委托给一个新的业务发展小组，甚至业务管理人员的工作组。通常，这些管理人员将被要求开发和管理由于搜索而被识别和选择的业务。

随着个人保健业务部门的创建，荷兰巨头飞利浦公司为这种广泛的创新搜索提供了很好的例证。飞利浦公司 CEO 杰拉德·克莱斯特利坚信，他的团队需要找到新的有利可图的增长领域来补充目前的业务组合。飞利浦管理层希望有效地利用公司的研究专长和医疗技术专长以及消费品营销和分销优势——飞利浦公司以其出色的研发能力而闻名于世，它是世界三大医疗技术专家之一，它还是灯泡、小家电和消费类电子产品领域的领导者。个人保健业务看起来对飞利浦公司特别有吸引力。

（1）个人保健市场几乎不存在，或至少在公司和产品方面比较分散。

（2）市场分析师认为，可以预见大多数发达国家市场未来的大幅增长，因为人口老龄化将使得人们在健康和健康产品方面的花费增加。

在宣布创建个人保健业务部门时，克莱斯特利清楚地向组织发出信号，希望员工能够在此领域寻求创新机会。加入这一新部门的管理人员都知道，他们必须通过创新来建立一个相当大的业务，因为将要进行的收购将主要用于获取可以推出创新产品的平台和品牌。

如飞利浦公司那样开展大型的、自上而下的、专注的创新搜索，在过去并不多见，甚至在大型公司中也较为少见。在快速发展的行业中，快速增长的迫切需求和新的市场需求的出现可能会加速创新搜寻的进程。石油行业、公用事业、工程和化学公司正对替代能源产生浓厚的兴趣。这就是为什么我们可以期待更多的自上而下的创新，开展广泛的创新搜索。在大多数情况下，它们需要高度的创新领导力。

4.3 创新领导者是"愿景地图绘制者"和计划实施者

光有愿景是于事无补的。当梦想和野心仍然含混不清、没有任何具体的指导方针时，他们就不可能动员员工参与其事业。创新领导者应亲自参与制定路线图，以实现其愿景。他们参与执行的程度将根据挑战的性质和他们的管理水平而有所不同。

当他们占据最高职位时，创新领导者通常热衷于选择——至少影响他们关键的企业创新项目领导者的选择。他们通常认为他们的角色是提供战略方向、授权、释放资源，并确保实施中的障碍被消除。戴姆勒-克莱斯勒公司前CEO于尔根·施伦普表示，他的团队有成为第一家提供燃料电池汽车的汽车制造商的愿景，他显然将其留给管理团队中的其他人员来计划如何实现雄心勃勃的目标。然而，作为CEO，他发挥了巨大作用，将任务分配给可信赖的辅助者并清理障碍，将公司技术和业务联盟的范围扩大到加拿大燃料电池工程专家巴拉德电力系统公司和福特汽车公司。

当他们位于监管层时，像执行委员会一样，创新领导者实际上可能会受到更多的关注，如监管创新团队。许多像利乐包装公司这样的公司已经采取了让高层管理团队的成员亲自监管公司每个主要创新项目并指导其项目负责人的做法。这带来两大优势：其一，它为团队提供了一个高水平的支持者和保护者，高级教练可以保护团队免受任何公司层级的自然倾向而染指团队管理，从而降低其授权水平；其二，资深教练面对项目的日常工作，分享团队的经验和教训。

更接近执行层面的情况是，创新领导者可以指导整个项目，负责制定从愿景到实施的项目路径。几年前，佳能公司办公室产品开发中心总经理田中弘介绍公司雄心勃勃的"家庭复印机"项目时，他的具有挑战性的任务可以用几句话来总结：开发一项非常小的服务——零售价低于1 000美元的个人复印机。

第 4 章
引导自上而下的创新

他作为创新领导者的第一个角色是制定一个能够实现其 CEO 愿景的计划。这意味着规划项目的各个方面：组织管理、项目本身、阻隔竞争对手的方式，以及启动和推出项目。他的任务不仅仅是为突破性的使命规划一条路线，还要说服他的富有质疑精神的团队，让他们认同这个项目是可行的，从而使他们最终取得成功。

这本书的第 1 部分在几个维度上构建了一幅创新领导者的描述性肖像。在前 4 章中，我们讨论了他们是谁，他们的行为方式，以及他们做什么，具体地说是促进创新，刺激自下而上的创新、引导自上而下的创新。在第 5 章中，我们将重点介绍创新领导者——CTO 或 CRO 承担 CIO 的职能。

第 5 章

任命一位 CTO

> 谁对企业创新负责？如果企业有一个研发部门的话，大多数人会毫不犹豫地认为是研发部门。企业所有的创意都来自企业内部的一个部门，这可能不是一个坏的选择。但是，你真的想把一切赌注都放在一个部门上吗？如果你的业务合作伙伴或客户有建议或想法，你会怎么处理？它们会自然地聚焦到研发团队吗？
>
> ——《有目的的创新》博主 杰弗里·菲利普斯

第 4 章提出了管理创新的 3 种不同机制，每种机制对应一种不同的方式来确定公司的创新责任分配。其中一种是创新委员会——高级管理人员将任务委托给高层次、跨职能的集体。其他两种是任务分配给一个专门负责创新的个人——通常是一名高级经理。这个企业创新领袖可以是 CIO 或 CTO，在高科技行业，他有时被称为 CRO。（为了简单起见，本章将以 CTO 统称 CTO 和 CRO。）

1. CTO 还是 CIO

这两者的区别在于各自涉及的有关人士的背景和职能来源，并由此导致的行动主要关注点的不同。

第 5 章
任命一位 CTO

原则上，CIO 可以来自企业内的任何部门，并且所有企业都可以任命 CTO，即使是无须任何技术的企业。CIO 通常负责监管和促进所有部门的所有类型的创新——新的产品、服务、方法、商业模式以及流程创新。他们应该搜索和支持在企业内部或外部产生的创意。他们也负责企业的创新文化、创新流程和资源分配方面的管理工作。简而言之，CIO 被授权去拥抱来自技术和非技术方面的创新。

CTO，顾名思义，他们主要存在于技术密集型行业，代表其企业的技术群体。凭借理工科背景，他们的发展路径通常是先成功地管理日益重要的项目如领导学科小组，随后是整个研发实验室或信息技术部门，之后成为高管层的一员。当他们超越其传统的研发管理职责而承担企业赋予的新使命时，他们自然会倾向于关注新的基于技术的产品、流程和服务。

如果一个企业迟迟不能决定将创新管理责任委托给 CIO 还是 CTO——如果公司存在这样的职位——那么企业此时可以根据 3 个因素作出选择。

第一个决定因素是行业环境的性质。直接或间接地依靠技术竞争的企业将自发地将其创新流程的相关责任委托给最高级的技术官员。由于这种职能在服务型或低技术型企业中不存在，所以其替代方案是任命一位 CIO。总之，选择 CTO 还是 CIO，通常由竞争环境决定。

第二个影响因素是 CTO 的经验广度。许多 CTO 的知识面和兴趣爱好都足够广泛，能够全面地确定其创新任务。他们的技术素养、研发经验和技术侧重点不应妨碍他们考虑创新的各个方面。事实上，广度正是区分 CTO 与一般的研发主管或信息技术主管的关键点。简而言之，涉猎广泛的 CTO 在创新文化和流程方面应该能够像他们在技术开发和部署方面那样挥洒自如。

第三个指导因素是通过让 CTO 与其他部门高管组成团队，扩大 CTO 的可选范围。即使在技术型企业中，也可以通过任命一个由以业务为导向的高级管理人员组成的创新委员会来扩大 CTO 创新议程的范围。在这种情况下，创新委员会承担 CIO 的角色，此时，将允许担任创新委员会主席的 CTO 全心全意关注基于技术的创新。

鉴于许多企业已将其 CTO 任命为"创新沙皇",这值得我们花一些时间了解这些高级管理人员的新兴领导作用。

2. CTO 的第一要务:技术创新

> ……我在微软的工作主要是关心未来的技术。如果你希望自己的未来是伟大的,你必须在现在开始考虑它,因为到未来到来时,你就没有时间了。
>
> ——前微软 CTO 内森·梅尔沃德

2.1 一个关键但并不被人熟知的部门

资本市场和媒体对所谓的科技公司的关注点一般集中在这些公司最有魅力的 CEO 身上,或者在某些情况下,集中在他们的 CFO 身上。市场报告和媒体报道鲜少提及 CTO。然而,他们是站在 CEO 的背后、对这些公司重要的技术和创新选择影响深远的人。他们一般负责推荐需要开发或外包的技术、值得支持的研究计划以及能提高企业优势的技术合作伙伴关系。在这个意义上,他们对企业的命运有着决定性的影响。

与 CEO 和 CFO 相比,CTO 的公开资料相对较少的原因有以下几个。

第一,由于其职能特征,他们很少有机会在公开场合回答记者或行业分析师的问题。他们正在努力做的许多事情对非专家而言是模糊的,而且受公司保密制度的约束。这些在科学和技术领域培养出低调个性的管理人员,并不因缺乏公开曝光而不满。

第二,与在各种企业或行业中承担相似责任的 CFO 不同,CTO 在不同企业或行业中的角色不同、地位不同。事实上,不同企业的 CTO 的权力和影响力水平存在显著的差异。他们甚至没有相同的头衔,因为"CTO"这一称谓在许多企业和国家仍然不为人知。

第三,外界尚未充分认识 CTO 的使命的发展程度——本章稍后将会对此展开描述。除了作为公司最高级科技执行官和技术专家的传统使命之外，CTO 正在成为高层管理团队必不可少的成员。他们越来越被视为公司未来产品和流程创新的发起者、建筑者和捍卫者。在最先进的公司中，CTO 实际上被定位为"新业务创造者"。

2.2 共同起源于研发部门

> 我是我们公司第一个拥有 CTO 头衔的人。在此之前，我在四大业务部门之一的研发部门工作，大部分时间和精力用于监督公司的项目、管理研发人员。为什么我们设立 CTO 职能？因为我想在我们的研发部门之间建立桥梁、分享技术。我们不能重复发明，最重要的是，我们需要超越我们自己的小门户来识别和获得那些将在未来几年内改变我们业务的新技术。但老实说，我的工作还远远不够明确，我仍然要找出我的高级管理人员眼中的优先事项。我还需要弄清楚我应该如何与我之前的研发部门的同事进行交流，他们现在并不直接向我汇报，只是间接地、部分地汇报，他们继续从他们的部门副总裁处获得他们的工作指令！
>
> ——一家中型高科技公司的新任 CTO

CTO 的职能最近才出现在高管团队中。此前，这一职能与研发部门或工程部门的角色相互交织。这种职能的变化可以归结为两个因素。一个因素是 20 世纪 70 年代大型的、多产品、多业务和多技术企业的发展；另一个因素是认识到技术是一项关键的资产，需要从长远的角度进行经得起竞争的管理。

CTO 这一职能部分来源于企业从功能结构到业务部门的转变。这种转变在 20 世纪 70 年代就像野火一样蔓延。组织的这种颠覆导致了大型综合性研发中心的肢解和重点战略业务部门（SBU）实验室的建立。CEO 希望通过将研发部门分解成较小的单位、使其向业务领导汇报，从而能够进行更多的业务敏感型的研发。然而，他们很快就意识到研发分散化将导致资源分散化、集体创造力的缺失和能力的同质化。许多前研发主管突然发现自己手下无人，且实验室也不在他们的直接监管下。高级技术人员通常被要求与公司的一小部分核心员工合作研发。而研发主管的头衔变为研发副总裁或研发总监。

CTO职能变化的第二个驱动因素是20世纪80年代和90年代出现的新技术的爆发，彻底改变了整个行业，迫使企业扩大其技术组合。例如，工程塑料和数字电子技术改变了汽车行业，分子生物学和生物技术改变了传统的化学驱动的制药行业。新技术的出现使研发管理团队重新评估其技术战略，并引导他们建立新的职能部门。许多传统的研发实验室并没有立即掌握一些新技术，这刺激了高层管理团队对高级技术人员的需求。因此，CTO成为公司长期技术竞争力的守护者。

今天，大多数大型技术密集型公司都任命了CTO。中型企业也在往这种趋势发展。CEO指派高层管理团队成员来行使企业在管理委员会中的科学和技术方面的职能。然而，他们的职称和职能在公司之间差别很大。经验丰富的CTO及资深观察员罗杰·史密斯认同CTO的多样性特征，并提出了一个有趣的CTO类型图，如图5-1所示。

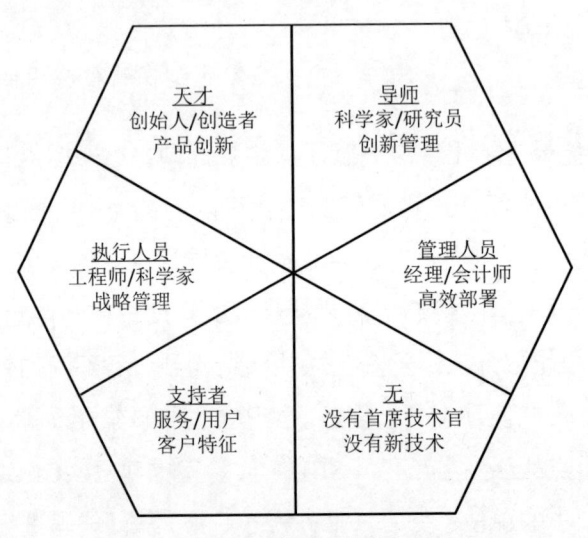

图5-1 CTO的类型、技能和关注点

资料来源：经泰坦公司CTO罗杰·史密斯的许可引用。

2.3 CTO/CRO：不同的头衔，共同的职责

CTO 和 CRO 之间的差异主要在于对其职责范围的界定以及所选择的流程重点。

CRO 倾向于将自己的世界视为科学驱动的，专注于研究和发现。技术型企业依靠他们对新知识的发现和利用获得商业上的发展。他们主要存在于研究密集型行业，如制药行业、医疗技术行业、高级电子行业和专业化学品行业等。他们的头衔各有不同，如科研究副总裁、科学主任、企业研究副总裁等。其中有些人有更高的头衔：研究型 CEO。

相比之下，CTO 更多地谈论和思考技术方面，即应用科学，其关注重点是开发新产品或新的制造工艺。他们专注于技术选择和管理流程，如技术预测、路线图、审计、开发、外包、共享和部署。CTO 通常存在于机械行业、电子行业和信息技术行业。他们的头衔包括 CTO、高级技术副总裁和企业技术总监等。

可以说，这两个头衔的职能仍然模糊不清，许多高管跨越了这两种职能。无论头衔如何，CTO 通常都有 4 项核心职责。

2.3.1 监督研发活动和维护知识产权

2000 年在 IMD 进行的对 30 位跨国公司 CTO 的调查显示了这些技术管理人员对其职责范围的界定方式。表 5-1 显示了在多个特定职能领域具有直线（分级）职责的 CTO 的占比，以及在单一领域具有虚线（监督）职责的占比。它表明，一些 CTO 是所有中央或企业研发实验室的直接主管——在制药行业是这样，但是他们中的很大一部分实际上承担有限的直接责任。他们中的许多人大多实现协调和刺激的功能。他们的工作重点是功能整合。

表 5-1 CTO 的职责范围（各级管理人员与员工）

你如今的工作职责主要是什么？	直线职责	虚线职责
创新流程管理	59%	32%
知识管理	41%	32%

续表

你如今的工作职责主要是什么？	直线职责	虚线职责
新的、基于技术的业务拓展/风险投资	36%	27%
企业中央研究部门	27%	41%
分部或子单位的研发部门（由CTO负责）	27%	50%
质量管理	27%	32%
信息技术/信息科学	23%	45%
专利管理	23%	55%
技术和运营支持管理	18%	45%
制造工艺创新	18%	50%
工程管理	14%	59%
分散的企业能力中心	9%	64%

表5-2显示了这些职责5年后的演变结果。CTO的职责范围在所有领域都有所扩展，并有望继续保持这种扩大趋势，尽管其覆盖面仍然存在重大差异。

表5-2 CTO职责范围的扩展

CTO的职责范围 （直线职责和虚线职责的整合）	1995年将该项目列入目录的百分比	2000年将该项目列入目录的百分比
创新流程管理	55%	91%
专利管理	36%	77%
分部或子单位的研发部门	45%	77%
知识管理	50%	73%
分散的企业能力中心	41%	73%
新的、基于技术的业务拓展	41%	64%

2.3.2 管理部署科技人才

高层管理团队通常将企业的CTO视为科技人才的高级人力资源官。他们虽然可能没有与此类员工的行政关系，但通常负责聘请高级员工，并监管高级研发人员的部署。

科学家和工程师从企业的核心实验室轮岗到业务部门实验室,这经常发生在日本的实验室和工厂之间。这一行为非常重要,因为它确保研发人员有机会直面业务现实。同时,这也为具有顶尖能力的新科学家腾出了空间,正如一家大型电子制造商的 CTO 指出:

> 我最难的一项工作就是说服我的高级研究经理离开我们研发部门去某一个业务部门。这些人有时不进行研发工作,开始扮演管理人员的角色。在某个时间点,他们应该转移到业务部门,为新人才腾出空间,从而让我可以维持一个扁平的研发部门。

2.3.3 将企业资金分配给战略性研发项目

CTO 通常对项目研发有决策权,它的职责包括监测资金是否得到有效利用,并且培育项目使之得以变现。这种组合的角色,即使对于那些只承担有限责任的公司来说,也是影响企业研究和技术战略的最有力方式之一。日本技术型公司的 CTO(通常称为首席工程师)从这个特殊角色中获得了对大部分高级管理人员的影响力。正如一家全球性工程公司的 CTO 所说的:

> 在我们公司,大部分技术投入和研发投入由业务部门掌握。他们决定在哪里和如何花费他们的研发资源。因此,我们倾向于支持渐进式的产品线扩展,主要目的在于规避企业资助的高风险/高影响力项目的财务风险。这样可以确保我们将在新的、业务部门不愿单独开拓的领域工作。

2.3.4 为 CEO、董事会和高级管理人员建言献策

在科学和技术问题上培训高级管理人员是 CTO 的经典职责。一些公司仍然主要让他们的 CTO 在这个有限的、非职能要求的领域中发挥作用。他们是"专家"管理层,对关键技术选择发表意见,然后将这些意见发回实验室。但是,在当今技术密集的环境中,这种专家功能往往是无效的。高级管理层成员需要了解技术选择的战略意义、公司的战略,以及技术对一线员工的影响。

3. CTO 的角色转变：从管理到领导

数十年来，研发部门及其高级管理人员一直受到短期业务压力的束缚。市场全球化和技术的演变、日益复杂的公司和股东价值的增加……这些越来越大的压力迫使 CTO 关注短期业绩。目前，市场和财务对营收数据的预期都已转移到技术负责人身上，越来越多的 CTO 被要求为公司的成长和效益做出贡献。直接的对研发项目的长期跟踪及其切实可行性是 CTO 必须应对的另一个挑战。

这些压力使得 CTO 将其工作重点从管理部门、人员和资产转为引领转型。这种转变意味着向所有技术部门灌输目标感、方向感和焦点感。将科学家和工程师纳入公司的战略方向有利于提高公司凝聚力，增加公司成功的机会。

然而，尽管 CTO 战略性地参与公司事务是一种普遍趋势，但公司的整体研发有效性还是其考核要素。如果公司产品名录中没有太多的新产品，那么 CTO 在企业的蓝图中将不会是完整存在。研发必须是时间和金钱的有效投资，需要有效地推出有竞争力的新产品。简而言之，CTO 的信誉取决于研发的成果。要在高管团队中获得一席之地，CTO 必须在其职能之内得到同事的尊重和信任。

3.1 为科技工作提供目标感

CTO 一直在发展和优化技术能力和研发基金。今天，他们需要在员工中树立新的目标意识，不断提醒他们，他们有责任通过新产品和流程为公司的未来发展做出贡献。

> 过去，像我的大多数同事一样——大学刚毕业的年轻技术人员——因为即将成为研究生，我加入了公司的研发团队。当时吸引我的是未来可以研究激动人心的新技术，奔赴各地参加科学大会，以发表有关新发现的文章而闻名。

第 5 章
任命一位 CTO

恐怕那是很久以前的事情了。今天，作为 CTO，我的首要工作之一就是使我们的员工更加面向市场和面向业务。我们必须证明我们的存在价值和公司为研究投入的资金的价值。我的业务伙伴们期待依靠我们研究的新技术取得胜利。他们也期望我们发明和交付的新产品、业务使我们有机会成长为一家公司。我的工作是交付成果，我的绩效考核基于我是否为我的理事会的研究投资带来令人满意的回报！

——一家全球电子企业的 CTO

增长和绩效的压力通常会导致各个层级的目标感和紧迫感。科技界的顶尖人士会考虑 CTO 通过研发对企业成功所做出巨大的贡献。负责过研发管理的 CTO 以往的重点是职能效率，当他们进入高层管理团队时，这一点在他们工作中的重要性便会下降，但他们作为公司长期科技竞争力监护人的责任正在迅速扩大。

IMD 对主要国际公司的 CTO 的意见调查中清楚地强调了管理议程和重点的重大变化。在意见调查中，CTO 被要求列出过去 5 年被他们视为优先事项，且未来 5 年会继续保持关注的事项。调查结果的总结如图 5-2 所示。

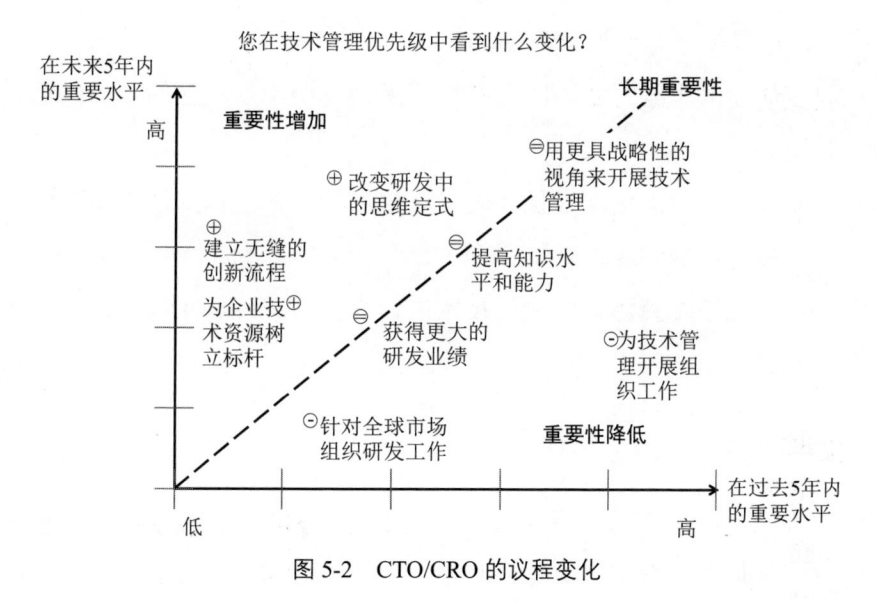

图 5-2　CTO/CRO 的议程变化

资料来源：IMD CTO 调查，2000（N = 30）。

在提出的 8 种广泛挑战中，绝大多数高管在以下 2 项工作任务上的重要性有所下降。

- 组织全球化的研发，即组织研发资源以挖掘科学技术，并在世界各地开展业务。
- 组织技术管理，即解决传统研发的组织、技术资金和技术管理流程问题。

相比之下，调查结论继续强调 3 项常年战略性任务。

- 更有策略地管理技术，即更有效地连接技术和业务战略，特别是长期性的。
- 提高知识水平和能力，即专注于创造、使用、共享和保护知识，以及废弃无关知识。
- 通过更多的战略性项目，获取更大的研发绩效，即提高研发对企业的贡献。

这些重要目标要求的领导技能不仅仅是组织能力或管理能力。

最后，3 个优先事项在未来显得越来越重要，它们都与 CTO 变革组织的能力有关，这需要强大的领导素质。

- 改变研发的思维方式，即在科技研发过程中引入更强的业务目标感和紧迫感。
- 建立一个无缝的创新流程，即与其他部门（如营销部门或制造部门）进行更有效的沟通和协作。
- 撬动企业技术资源，即关注技术内包和外包，以利用技术合作伙伴的特殊优势。

3.2 提供科技工作的方向感

CTO 一直被寄予帮助公司管理和优化其技术组合的厚望。现在，他们的使命比以往任何时候都沉重。识别和投资关键新技术以维持未来业务，CTO

正在成为公司的"首席导航员"。

> 我的重要任务之一是确保我们公司及时了解并采用所有那些会彻底改变药物开发的新技术。
>
> 多年来，我是合成化学、高通量视频科技和生物信息学的倡导者和推动者。当这些技术被合理掌握时，我们开始提升我们的基因组学和蛋白质组学的知识水平，以便从我们在这些领域的合作伙伴关系中充分获益。寻找新技术是制药行业的无尽追求。
>
> ——一家大型制药企业的前 CRO

这项工作中最具挑战性的部分是，CTO 有望为董事会和高级管理人员提供一个明确方向——将研发资源投入哪里和投入多少。决定适当的研发支出——通常以占销售额的百分比表示——是技术密集型行业中最受争议的管理问题之一。CTO 不可避免地成为辩论的中心。投入合理的研发预算最终是 CTO 的责任。研发投入分配将反映以下方面。

- 在何处以及技术如何塑造企业的未来、创造机会的**愿景**。
- 管理层对于引进新技术而愿意承担风险的**雄心壮志**。
- 对科技力量将使之优于或超出竞争对手的**信念**。

3.2.1 确定技术愿景

CTO 在实现管理层的愿景、雄心壮志和技术信念方面发挥决定性作用。这个过程可以被称为"技术愿景化"，与流程管理团队定位、重新定位或更新其业务愿景的过程类似。专家们认为，公司愿景由两个相互关联的方面组成。

- 一张"设想的未来"的蓝图，突出了公司理想的未来状态，及其利益相关者的想法。
- 一个"核心理念"，说明了公司对于利益相关者的看法以及它所倡导的价值观。

这有时被简化为一个传达给外界的简短声明。如图 5-3 所示，"技术愿景化"适用于技术,这是实现业务愿景的一种方式。通常,业务愿景将推动技术愿景化。然而,在技术密集型产业中,常常是反方向发生。

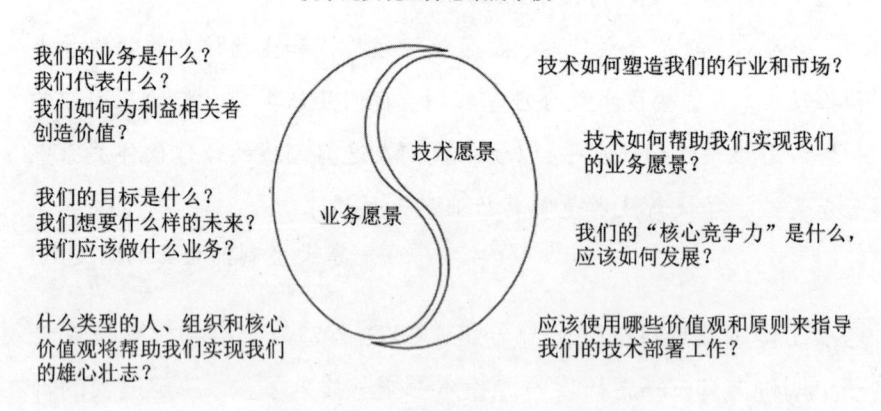

图 5-3 技术和业务愿景的相互依赖

如图 5-4 所示,通过"技术愿景化",CTO 应该为企业的研发工作明确方向。这通常有两面——"硬"的一面和"软"的一面。

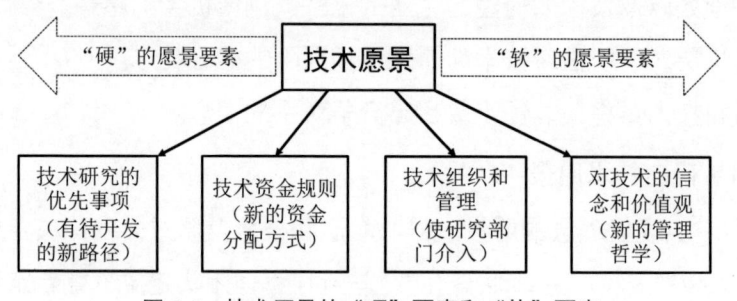

图 5-4 技术愿景的"硬"要素和"软"要素

3.2.2 设想技术的未来("硬"的一面)

展望未来需要确定公司技术覆盖面的范围,并确定公司需掌握的至关重要的能力。开发和培育(或放弃)哪些研发领域,是由 CTO 来决定的。CTO 还应与 CFO 一起为企业未来投资的资金水平提供建议。

展望未来也意味着确定技术在公司战略中的作用。思科公司在业务愿景和技术愿景之间的关联上作出了良好的示范。该公司的业务愿景——在其产品优势的基础上成为领先的互联网公司和整体解决方案提供商——已经迅速被转化为明确的技术愿景和一系列的技术并购策略（只有当公司的股价高时才会出现的战略）。思科公司已经学会了如何选择技术目标，将其快速获取并立即整合。思科公司的愿景已被直接转化为行动。

一家公司永远无法仅凭自己的资源而保持技术领先。CTO 必须确保其公司能够使用最好的技术，而毋论其来源。通过授权获得新技术而不是内部开发，其成本较低。事实上，现在一些公司在网络上发布技术挑战信息并接收其他公司的投标，以满足他们的一些技术需求的活动并不罕见，正如宝洁公司采用"连接和开发"的战略。该战略不是弃用宝洁公司的研究人员，而是更好地发挥他们的效能。宝洁公司外部创新的比例已经从 2000 年的 15%上升到 2006 年的 35%以上；宝洁公司 45%的产品开发组合的举措都是来源于外部发现。这一战略使宝洁公司研发生产力和创新成功率大幅提升。

3.2.3　发展关于技术的核心思想（"软"的一面）

一些 CTO 不止于设想未来。他们制定和推广政策，提出技术上的理想行为、信仰和价值观，以及部署和管理的指导框架。例如，在 3M 公司，技术经理知道所部署的技术属于公司，而不是业务部门。3M 公司技术群体中的每个人都有望实践基于以下信念的价值：跨越实验室和业务部门共享技术——这对于许多公司而言是一个难以捉摸的目标。

技术愿景的"软"的一面涉及变化的工作行为和组织中技术的心态。阐明这一观点并使其被广泛采用，这是 CTO 的关键领导作用之一，包括以下几点。

- 在公司科技界建立企业信念和价值观的共识。
- 将这些信念和价值观显性化，如以技术章程的形式，如表 5-3 所示。
- 技术章程获得管理层的认可，并将其广泛传达给研发的业务伙伴。
- 设计并运行变革程序，将新行为嵌入实验室的日常工作，如图 5-5 所示。

表 5-3　一家领先的化工公司技术章程大纲

1. 技术在企业成功中的根本作用和公司创新挑战的性质
   - 专有技术与非专有技术/外包技术的作用
   - 技术预测与市场感知的相对重要性
   - 关于技术的所有权、使用及问责制的规定
   - 公司技术投资的适当时间

2. 技术的战略管理和 CTO/CRO 的作用
   - 企业间技术协作的执行水平
   - 关于技术外包、合作或风险投资的政策
   - CTO 作为企业"支持者"与新业务"创造者"的作用
   - 部门 CTO 的权力和干预权限

3. 中央研究机构与子单位研发部门的特殊作用、功能或使命
   - 研发的贡献和适当的研发权力下放水平
   - 研发在发展新能力和业务方面的作用
   - 吸引、发展和转移人才的研究使命
   - 对技术落后于业务重点的研究态度

4. 研究中心的内部组织，其资金和对其产出的评估
   - 规则与技术平台相比各自的优点
   - 企业投资与业务部门资金的相对重要性
   - 创造价值的研究成果的衡量
   - 关于亚临界和外围研究活动的政策

5. 技术人力资源管理（招聘，绩效评估，职业生涯管理等）
   - 优秀的专家和工程师的技能简介及其广度
   - 科研人员在研究中心与开发中心的轮岗
   - 研发领导参与战略性业务管理问题
   - 研发人员评估的重点（研发产出质量与企业成功率）

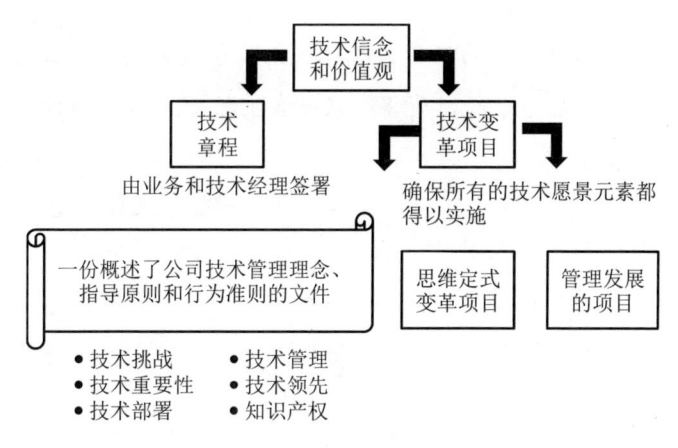

图 5-5 共享技术信念和价值观

最后一个方面是我们在 CTO 调查中发现的被认为是增长最快的领域之一：改变研发思维模式。新思维模式的性质往往依公司而定。在具有强大研发能力的公司中，变革计划的目标往往使员工对业务需求更加敏感。一般认为，研发会更加灵活地应对业务需求，更加具有成本意识，并更加密切地关注发展速度。在其他具有强劲增长目标的公司，如陶氏化学公司和皇家飞利浦电子公司，公司的工作重点可能更多地侧重于创业和创新。在制药行业，CTO 经常促进研究中心间的有效的合作，这既包括公司内部的合作，也包括和外部技术合作伙伴（如与较小的生物技术公司）之间的合作。无论其工作重点如何，这些计划往往都需要 CTO 的持续关注。改变研发人员的心态不是一项容易完成的短期的任务。

3.3 强化技术的焦点感

CTO 一直被期望成为其公司能力的守护者和建造者。今天，他们的首要任务是确保将内部资源集中在关键地方——实现技术差异化——同时鼓励员工以开放的心态接受和利用外部技术。

我们的 CEO 知道我们部署的许多技术和能力正在日益变得成熟。它们不再给我们太多的竞争优势。所以，我开始调查是否有将我

Innovation Leaders

们的传统研发活动外包的机会，就像我们外包我们的部分业务和服务一样。这个想法是为了释放资源，以便我们投资更多于新能力从而来支持有价值的驱动力。

——一家全球食品企业的 CRO

作为面向未来的领导者，CTO 有望引导公司，使得技术重点与公司战略保持一致。CTO 对其公司的长期技术竞争力负责，其工作描述中经常含有以下正式责任。

- 确定对公司业务产生最大竞争影响的技术。确定将会或可能取代现有方法并颠覆整个业务或行业的技术。
- 务实、客观地审核公司技术的竞争力。分析主要技术优势和劣势，以及其可能产生的机遇和威胁。
- 承担技术碎片化的风险。确保公司最重要的技术有足够的资源，即使以减少对关键领域的投资为代价。
- 提前投资新的关键技术（但不是太早）。选择将风险降至可接受水平的投资战略，同时保持灵活性。
- 外包非必要技术以减少资源浪费，不提供任何特定的竞争优势。以外包的方式保证获得保持竞争力所需的关键技术。

这里的每一条都突出了 CTO 最重要的角色之一，而且每一条都需要很多勇气：做出选择和圈定重点。

英特尔公司的安迪·格罗夫认识到，放弃内存的开发和制造，选择将公司的所有资源集中在微处理器上，这也许是他职业生涯中最艰巨的决定。尽管预见到了电脑内存需求的增长和英特尔的竞争地位的提高，格罗夫也意识到，英特尔公司无法与有潜力的微处理器业务并行地增长内存业务。英特尔在两个业务中都成为一个平庸的竞争者才是真正的风险。后来英特尔公司的巨大增长表明，将公司的工作重点聚焦在微处理器（英特尔宣称领先的技术领域）是非常明智的（或幸运的）。虽然并不是所有的公司都会面对这么大的困境，然而，每家公司都需要关注某些技术与其发展,并且放弃或外包其他技术。

在要获得和开发的技术和要被放弃或外包的技术中作出选择的复杂任务显然属于CTO。但其任务并不止于此。重点技术战略中最重要的部分是实施,这需要解决3个重大挑战。

- 如何在时间和成本有限的基础上有效地获取和使用新技术。为了解决这个问题,CTO经常会提出战略收购或合作伙伴关系计划,在这里,其领导技能将得到测试,因为新技术(通常是相关人员)必须在"新"组织中建立起来。将新技术转移到对此持怀疑态度的研发机构上并不容易。
- 如何逐步淘汰次级关键的技术,而不会失去竞争优势。这个问题更加复杂。技术等同于知识,而知识存在于个人。放弃迄今为止重要的知识领域往往意味着放弃关键人物。并不是所有的科学家和工程师都可以轻松地被再教育,有时该行动的目标是减少人员和内部成本。CTO必须清醒地认识到员工士气低落的威胁。在不改变公司总体目标的情况下,避免这种风险是对其领导能力的另一个强大考验——这对所有人而言也许是最难的任务之一。
- 如何使科学家和工程师不再去关注那些已经变得无关紧要的技术,并充分采用新的技术或工作方法。根据一城一雄教授所言,发展"忘却"或屏蔽那些已经过时的技术的能力,这是面临技术浪潮的公司的生存技能。他声称,索尼公司在屏幕面板方面的迟钝反应在很大程度上是因为其工程师无法快速转换学习的齿轮,而这意味着丢弃旧的阴极射线管技术,为新的PDP和LCD技术留出空间。

4. CTO的新角色

一般来说,企业研发就是开发和掌握支持业务所需的技术。当意识到我们的业务部门不能实现股东期望的增长时,我们决定改变我们

Innovation Leaders

公司研发中心的工作重点。他们的工作重点仍然是支持当前的业务，但增加了开辟新领域并创造新业务的使命。因此我们启动了一个提高技术人员创业精神的计划，成立了一个专门小组，负责跟进具有创业潜力的创意。

——一家全球化学企业的 CTO

越来越多的成熟公司期望 CTO 利用公司的研发资源创造新业务。这个"后置的重新设计"时期的高层管理团队的优先事项是为增长目标创造出新的"双腿"。这种对新业务创造的强调导致了各种创新的管理实践。

在拜耳集团、飞利浦公司和三菱化学公司，创造新业务的管理需求已经转化为新的企业研发资金政策和标准。纯粹的探索性研究虽然仍有保留，但相比以往处于较低的水平。

越来越多的公司鼓励 CTO 建立自己的创业发展团队。这在不同的公司有不同的表现方式。在一些公司中，CTO 已经建立了一个小型战略团队，将其作为企业实验室的一部分，以研究和追求新的业务创造机会。另一些公司自行设立了研发基金支持的新企业孵化器。这些机构负责寻求机会，直到其可以被转移到现有业务部门或成长为独立的业务。杜邦公司是此类内部孵化器概念的较早采用者，其"商业示范小组"直接向 CTO 汇报。

飞利浦公司是这类孵化器概念的最新采用者。飞利浦研究中心 CEO 亚当·柯慈雷成为风险投资家，为创始于其中央研究实验室的创业公司提供资金。这种"技术孵化器"创建了一些完全独立于这些部门的企业。亚当·柯慈雷组织"董事会"监督这些活动；他也缔结了与外界风险投资公司的关系，愿意在有需要时接受第三方资金。柯慈雷声称他的孵化器完全改变了他的研究机构；该孵化器改变了分裂态度，也改变了飞利浦董事会讨论"创新"的方式。在下一任飞利浦研究中心 CEO 上任之前的最后 6 个月，柯慈雷改变了自己的观念，开发了一个新的模式：3 个独立的孵化器——技术、医疗和生活方式，每个都有其特定的兴趣领域，有自己的董事会、财务资源和支持人员，以及独立的汇报路径。

这些战略研究计划，如能够产生新业务流的创新项目，已经被倾注了大量的努力和资金。其他公司，如摩托罗拉公司，已经按照传统的方式在路径探索过程中对技术型商业机会进行了系统搜索。由包括 CTO 在内的跨职能团队领导的关于业务和技术的审查侧重于指向新机遇的趋势和发展。他们可以推动公司去投资那些具有相当大规模和风险的新的业务发展计划。

当许多公司面临专注于其核心业务的压力时，这种强调创造新业务的呼声并没有得到普遍认可。当前的 CTO 工作描述中，企业创业活动可能不会占据突出地位，但可以肯定的是这种情况可能会发生变化，并且其工作描述中可能会加入一些新的职责，如：

- 审查和更改研发资金政策和标准，以确保为战略性举措分配足够的资源。不仅维护和改进现有的业务，还需要引导新业务的发展；
- 设定流程，建立伙伴关系，引导研发部门系统地评估新技术的商业机会；
- 积极参与创业发展团队，探索新机遇；
- 在早期的经营中培育新创的业务，确保高潜力项目迅速被委托给有经验的项目负责人；
- 建立公司业务部门和研发部门之间的合作伙伴关系，以支持新的业务，帮助它们成长为独立组织或融入现有业务。

CTO 正逐渐成为 CIO——这个信号是清晰的。其新任务是带领公司走向新的发展机遇。如果所有高级管理人员都是"把握现在"和"抢占未来"的双层角色，CTO 就会一直被寄希望于完成次要的工作。然而，越来越多的 CTO 有望走得更远——"创造未来"。这意味着培育创新的组织气氛。CTO 还必须培育那些可以领导项目和建设业务的未来的"创新领导者"。

5. 以高管团队成员的身份直面挑战

  作为 CTO，我的工作不像财务部门或人力资源部的高级同事那么简单。由于我们将所有研发资源分散到公司的各个部门，所以我不再经营某一个部门了。我只是影响别人的决定。我的影响程度从根本上取决于我的领导——CEO 和我的部门同事如何看待它，以及他们多大程度上相信我的判断力。只要我们目前的 CEO 和我们的部门副总裁不是很"技术性"，他们就会让我在技术方面有很大的责任和自由度来做决定——但是这些决定也会通过新的 CEO 的出现而被改变。

——一家中等规模电气公司的 CTO

  在高管团队中，当公司严重依赖技术和创新时，CTO 经常享有特权，并与 CEO 保持紧密的关系。但 CTO 的主要日常关系人是各个分部总裁或业务部门负责人——这些人一定是既支持又挑战 CTO 的。

  CTO 的主要职责是支持公司的业务。他们管理企业研发资源和预算，与外部资源建立伙伴关系，提供技术战略指导。但与此同时，他们也经常发现自己相对于高管团队同事的挑战者角色。这种情况经常发生在他们的同事试图寻求短期成果而采取捷径或投入不足的新技术时。非技术出身的业务经理可能会低估某些技术的战略意义。

  多年前，随着数字电子产品的出现，我花了大量的时间和精力来说服我的同事不要关闭我们在这方面的一个小实验室。该实验室正在研究数字信号处理方面的技术，但由于我们的产品仍然基于模拟技术，因此不能直接生产。我的同事认为这个小团队是一个昂贵的开销项目，他们想裁掉这个团队。我的反应是："我死也不能让你动它！"今天，他们无法想象如果我当时没有保护实验室，会发生什么事情。

——一家大型电子企业已退休的 CTO

第 5 章
任命一位 CTO

5.1 角色的变化

CTO 面临的一个挑战是让高层管理团队的同事理解（通常在 CEO 的帮助下）CTO 角色已经至少在 4 个关键领域发生了变化。

- **定位的变化**：来自高管团队的专家性资源。CTO 正日益成为高管团队的正式成员，他们会参与关键业务决策，而不仅仅是技术性决策。这种视野的扩大正在带来一个戏剧性的变化。他们不仅面对研发同事或技术人员，还要面对公司利益相关者和管理层的同事。这种变化给 CTO 带来了压力——他们需要成为可信赖的商业伙伴，与他们那些管理学教育背景的管理层同事分享其对于业务动态的理解。

- **范围的变化**：始于公司的功能性部分——研发和技术。CTO 越来越多地需要引导涉及众多其他功能的一些关键业务流程。典型的例子包括从思想和技术到市场的创新过程以及新的业务创造和风险投资过程。此外，由于有些技术来自公司外部，合作伙伴或供应商管理流程也可能属于 CTO 的工作领域。CTO 面对的另一个挑战是引导跨职能的管理团队，并协调相互冲突的技术和业务目标。

- **目标的变化**：通过开发和优化企业资产、技术能力和研发资金的使用，人们越来越多地要求 CTO 提供有形产出。引进可制胜的新产品和流程、持续的增长及对客户和股东的价值维持是对 CTO 工作的要求，而不再是延展的工作目标。这种工作预期的变化再次给 CTO 带来压力——因为他们可能已经开始在一个管理层只关心过程中的努力而较少关心结果的环境中开始工作了，对于工作产出的要求给其带来新的压力。

- **焦点的变化**：始于管理较"硬"的问题（技术部分），CTO 越来越多地被要求专注于较"软"的问题。不仅在实验室内，跨部门的合作对于 CTO 成为一种新的挑战——管理文化和思维方式的变化、团队合作、沟通和动力。这种焦点的变化正在为 CTO 的传统管理技能提出新的要求。这显然要求更广泛的领导意识。

5.2 独特的领导力特征

> 最终,你的成功将与你的科技人员和你的管理层同事相关,与你的个人信誉相关。当然,这种信誉必须植根于你的能力,但又不仅限于你的能力。如果你有远见,可以做出正确的选择,一边开发一边与人交流,最终将其实现,那么你将是可信的。但是根据我们部门的类型,成功也与你对引导方式和沟通能力的意识有关。你需要对你的科技人员进行引导和说服,以配合我们的长期业务目标,从而实现跨学科和跨职能的协作。但是同时,你需要同样的素质来激发你的高级管理人员的思维方式,并将其转化为业务的优势。也许 CTO 需要特殊的领导方式!
>
> ——一家全球通信企业的 CTO

总之,心怀理想的 CTO 需要展现 3 个重要特征。

第一,**表现出领导才能**。本章重点介绍了这些高科技管理人员强调工作目标、工作方向和工作焦点的意义。这里的领导力在于使技术群体遵循公司的愿景和目标,并且建立变革的承诺。

第二,为了匹配这项工作,他们必须使他人相信他们在技术和业务方面都可以扮演高级管理人员、科学家和技术人员的角色。他们在研发部门的成功以及他们对于研发部门与业务部门的良好沟通可以构筑他们的信誉。他们也必须有良好的交际能力,能够与外部资源联系。他们必须表现出商业头脑,将科学技术置于战略性的商业环境中。他们必须拥有"交付产品"的记录,研发的产品是有竞争力的业务。

第三,心怀理想的 CTO 需要一些个人素质。他们需要高度的韧性来对抗他们的经典敌人:在企业和实验室都努力地工作;正统观念以及由此产生的对公司未来的错误看法;过度专业化。他们也需要激情来激励同事,并将项目推销给他们。他们必须能够教会同事们技术如何影响业务。最后,CTO 还需要大量的外交手段来与高级管理人员周旋,从而可以确保他们做出正确的决定并给予支持。

第2部分
创新战略的领导责任

第 6 章

认清创新战略的领导责任

> 战略创新就是创造增长战略、新产品门类、服务或商业模式,可以改变游戏、为客户和公司创造新的价值。
>
> ——创新点公司

本书的第 1 部分概述了成功刺激自下而上或引导自上而下创新的创新领导者的特征。迄今为止,这两种领导者的唯一区别就是他们选择的焦点是创新过程的"模糊前端"还是"快速后端"。这其中有一个通用的前提是,假设创新是一个固定的过程,因为我们知道不同类型的创新需要不同的创新战略。

例如,你可能希望在现有市场上开发新的产品或服务,以实现业务增长、击败竞争对手;你也可以通过创新寻找创造全新产品门类和开拓新市场的机会,这是完全不同的战略。有时并行于之前的举措,你可能试图提出一个全新的商业模式,以获得成本优势;或推出全新的业务系统,丰富目前的产品或服务,从而为你的客户提供更全面的解决方案。

如果这些都是不同的创新战略,那么合理的假设便是,每项努力都需要你的管理层拥有不同的经验和优势。所以你应该先问两个问题。

- 我们要遵循什么样的创新战略?
- 这种创新战略需要什么样的领导才能?

这些问题将在以下 3 个部分加以解决。

第 6 章
认清创新战略的领导责任

第 1 部分将建议,作为高层管理团队成员,你应该明确规定贵公司的创新战略及其优先事项。换句话说,你需要通过 4 个通用的创新推动力来确定和传达你提出的创新类型。

第 2 部分将表明,为了提高有效性,你选择的每个创新推动力必须以满足特定条件的方式来引导。这将涉及 4 个方面。

- 为流程赋能。
- 组织结构和组织机制。
- 文化特征。
- 员工素质。

第 3 部分将主张,每个创新推动力需要不同的变革杠杆和领导风格。要认识到,如果你的公司选择同时追求这 4 个推动力,则可能同时需要所有这些变革杠杆和领导风格。

最后,作为高层管理团队成员,你应该了解公司的高级创新资源是否能够满足你的创新战略;换句话说,你的高级职位是否符合你创新战略的领导要求。

1. 制定创新战略

1.1 认识和区分创新推动力

高级管理人员经常表示自己想要创新,但通常没有解释为什么、在哪里、如何以及与谁一起创新。以下 4 个维度是公司创新战略的主要特征或推动力,它们决定了具体的领导责任。

- 创新目标——为什么要创新?

创新有两个广泛的目标:(1)在现有市场中巩固和拓展现有业务;(2)创造全新的业务。当然,这两个目标可以结合起来。

- 创新范围或重点——在何处创新?

可以根据创新的侧重点对创新进行分类。你可能想要创新产品或服务——推出新的"秘密武器"或独立服务,或者开发新的商业模式或业务系统。这可以采取不同合作伙伴提供的一整套产品和服务的形式,以一揽子方式投放市场,并以新的方式定价。

- 创新强度——创新的程度如何?

你可以选择对现有产品、服务或流程进行渐进的改变,或激进地开发全新的产品和服务、技术和商业模式。

- 创新边界——和谁一起创新?

创新可以通过两种方式开展和实现:在内部,利用公司的能力和资源;或者在外部,通过与合作伙伴、供应商、客户甚至竞争对手的合作。

创新的强度和边界——如果任何一个选择(渐进或激进,内部或外部)——总是受到争议,一个公司的激进的创新可能被竞争对手认为是渐进的。创新水平是相对而言的,是以自己为参考的。

此外,创新很少仅在内部进行——通常会涉及外部因素(如供应商)——这导致大多数创新项目处于这两种极端情况(仅仅在外部或仅仅在内部)之间。

如图 6-1 所示,这 4 个维度可以组合成 4 个完全不同的创新推动力。你应该明确识别它们,列出你的优先事项,并使用它们来描述并传达你的创新战略,这可能是所选推动力的一种组合形式,你应该思考它们的影响力,尤其是在领导力层面的影响力。

这 4 个推动力提出了创新战略的简单类型。

- 在渐进的创新模式下,在内部开发和推出新的或改进的产品、流程或服务,通常是巩固和拓展现有的业务。
- 在激进的创新模式下,在内部开发全新的产品或服务,通常是在现有产品之外创造和培育一个全新的业务。
- 在激进的创新模式下,与合作伙伴一起开发和推出全新的商业模式或业务系统,通常是创造和拓展全新的业务。

- 在渐进的创新模式下，与合作伙伴一起开发和推出新的或改进的客户解决方案或客户系统，以巩固和拓展现有的业务。

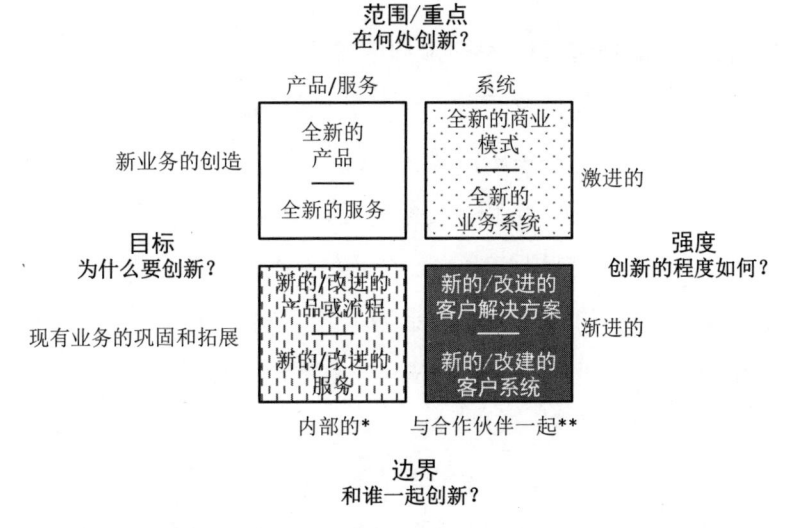

图 6-1 战略聚焦的创新类型

注：* 包含外包或与合作伙伴；** 与外部"补充者"。

这种分类反映了从管理的角度来看，与推出新的商业模式或业务系统甚至一个复杂的客户解决方案相比，开发"秘密武器"型的产品或服务是非常不同的，并且带有不同类型的风险。事实上，虽然新产品或服务的开发是内部过程的结果，尽管它可能涉及使用外包技术和利用供应商，但一个全新的商业模式或业务系统的开发往往需要几个外部的合作伙伴、外包供应商或"补充者"。

这4个推动力并不是相互排斥的，可以在其中一个或多个的作用下同时进行创新。例如，你可以考虑在不涉及合作伙伴的情况下开发新的商业模式或客户解决方案。这种情况发生在一家具有多元化业务部门且都集中在同一个广阔市场空间的企业——如 IBM 公司——可以利用其中的市场协同效应。在 IBM 公司，这意味着结合其硬件、软件和咨询服务，为客户提供量身定制的解决方案。

Innovation Leaders

图 6-1 中的二维矩阵所示的 4 个维度给出了一个有用的框架和视角,可用于研究创新推动力的复杂现实。我们将细细研究每个维度,以帮助确定每个维度需要何种独特的领导特质。

1.1.1　推出新的/改进的产品、流程或服务

第一个创新推动力是最常见的。大多数创新旨在获得客户眼中的渐进的产品线、流程或服务优势——无论是在产品范围、质量、性能、功能、交付还是成本方面。很多时候,特别是传统行业,这是企业了解和尝试的唯一创新之举。这种做法调动了世界各地大量的研发工作和预算,在有关新产品开发和标杆管理的商业书籍中占据了很大比例。

这种创新通常以自下而上的方式进行,由营销人员、产品经理和研发工程师共同驱动,因为他们都急于保持产品的竞争力。由于创新是其日常职责的一部分,因此除了需要大量投资的特殊情况外,他们不必获得新项目的授权。有时候,这种推动力可以由管理层启动和强制执行,当企业经历由于其产品或服务竞争力迅速下降而导致市场份额的惊人损失时,这种情况就会发生。在这种情况下,高级管理层有义务进行干预并强制要求改变。

1.1.2　推出全新的产品门类或服务

这种创新在新闻或书籍中被称为"突破",吸引了新闻记者、创新学者和商业分析师的注意力。其最大的成功是导致畅销的产品或服务,有时甚至是"令人狂热"的产品的出现,如苹果公司重新定义市场和行业的 iPod 或 iPhone;还有传真机、录像机、CD 和 DVD 的发明,奔迈公司的飞行员创造的 PDA(个人数字助理)产品及其操作系统,星巴克公司推出了咖啡店的概念。所有这些创新成果都成为全球创新语汇的一部分。然而,在大多数情况下,公司开发的全新的产品门类或服务是一个特殊现象,而不是典型现象。

通常,突破性的想法由无计划的自下而上的、偶然的并由具有创造性奉献精神企业家支持而得以发展,如 3M 公司著名的 Post-It™ 垫片和 Searle 公司的阿斯巴甜的发明。在其他大多数情况下,由于管理层的愿景以及将公司带入全

新市场的雄心壮志，其创新是自上而下的过程，并且取得突破性进展。很难想象，丰田公司和本田公司的混合动力发动机概念的发展，可以以自下而上的方式进行，因为这种创新需要丰富的资源。最初的技术思路可能从创意工程师向高级管理层渗透。然而，这些想法最终将被自上而下的过程所取代和管理。可以类比的还有苹果的 iPod 和其他大部分突破性产品。

这是为什么？

每当超出现有业务部门的范围时，创造全新的产品或服务就成为需要高级管理人员全面支持的战略举措，即使这个想法源于自下而上的模式。除非创新性想法被明确认定是战略的一部分——有时称为"超越核心"的增长——业务部门领导者不太可能为创造新业务的创新性想法提供资金，因为他们可能无法开展整合或管理工作。因此，这种创新推动力通常由管理层在追求新的市场或自下而上/自上而下的组合过程中驱动，倾向于以自上而下的模式进行，但伴随着全面的创新后端的企业领导小组。无论是自下而上还是自上而下，如果没有高层管理团队中的创新领导者的支持，就不会取得突破性进展。

1.1.3　推出全新的商业模式或业务系统

"系统创新"是一个抽象概念，比较难以理解，因为它包含许多不同的形式。韦氏词典将"系统"定义为"由相互作用或相互依赖的一组物品组成的一个整体"，或"一组共同执行一个或多个重要功能的身体器官"。本书将讨论两种"系统创新"：

- 新的商业模式；
- 新的业务系统。

商业模式确定了企业产品或服务的面市计划、定价策略，更重要的是盈利计划。一些管理人员可能不会将商业模式的重新设计看作创新，因为他们看不到这与新产品或服务的关系。然而，商业模式的重新设计可以成为巩固现有业务的有力措施。借鉴激进的商业模式创新，如戴尔的直销模式或航空公司（西南航空公司、瑞安航空公司和易捷航空）的低成本运营模式，它们都将外部供应商/合作伙伴提供的服务作为重要组成部分。虽然许多商业模式的创新源自新的市场参与者,但是对于那些发现自己陷入竞争僵局的老牌玩家而言,这是一个理想的创新推动力。

通常,与合作伙伴一起创造新的集成"业务系统"的创新也是如此,以完整的系统方式整合独立的产品和服务。这些系统创新要求合作伙伴的密切配合。每个合作伙伴必须提供整个系统的一部分,或确保集成系统对客户的吸引力。

银行或信用卡支付系统——由银行、信用卡公司和商业服务提供商合作创建——是成功的新业务系统的一个例子。服务领域的其他例子也很多。

- 保险行业——保险公司独立应急服务提供商为旅游者、家庭或企业提供各种类型的保险合同。
- 电信行业——电信运营商经常与手机供应商和内容提供商合作,提供各种移动服务包,如 DoCoMo 公司革命性的 I 模式。
- 媒体行业——美国的 TiVo 公司与电视广播频道合作,提供录音电视;苹果公司与唱片公司合作,在 iPod 上提供 iTunes 系统。

新的商业模式或业务系统——至少本书中考虑的——通常需要不同合作伙伴的参与来打造一个共同的产品、服务、流程或活动,每一方提供一个最终的系统或支持它。因此,商业模式和业务系统的创新通常是自上而下的创新。建立合作伙伴关系网络需要高级管理人员的参与,因为这通常涉及复杂谈判和战略交易活动。

1.1.4 推出新的/改进的客户解决方案

各地的营销人员都有一个新的口头禅:"不要只卖一个产品(或一种服务),要提供一个解决方案,并提供体验!"这个想法是相通的,即满足更多的客户需求、创造更大的价值。金教授和谟玻格妮教授重新定义了"客户价值",强调了"传统逻辑"和"价值创新逻辑"的区别:

"传统逻辑":行业的传统界限决定了公司提供的产品和服务。公司的目标是最大化这些产品的价值……

"价值创新逻辑"：价值创新者认为，要为客户提供整体解决方案，即使这将使公司业务超越其传统界限……

客户解决方案旨在通过创新实现客户价值的重大飞跃。

许多公司认为，当他们的产品提高了客户便利性、提供了额外的服务、为客户创造了一个购物替代品时，他们就提供了解决方案。实际上，提供客户解决方案，特别是创新性的客户解决方案，不仅仅是调整产品线，而是提供扩展的产品和服务理念。这始于心态的完整变化。供应商必须深入了解他们的客户，包括他们基于网络的"客户群体"与供应商以及彼此之间进行交互的方式，还必须亲自体验客户使用其产品的背景，并了解客户的期望及他们产生沮丧和喜悦情绪的缘由。

创新性的客户解决方案通常被认为是由几个元素组成的集成系统。我们已经提到像 IBM 公司或惠普公司的 IT 解决方案是提供主要硬件和软件产品的咨询服务。消费品解决方案通常是销售一种专用于消耗品的系统，如雀巢公司、卡夫公司、萨拉·李公司和飞利浦公司的咖啡系统，或产品及其配送系统（如宝洁公司的日用产品）。设备产品解决方案通常是捆绑一台机器和一揽子服务，包括安装、培训、操作协助、维护等。对于建筑材料行业，其解决方案可以包括产品，如预制天花板组件，以及承包商用于在现场安装和组装的专门设计的设备，这能节约成本，提高效率。

在像 IBM 公司或惠普公司这样多元化经营的公司中，可以通过组合几个互补业务部门的产品来设计客户解决方案。但客户解决方案通常需要不同公司的合作，如最近出现的新的浓缩咖啡和咖啡系统。咖啡制造商与咖啡机销售商或咖啡机制造商合作开发和销售家庭消费市场的综合系统。通过确保对这些系统的组件进行配对和优化，咖啡制造商不仅可以有效地销售一种新的体验，还可以销售一杯完美的、可复制的咖啡。

即使合作伙伴来自公司内的其他业务部门，通过合作开发和推广新的或改

Innovation Leaders

进的客户解决方案也增加了创新过程的复杂性。这就是为什么这种创新推动力首先要求高级管理人员的参与，主要以自上而下的方式展开，特别是出现外部合作伙伴或投资风险时。只有在加强业务部门的服务和客户体验且无须外部投入时，小型创新才会继续被自下而上地推动。

总而言之，这 4 个推动力中有 3 个都是自上而下的创新占主要地位。这挑战了一些传统的观点和言论：创新是一种不能被强制和管理的自发活动。实际上，管理层在创新活动中扮演着非常重要的角色，因此了解创新领导者的任务和作用相当重要。

2. 整合创新战略与管理行为

尽管上述 4 个推动力在战略目标和具体内容上均有不同，但它们具有共同的创新特点。因此，他们的倡导者和推动者可能至少具有第 2 章提到的创新领导者的 6 个通用行为特征中的一部分特征。由于创新通常需要调动一个"领导力链"——在第 8 章将进一步讨论——而不仅仅是单一领导者的坚定行动，每个推动力都将受益于我们所谓的前端创新领导者和后端创新领导者的组合。

现在让我们超越一般的领导特征，探索这 4 个推动力所需要的专门的特质。指导全新的产品或服务的内部开发与重新设计商业模式或设想、建立新的业务系统是否需要相同的领导力？同一领导者能否从指导传统的新产品开发项目轻松地转换到涉及外部供应商的客户解决方案的设计与开发？

领导力通用技能的倡导者认为，真正的领导者可以感受到公司成功所需要的东西，然后根据这一愿景动员员工。然而，经验表明，领导者往往具有不同的技能，适应不同类型的挑战。所以，在讨论哪种领导风格最适合上述 4 个创新推动力之前，让我们回顾一下具体的领导力挑战和每个推动力的要求。我们将基于 4 个不同的维度进行分析。

- 实施流程：哪一个流程对实现哪一个推动力最有用？
- 组织机构：对于每个推动力，我们需要什么样的组织机制来引导它？

- 文化特征：什么样的组织文化最有利于维持每个推动力？
- 员工素质：我们需要什么样的人来驱动每个推动力？

图 6-2 总结了最适合每个推动力的实施流程、组织机制、文化特征和员工素质。这些不同的管理重点不能是包罗万象的，也不能是相互排斥的。它们只是表明创新领导者在选择这4个推动力之一时应该认清的重点。

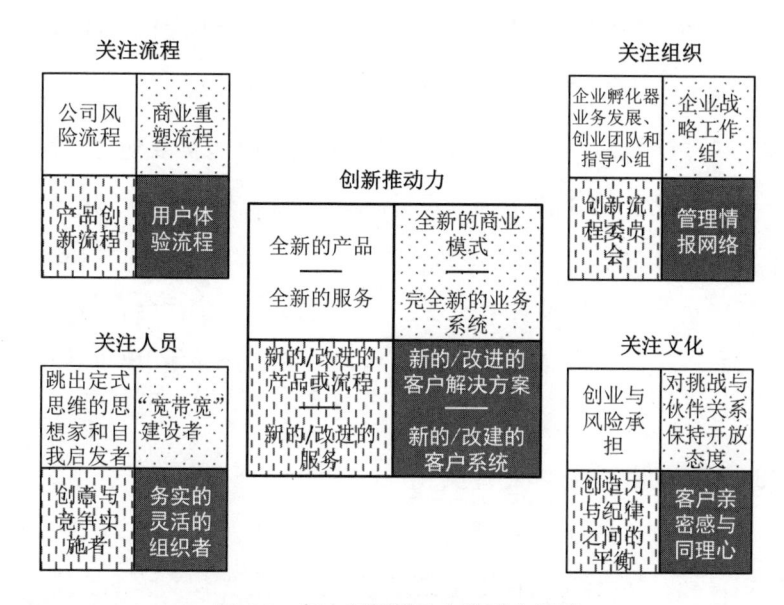

```
关注流程                          关注组织
┌──────┬──────┐                  ┌──────┬──────┐
│公司风│商业重│                  │企业孵化器│企业战│
│险流程│塑流程│                  │业务发展、│略工作│
│      │      │   创新推动力    │创业团队和│组    │
├──────┼──────┤  ┌──────┬──────┐├─────────┼──────┤
│产品创│用户体│  │全新的商业│   │创新流 │管理情│
│新流程│验流程│  │全新的产品│模式│   │程委员 │报网络│
│      │      │  │全新的服务│完全新的业务│会     │      │
└──────┴──────┘  │      │系统  │└──────┴──────┘
关注人员          ├──────┼──────┤      关注文化
┌──────┬──────┐  │新的/改进的│新的/改进的│┌──────┬──────┐
│跳出定式│"宽带宽"│ │产品或流程│客户解决方案││创业与│对挑战与│
│思维的思│建设者 │  ├──────┼──────┤│风险承│伙伴关系│
│想家和自│      │  │新的/改进的│新的/改建的││担    │保持开放│
│我启发者│      │  │服务      │客户系统  ││      │态度  │
├──────┼──────┤  └──────┴──────┘├──────┼──────┤
│创意与 │务实的 │                  │创造力│客户亲│
│竞争实 │灵活的 │                  │与纪律│密感与│
│施者   │组织者 │                  │之间的│同理心│
│       │       │                  │平衡  │      │
└──────┴──────┘                  └──────┴──────┘
```

图 6-2　每个创新推动力的重点领域

2.1　推出新的/改进的产品、流程或服务

如前所述，大多数公司将其大部分创新努力集中在渐进式的产品改进、巩固和拓展以及产品开发的研究活动上。最佳做法通常众所周知，但并不总是被认可和应用。一些关键点仍然值得被高度重视。让我们回顾一下每个推动力在流程、组织、文化和员工方面的要求。

2.1.1　专注于无缝的产品创造流程

在所选市场上竞争生产新产品或改进产品或服务的公司应将"产品创造"视为其核心流程，力求使其无缝连接。将产品流程定义为"产品创造"，而不

137

是经典的"新产品开发",促使管理人员将从概念到产品的整个跨部门活动和战略决策进行整合。确保组织中的每个人了解整个流程,并了解他可以在图4-1中提到的每个子流程中贡献什么。

使流程真正无缝地对接,这需要创新领导者的奉献精神和勇气,以便:(1)强制开放所有分离的功能和组织,并坚持使流程的每个部分交叉发挥作用;(2)授权项目负责人及其团队,尽管创新有时候不愿意遵循等级制度。

2.1.2 授权创新委员会为关键的刺激机制

管理复杂的跨职能流程如同管理产品的创造流程,需要建立一个高水平和多学科的刺激机制。第4章中描述的创新委员会就是这种机制的一个很好的例子。专注于产品创造和改进,它将特定的流程责任分配给专职经理、流程负责人和流程指导人,并监控其进度。它还建立了一个完全授权的项目组织,并帮助执行那些提高公司创新水平的举措,包括绩效指标和培训管理与发展计划。

2.1.3 促进创造文化和纪律文化

第2章强调的创造力和纪律性的互补价值,特别适用于新的/改进的产品和服务的培育和发展。创新领导者应该是创造文化和纪律文化的支持者。由于这两种文化在同一领导力下很少共存,产品创造需要将代表创造文化的前端创新领导者和作为创新纪律监护人的后端创新领导者结合起来。CEO需要平衡这两种文化及其支持者。

2.1.4 寻找和部署富有创意和竞争力的实施者

为了保持有效性和可持续发展——因为产品竞争永远不会结束——产品创造的推动需要多种人才的合作,特别是其项目经理和项目负责人。他们的理想人选应有3种素质(结合于一人)。

- 创造力,即在成熟的产品和市场中识别和捕获所有可能的差异化机会,找出市场和客户问题的解决方案。
- 竞争精神或获胜精神,不懈地改善产品和流程,不自满,大胆缩短交付时间，打败竞争对手，赢得市场。
- 重点实施，在项目运营层面和市场启动过程中，通过卓越的执行来充分利用创新思想的全部力量。

往往很少有人同时拥有这3种素质，但这种人确实存在，创新领导者必须组建和平衡拥有所需特征的团队。

2.2 推出全新的产品或服务

在未知市场中创造一种全新的产品或服务——类似于"突破"的激进式创新，对于开发新的/改进的产品或服务的管理人员来说，这是完全不同的挑战。从产品或服务开发的角度来看，这是一个高风险/高回报的创新推动力，它可能在技术、市场方面使公司进入完全未知的领域。在行动重点方面，选择这一推动力会对管理产生一些影响。

2.2.1 建立企业创业或新业务发展流程

通过创新创造一个全新的业务通常暗含着高风险，这也通常来自高级管理人员的决策。它经常被作为企业创业或新业务发展（NBD）流程的一部分。而由此产生的项目通常需要企业提供资金，以减轻对发起新项目或对新项目感兴趣的业务部门的风险。即使为这类创新立了项，相对于更传统的新产品开发活动，项目管理结构和流程（包括审查机制）也是不同的。这些项目的不确定性和风险级别需要很高的透明度，以及公司领导者参与关键的不确定性决策。

2.2.2 将创业项目委托给创业孵化器或新业务部门，并创建由项目指导小组监督的团队

催发新项目的颠覆性技术通常最初由公司或部门研发实验室启动和培育。一旦项目成熟并获得管理层的支持，它们需要由一系列特定的组织机制来监管、领导和支持。

不符合现有业务部门范围的项目——当目标市场对于企业来说是全新的时——可能会被委托给创业孵化器（如果这种机制存在）。通常在技术密集型

Innovation Leaders

项目中,这种孵化器存在于研发部门,其他项目的孵化器可以在公司或部门一级的 NBD 经理的监督下进行。

设立一个由高级管理人员组成的小型创业团队,以探索每一个新机会;如果该项目获得许可,则评估其吸引力并制订商业计划。一旦项目得到批准,团队就会发展成为一个完整的创业项目团队。管理层通常会任命一个高水平的指导小组来指导和监督新的项目,直到它被剥离或成立为独立的新业务部门。

2.2.3 培养创业和风险承担的文化

创造一种全新的产品或服务需要创业精神和鼓励风险承担的管理技能。领导者的首要挑战是在日常生活中也遵守这一原则,并让管理人员顺利进行创新工作。第 1 章强调的第二个挑战关于如何在企业风险承担与务实风险管理之间取得平衡。管理层必须赋予项目团队权力,因为他们在项目发展过程中会面临障碍,而将注意力维持在目标上是成功的关键。后者也可以确保在每个阶段识别、最小化和妥善管理所有已知的危险因素。

2.2.4 为项目配备"摆脱固定思维"的思想家和自主创业者

开发和成功推出全新的产品或服务——简而言之,创造一种全新的业务——需要配置一些善于挑战现状的员工,他们有创造新事物的热情,并能成功运营。管理层面临的挑战是创造使创业者蓬勃发展、取得成功的条件和氛围——如果项目不成功——重新开始而不会失去士气。

2.3 推出全新的商业模式或业务系统

这两个创新推动力都在很大程度上依赖于对创新流程的重新设计(或反思)。虽然每个推动力都有潜力为其发起者提供一些不可比拟的战略性优势,但成功地实现这些优势是具有挑战性的。此外,外部合作伙伴的参与会增加他们规划和组织的复杂性。

开发新的商业模式可以创造可持续的战略优势,特别是在竞争对手存在弱点的领域利用公司和供应商或合作伙伴的独特能力。

如果新的业务系统首先进入市场,开发这一业务系统可以使公司获得"先驱者"的市场地位。这一点的完美实现能使该业务系统迅速成为一种既定的标准。

对于高级管理人员而言,选择这些推动力意味着需要一套与以前描述的完全不同的优先级排序标准。

2.3.1 娴熟于重塑商业模式的流程

重塑商业模式涉及类似于重组业务流程的跨职能分析流程。该流程的创造性部分通常来自:(1)当团队系统性地挑战一个接一个迄今为止被广泛接受的行业假设和实践时,无论是默认的还是明确的;(2)当他们质疑公司迄今为止组织活动的方式时。当然,该流程并不止步于分析重构部分和商业案例的文档。最重要的方面是实施该流程,这取决于有效管理旧的商业模式向新的商业模式的过渡过程。商业模式创新的困难在于从一种模式向另一种模式的转变,不会危及公司的盈利能力、不会疏远客户和导致操作的混乱。一些书籍曾经介绍过这一具体的挑战。实施一个全新的商业模式通常会导致商业行为的根本性变化,需要进行重大的重组。

创建新的业务系统也是分析建模工作的结果,但是这项工作并不着重于公司以及如何建立公司与市场和客户的关系。它在更大程度上集中于:(1)了解一条特定价值链中的各种行为者如何进行干预以增加特定需求的客户价值;(2)检测市场机会,基于"成功的系统建立在'双赢'的基础上",针对每个行为者的利益重新配置他们的合作方式。

简而言之,企业设计出更好的服务方式,将合作伙伴聚集在一起,捆绑产品或服务,从而更全面地满足客户现有或潜在需求。当然,这种创新的前提条件是合作伙伴愿意并能够设计、提供和整合给定系统的缺失部分。他们可以作为传统商业关系的一部分,也可以作为一个联盟。创建新的业务系统还需要一个项目管理流程,以确保每个合作伙伴:(1)使其"可交付成果"与商定的战略和计划保持一致;(2)同步实施。

Innovation Leaders

  一个真实的案例将说明业务系统创新背后的流程的复杂性。几年前，安全通行公司的工程师——15 名安全设备专家设计了一种"现金箱"，"现金箱"将纸币从零售商转移到银行，或从当地银行机构转移到总公司，而不必依赖装甲车和全副武装的保安人员。"现金箱"像詹姆斯·邦德电影中的道具一样，为一个现金手提箱配备了一个强大的系统。如果锁被强制打开，该系统能够瞬间销毁所有钞票。该项目预计"现金箱"（如果被采用）将大大降低零售商的现金处理成本。它的转运可以由非武装押运的汽车在没有安保措施的情况下实现，这是比传统安全车队便宜得多的解决方案。这个概念的成功基于"武装的强盗不会袭击携带'现金箱'的保安人员"的假设，因为强盗知道如果没有仅限银行拥有的高度安全的开箱机制，他们就无法开启该"现金箱"。零售商和安保公司的抢劫保险费降低，预期的成本效益将提高。另外，安全通行公司还依靠系统中的现金清点功能，以及为所有现金存款自动记账的软件节省一部分管理成本。

  这个不仅限于现金运送的多功能系统，除了安全通行公司、"现金箱"发明人外，还需要多家合作伙伴的参与和合作。

- 一家公司同意为商店结算柜台设计一个钞票吞吐系统，以便收银员可以将现金安全地放置到手提箱中。
- 安保公司愿意冒险让司机驾驶一辆未武装押运的汽车来转移现金。
- 银行设备专家能够在接收端设计一个安全可靠的开箱系统。
- 保险公司愿意降低对采用该系统的零售商和安保公司的保费。
- 当然，零售商和银行同意以很大的投资成本装备此系统。

  经过多次谈判，安全通行公司说服两家设备公司开发专用的现金处理机，一台用于零售商，一台用于银行，它们与"现金箱"系统兼容。系统的物理部分准备就绪，但在启动过程中，复杂的流程问题迅速出现。

- 在采用该系统的零售商的数量无法得到保证时，银行不会投资接收设备。

- 在银行没有作出会处理这些"现金箱"的承诺时，零售商不会投资现金存放设备和"现金箱"。
- 保险公司不会降低保费，除非统计数据显示安保人员的受袭次数明显减少。
- 安保公司不会改变其做法，除非迫于高成本或越来越多的零售商强制要这样做。

安全通行公司发现没有办法处理这样一个复杂的合作过程，最终不情愿地放弃了这个系统，而这个系统最终被一个更大和更有实力的公司简化。显然，相对较小的、以工程为导向的公司缺乏一个高层领导者来建立利益关联的团体联盟、获取政府等公共部门的支持并克服妨碍系统实施的诸多障碍。

2.3.2 部署企业战略任务以创造新模式

商业模式或业务系统创新的分析和实施部分通常涉及跨职能和跨部门工作组。这些工作组所涉及的战略问题和实施问题的敏感性要求高级管理人员的高度参与。这就是这样的创新行为往往是由公司战略职能部门发起和引导的，或者由高层领导团队的一个子集担任项目指导小组的原因。

2.3.3 传播一种对挑战和伙伴关系开放的文化

开发和推出新的商业模式或业务系统需要从高级管理层到职能部门和运营部门的全面开放。开放性代表挑战当前的现状、商业惯例和行业假设，试图重新思考行业或竞争的方式以打破行业壁垒。开放性还代表外包一些目前还在内部进行的活动，并与外部组织合作，放弃一定程度的控制权、创造新的合作模式。

2.3.4 为"宽带宽"的合作性建设者提供任务

商业重塑过程需要有想象力的、视野广阔且有合作心态的管理人员的参与。他们需要想象如何创建可供选择的方式，为利益相关者创造价值，并发现新业务系统及其商业价值链背后的机会。他们需要广阔的视野来掌握大局，看到森林，而不仅仅是树木；并且知道建立什么样的体系能充分且有效地满足市场需求。最后，他们需要合作的心态，通过合作伙伴完成工作，同时在谈判和实施阶段保障公司的利益。

因此，这些"宽带宽"管理人员——如第 3 章所介绍的那样——需要在跨越职能和组织方面兼具强大的分析能力和实施能力。拥有这种能力和态度的员工很少见，虽然可以逐步发展，但在招聘阶段往往需要积极寻求。

2.4 推出新的/改进的客户解决方案

为了从产品转向"解决方案"，管理层需要关注并设法满足客户未满足的或潜在的需求，即使这涉及向外拓展以及从外部寻求合作伙伴来补充公司的产品或服务。

罗技公司进入数字笔市场是电子手写识别创新解决方案的一个很好的例子。由于这项技术由其合作伙伴——瑞典的安东尼公司授权，它基于一种专有的纸型，罗技公司不得不招募文具供应商参与其业务。如果没有纸，笔就无用武之地。同样，罗技公司还需要接触一个外部软件专家 MyScript Notes 为其产品添加手写识别功能。纸张、笔和软件现在都是 Logitech io^{TM} 解决方案的一部分。罗技公司现在正在通过表单和解决方案软件专家的帮助，来开发针对企业的解决方案。

创建全新业务系统的许多要求同样适用于开发渐进式的客户解决方案，后者是一种有限变革的形式。但是，解决方案的选择还有一个额外的特征：如果解决方案不同，就会要求管理层充分专注于客户或用户。

2.4.1 启动一个获取客户体验的流程

设想一个令人满意的客户解决方案或业务系统，源于制定和实施一种方案来面对和理解"客户体验"这个难以捉摸的概念，这意味着理解这种体验实际上意味着什么、如何衡量、由何而来、如何开发和测试以为客户提供无与伦比且可重复体验的产品。像罗技和财捷这样的公司，特别是具有代表性意义的摩托车公司哈雷戴维森公司，均开发了自己的研究方案来搜集客户对其产品客观的、主观的和情感上的体验。这些研究方案都基于相同的简单原则，即了解客户的体验。

（1）随时随地与客户和"非客户"会面、交流，特别是与产品和竞品的使用者交流。

（2）与客户和竞争对手的客户交流时，看看他们的生活方式，了解他们如何使用产品、他们的使用感受以及他们的使用体验是否可以更丰富。

哈雷戴维森公司为客户提供的创新解决方案中，至少有两个方面在世界上可能是独一无二的。

（1）它允许甚至鼓励客户选择各种零件和配件来设计自己的摩托车。没有两辆哈雷摩托车看起来是一样的。

（2）为客户提供广泛的、远远超出传统维修的定制服务。例如，它的网站上有女性服务专区，会专门为女性举办活动——经销商在那里举办"车库派对"；为那些想骑哈雷的人提供有趣的基本信息，包括技术问题和骑摩托车时服装的建议。它还组织骑术学校、骑马活动、业主集会和海外旅行等。

这种能够准确地感知客户偏好的能力建立在它与骑行者几十年的亲密关系基础上。哈雷戴维森公司通过"HOG"（哈雷所有者圈）组织，每年在世界大部分地区聚集数千名骑摩托车的人。在集会时该公司会特别设置员工与客户搭配的组别。哈雷戴维森公司的管理人员无论其在组织中的职能如何，每年至少参加两次客户活动。这些活动让他们的穿着像骑摩托车的人，在轻松的气氛中混迹于客户间。通过这种方式，他们可以充分理解，甚至感受客户的体验，了解他们的客户如何度过他们的"骑行生活"，体验他们的"品牌体验之旅"。这种方法远远超过其他公司了解客户所使用的传统的市场调查方法。

2.4.2 组织和引导管理情报网络

希望通过创新解决方案开展竞争的公司需要建立一种收集和解读客户情报的方式。客户、消费者或最终用户的意见收集要求组织中的每个部门或人员的参与，而不仅仅是营销和销售部门。传统的营销研究机制存在局限性：无法感知到客户偏好变化的早期迹象，或者确定未满足的或更深层次的潜在需求。为确保有效性，需要通过那些全公司范围内的感知客户体验的方法进行补充。那些没有像哈雷戴维森那样与生俱来的、根深蒂固的、以客户为导向的文化的公司，应该积极地在它们的组织中招募志愿者、了解新的趋势，并提高对客户的洞察力。一种方法是围绕特定客户群体、产品应用程序或客户关注点建立管理情报的网络，然后，由营销部门负责设置、交付、汇报和应用这种网络的新发现。

2.4.3 促进客户亲密感和同理心的文化

如第 3 章所述，以客户为中心的文化对于所有类型的创新都很重要，特别是对于开发满意的客户解决方案。事实上，开发创新解决方案需要对客户或消费者高度的亲密感和同理心，这只能通过系统的、广泛的市场沉浸获得。营销书籍中有大量建立这种文化的建议和案例，但正如哈雷戴维森公司的管理团队所证明的，其中的关键因素仍然是公司领导者的态度和承诺。

哈雷戴维森公司前任董事长兼 CEO 理查德·特朗克斯是这种文化的代言人。几年前他被 IMD 邀请演讲时，与会者惊讶于他的穿着——黑色皮夹克、皮裤和牛仔靴，这让他看起来像一个骑行者。他对自己相当非常规的服装表示歉意，他说，他刚刚在当地的洛桑 HOG 部门与客户闲逛，没有时间回酒店换衣服。他强调，与客户在每个可能的场合打成一片，就是哈维戴维森公司的文化。这个例子是由高管介绍的，最保守的管理人员都不会将其当作耳旁风。

2.4.4 通过务实的、灵活的组织者来实施

如果项目团队中存在一些务实的、灵活的组织者，那么解决方案将容易取得成功。人们可能会认为，这对于产品和服务开发项目的实施部分是必要的，这是正确的。然而，开发创新的解决方案需要一种实用主义，使解决方案的所有要素能够一起发挥作用，还需要很大的灵活性来应对与不能控制的合作伙伴合作的复杂性。

第 6 章
认清创新战略的领导责任

3. 激活特定变化性杠杆以支持创新战略

成功实施创新战略的必要条件几乎很少事先存在，至少当我们要求这种必要条件是充分的时。因此，在选择将要重点关注的创新推动力之后，反思对具体流程、组织机制、文化和员工素质的要求是十分重要的。这种反思最好在高层管理团队进行，且很可能非常具有启发性。

当他们进行这种自我分析时，一家全球性建筑材料公司的高级管理人员找到了他们在传统的渐进式创新产品和流程创新战略上从未成功的原因。虽然该公司在以客户为导向的业务系统或客户解决方案方面制定了目标，但这一目标从未实现。

目标没有实现的原因主要是原有的公司文化强调卓越运营和可预测性，并且不鼓励风险承担。管理团队认识到，公司没有建立适当的流程或足够的组织机制来引导和指导其高风险项目。这些创新项目仍然以传统的方式进行，受到同一批领导者的监管，受到相同的规则和绩效指标的管束。认识到之前的项目失败的根本原因后，管理层为高风险的、激进式的创新和渐进式的创新建立了一个特殊的平行轨道。这条新轨道被命名为"高层管理委员会"，该委员会正在设计一个新流程，并有权任命所有新项目的领导。

除了审视上述流程、组织机构、文化和员工素质这 4 个维度之外，还要考虑激活那些可以引导和刺激变革的各种杠杆。优先级是各个公司根据具体情况而定的，但是如果提早支持将要选择的某种推动力，一些杠杆的变更可能会特别有效。所以，如果你决定专注于本章所描述的创新推动力之一，我会就如何刺激变革提出一些建议。

3.1 快速提升能力，以创造新的/改进的产品、服务或流程

创新领导者有许多方法来振兴一个组织，并为新的产品或服务获得可持续的优势。对于超越竞争对手这个问题，很少有什么好答案——大多数公司都

有比他们能够处理的更多的创意。在优化时间、成本和资源条件下有效地选择实施这些创意更具有挑战性。因此，任何创造新的/改进的产品、服务或流程的努力都基于两个目标：（1）获得效益（做正确的事）；（2）提高效率（正确地做事）。

实现这一双重目标的最有趣的刺激之一是为开发新产品或服务提供一个激进的缩短面市时间的驱动。开启一个大大缩短（一个数量级的）面市时间甚至盈利时间的活动，这种将整个产品或服务的创新流程进行分解的强大方法可以使我们快速找到其中的缺陷。所有的产品开发人员都知道，面市时间受以下几个因素影响。

- 新产品或服务的质量、精确度和清晰度。
- 跨职能开发团队的素质和授权水平。
- 供应商早期的参与程度和早期原型设计实践水平。
- 流程的质量和减少循环的次数。
- 团队中职能部门和高级管理人员沟通的内容和质量。
- 诊断时期的透明因素。

以下是盈利时间的几个影响因素。

- 新产品或服务背后的客户价值主张的内在质量，这保证了早期客户的采纳时间。
- 新产品或服务发布的质量和顺畅度，及其在各个市场上的部署速度。

所有这些因素及其优先级一旦被确定，就可以导致产品或服务创新流程中特定的、具体的改进。

3.2　鼓励系统的机会搜寻，以增加开发全新产品门类或服务的机会

如果决定创造全新产品门类或服务，那么在最初就需要将重点放在机会的搜寻和验证上。管理的作用体现在以下两个方面。

- 第一，确定要探索的市场领域，就像飞利浦公司将消费者医疗保健视为其发展优先领域一样。
- 第二，选择管理人员来开发新产品、服务或经营理念。

市场机会搜寻工作的性质比传统的市场研究工作更广泛、更开放。市场机会搜寻中发现的概念应该是未来主流产品的前身。为了实现这一目标，他们应该了解并利用长期的市场趋势，在正确的时间打入市场。

如果公司非常专注于"核心业务"，那么这种开放式的机会搜寻可能很难启动，管理人员可能没有动力去寻找新的机会。在需要投入如此多的资源来捍卫或拓展核心业务时，创建一个超越核心的新产品/服务类别的努力可能被视为一种干扰。它可能遭到保守管理人员的抵制，因为他们担心核心业务被蚕食。

管理团队可能希望通过将机会搜寻者限制在一些专职管理人员上以降低内部反对的风险。更具建设性的方法是鼓励每位管理人员都成为"猎人"，为他们提供一个特定的目标，并对其进行严谨的评估。

3.3 促进"系统性思维"，为全面推行全新商业模式或业务系统做好准备

任何业务创建（重建）行动的主要敌人是中层管理人员的狭隘视角，在情感上和智力上都限于本部门的职能孤岛，且沉浸在其工作现状中。这就是为什么业务流程再造面临着如此多的抵制，有时甚至是业务部门的直接反对。

要打破这种阻力，需要管理人员发展模式识别和系统性思维的能力。模式识别用以帮助识别市场发展和产业融合中的机会。系统性思维用以帮助管理人员了解商业模式的结合方式，或者各个主体对共有流程的贡献。让管理人员意识到恶性循环的根本原因尤其重要，还要使他们能够辨别出难以捉摸的良性循环的触发因素。模式识别和系统思维不是先天技能，因此，它们不会在管理人员之间平均分配。显然，它们应该在管理能力发展计划的战略模块中占据突出地位。

3.4 强化市场沉浸，引导新客户解决方案或客户系统的发展

从产品和服务转向解决方案的尝试终将失败，除非深入地了解客户，而不仅仅是了解他们的需求。允许这种亲密程度的以客户为中心的文化也很少。这就是为什么在尝试制定解决方案之前的第一个也是最重要的行为就是基础广泛、涉及多个职能部门的市场沉浸活动。

市场沉浸与创造全新产品门类的市场机会搜寻不同，因为它专注于、并将自己限定于一个特定的客户群体。销售人员或技术服务人员进行的常规客户访问虽然对于收集客户反馈很重要，但由于很少关注客户的意见和建议，所以这种常规访问并不符合市场沉浸的条件。市场沉浸是一个过程，由小团队的管理人员——跨职能团队可以带来更丰富的观点——访问早期客户，除了倾听、刺探和猜测之外没有任何其他议程，真正的目标在于不仅将客户的声音带到公司，还能把客户的潜在需求、挫折感、感觉和梦想带回公司。除非你和你的高层管理团队效仿哈雷戴维森公司，否则这种沉浸将不会发生。

（1）通过自我训练来展示自己。

（2）建立适当的指标，追踪员工的沉浸活动。

（3）建立机制鼓励这种行为。

（4）建立机制和组织活动，分享和利用所产生的学习和发现的类型。

为了补充市场沉浸的效果，营销顾问已经开发了一些工具来捕捉客户体验，并将其变成创新的解决方案。

接下来的4章将以真实的公司案例来说明最适合执行和实施本章所述的4项创新推动力的领导力类型。我们会针对每一个创新推动力提出一个具体的领导风格。

第 7 章

领导开发新的/改进的产品或服务：团队运动教练培育创新

> *我相信规则。我当然相信规则。如果没有任何规则,你怎么能打败他们?*
>
> ——已故的美国著名棒球教练 里奥·杜罗切

> *我在球员中寻找的最重要的品格是责任心。你必须对你是谁负责。将事情归咎于别人太容易了。*
>
> ——美国著名棒球教练 兰尼·威尔肯斯

《蓝海战略》一书中强烈建议不要与"渐进主义者"进行所谓的"红海"竞争。聚焦于传统市场中新的/改进的产品或服务,只会带来一些边际收益。相反,通过在所在行业中引入新的游戏规则来创造暂无竞争的市场空间并使竞争变得无关紧要——他们称之为"蓝海战略"。

这种观点有助于引导管理人员创造性地思考自己所处的环境,通过创造新的竞争手段来开发自己的市场。但是,这也就意味着全球 80%以上的研发工作将会被停止或被重新定位,这显然是不切实际的。事实上,所有公司都是通过在当前市场上销售成熟的产品或服务而生存下来的,而这又取决于这些产品和服务对竞争对手的影响。创造新的市场是非常可取的,特别是当一家公司

Innovation Leaders

陷入竞争僵局时。但是，改变游戏规则的机会很少。此外，有吸引力的新市场一旦被发现，敏捷的竞争对手便会立即入侵。所以，即使对于"蓝海战略"的使用者来说，成功还是取决于获得和保持竞争优势。这意味着进行更有效的渐进式产品或服务创新。

在每个行业中，都有一些公司似乎相当成功地进行了渐进式的创新，他们在市场份额和利润增长方面成为赢家，其他公司则比较落后。失败者似乎总是惊讶于竞争对手的创新。然而，一些公司似乎只在一段时间内做得较好，之后却以某种方式失去了创新知觉，好像他们不能再发起创新行动，然后就落后了，直至失败。

许多因素导致公司产品开发水平的不均衡发展。但是，在大多数情况下，这种渐进式的产品或服务创新所需的（或缺乏的）是领导者的品质。随着时间的推移，胜出的公司建立了强大的创新领导者团队对其流程进行监管，并且建立了支持性文化。失败或仍处于挣扎中的公司则没有，或者它们曾经做过一次，却无法维持这种创新领导力。

本章将重点介绍这种特殊的创新领导者——渐进式的创新者。他们设法动员公司的每个员工参与以赢得在新产品或服务上的无休止的战斗。他们是他们公司的创新骨干。首先，我们将根据这些创新领导者最常见的共同特征，对他们做一段简短的介绍。其次，利用美敦力公司起搏器业务的例子，我们将介绍他们所做的工作——他们如何在组织中实现创新。最后，我们将回顾一下这些领导者的一些局限性。

1. 创新领导者：强硬的团队运动教练

1.1 渐进式产品/服务创新是一项具有竞争力的团队运动

管理学者一直被团队运动吸引，如篮球、足球、曲棍球等，因为这些运动为领导力制造了严酷的考验。一些关于运动员团队行为的研究强调了其团队

第 7 章
领导开发新的/改进的产品或服务：团队运动教练培育创新

领导者——队长的作用。一些研究者则试图评估一个能使其队伍比竞争对手的队伍更稳定的优秀教练的特点。企业领导者对团队运动教练的智慧的感兴趣程度已经达到了一定的高度，一些著名的教练甚至开始撰写领导力方面的书籍，其中一些著名的教练还经常被邀请出席公司会议、与公司的管理人员进行讨论。伦敦商学院的朱利安·伯金肖教授在学术界也接住了这个接力棒，从伟大的教练身上提取领导力课程要素。

"领导者是团队运动教练"的类比无疑可以应用于多种情况，但它尤其适用于产品创新流程。它适合公司提出渐进式——新的/改进的产品或服务——的创新流程。团队运动与创新至少有 4 个相似点。

- 产品创新，和篮球、足球或曲棍球一样，要求团队合作。团队，而不仅仅是个人，要做出正确的决定，取得成功（或面对失败）；他们的表现反映了成员的内在技能及团队合作的质量和凝聚力。

- 产品创新，像团队运动一样，由单一绩效指标来评估，即得分。公司新产品或服务的成功率是多少？新产品或服务会比竞争对手的更好吗？是否会使公司在市场份额和专业性方面取得优势？

- 产品创新，像团队运动一样，对"时间"的限制非常严格。新产品或服务的机会窗口大多是狭窄的，产品周期越来越短，组织运转速度和决策速度都成为关键的竞争资产。

- 产品创新，像团队运动一样，"足够好"并不代表赢得胜利。激烈的产品和服务战争永远不会结束。每种新产品或服务的推出就像一场新的运动比赛；它重新打开记分牌，公司和团队必须再次证明他们可以更好地赢得胜利。

1.2 创新领导者/团队运动教练的 3 个优先事项：挑战、设定目标和测量指标

在产品创新中，如在团队运动中，领导者/教练有多种职责。他必须做到

Innovation Leaders

以下几点。

- 选择一系列互补性的球员，并为每个新的挑战组建最好的球队。
- 培养个人能力，提高团队技能，同时辅导其他教练。
- 在团队成员之间以及团队与管理层之间建立、维护开放的沟通渠道。
- 制定战略和流程以赢得胜利，确保每个人都了解、坚持并依据其采取行动。
- 在每次挑战之前激发和激励团队，并在每次挑战后总结、汇报经验教训并进行改进。

但是，产品创新如团队运动一般，有3个优先事项尤为重要，因为它们决定了具体的领导类型：挑战、设定目标和测量指标。

- 挑战。高级管理人员一旦意识到其产品线的竞争力在下降，无论是在市场覆盖面和市场份额还是在客户满意度或产品经济性方面，都需要挑战负责产品创建的职能和团队。挑战产品团队的最有效方法之一是直面一流的竞争对手在创新、质量、交付期、成本等方面的表现。这通常通过基准测试来完成。
- 设定目标。设定目标是高级管理人员的特权。如果缩短交付期被选为产品创新中的主要变化杠杆，那么将为面市时间或盈利时间设定一个新的目标。经验表明，为了使团队有效地全面重新思考创新过程，新的交付期目标必须明显低于当前最佳表现。但产品创新比交付期的含义更广，这就是为什么可以以其他因素为杠杆来设定目标，如产品质量、性能和成本。
- 测量指标。测量创新的结果通常是高级管理人员的次级优先事项。渐进式改进产品或服务的创新领导者通常建立一个金字塔式的指标体系。他们平衡不同类型的绩效指标：滞后指标、流程内基准，最重要的是测量组织学习速度的指标。

第 7 章
领导开发新的/改进的产品或服务：团队运动教练培育创新

1.3 创新领导者/团队运动教练的领导风格：有所要求且给予支持

团队运动教练经常被建议应用一些传统的领导原则，这些原则同样适用于创新领导者，例如：

- 要求卓越但不期待完美；
- 在试图影响运动员（团队成员）之前，先了解他们；
- 建立信任关系、要求相互尊重；
- 激励和启发。

运动分析师也观察到团队运动教练有以下 4 种基本不同的领导风格。

- 两种专制风格：告知，可以解释为"按我所说的做，它是唯一的胜出方式"；以及稍具开放态度的推销语气，如"如果你同意这样做，那么你将有更大的可能赢得胜利"。
- 两种民主风格：分享，如"你认为我们如何才能赢"，以及 4 个领导风格中最开通的——允许"我们的目标是赢，现在你自己去探索获胜的想法"。

对团队运动教练进行类似的观察，学者们提出了十分类似的教练风格。

- 指挥风格。直接指令，教练指示。
- 互惠风格。运动员对自己的发展负责，由教练监督。
- 问题解决风格。运动员解决教练设定的问题。
- 引导发现。运动员有自由探索各种选择。

团队运动教练式的领导者可以与著名的管理学作家罗伯特·汤姆斯科所说的"战士领袖"比肩，因为一些团队运动——如足球、篮球、足球、橄榄球、冰球等——有时像小型战争。虽然是不流血的战争，但是它们也需要有强大的侵略性，需要绝对的奉献精神才能获胜。图 7-1 为汤姆斯科团队运动教练式的领导者的积极特质及其过度情形的总结。

155

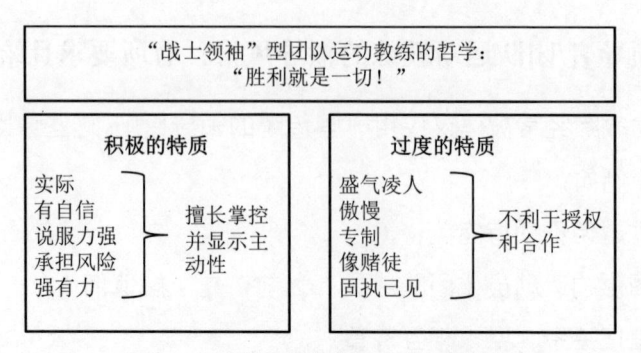

Innovation Leaders

```
          "战士领袖"型团队运动教练的哲学：
                "胜利就是一切！"

      积极的特质                过度的特质
  实际  ⎫                  盛气凌人 ⎫
  有自信 ⎪  擅长掌控         傲慢    ⎪
  说服力强⎬  并显示主          专制    ⎬  不利于授权
  承担风险⎪  动性            像赌徒   ⎪  和合作
  强有力 ⎭                  固执己见 ⎭
```

图 7-1　团队运动教练是"战士领袖"

资料来源：经过罗伯特·M.托马斯科许可引用。

图 7-1 中所示的都是具有代表性的人格特质，它们适用于多种领导情境，而不仅仅是运动情境。它们适用于渐进式创新的管理，即本章所涉及的新的/改进的产品和服务推动力。

虽然专制或命令不再是当前管理氛围的显著特征，但在产品创新领域还是能听到支持它们的声音，如下例所示。当失去了紧迫感，公司就会处于过度自由放任的管理时期，此时非常需要这种风格，如美敦力公司的经验。

但是民主风格——无论是解决问题还是引导发现——通常被认为更好，因为它们在今天的组织中的接受度更高。需要注意的是，这要求流程成熟，并且团队结合内在和外在的强大动机。民主风格也更适应当前这个日益复杂的世界，正如朱利安·比金肖所强调的：

> 世界越复杂，战略越简单。详细的规划在非常复杂的系统中并不起作用——可以参考苏联的计划经济。当事情简单、稳定的时候，你可以从一个中心规划你的策略。但是随着世界变化得越来越快，这种规划就不可能引导成功。你需要做的是制定一些指标，然后给人们巨大的自由来决定他们需要做什么。

总而言之，无论其实际的领导风格如何，创新领导者/团队运动教练都拥有两个不同的特点：有所要求，给予支持。

第 7 章
领导开发新的/改进的产品或服务：团队运动教练培育创新

"有所要求"意味着：

- 提出（或强加）延伸的目标
  —但是确保这些目标不是不切实际的；
- 总是期望其成员尽最大的努力
  —但是认识到并接受人们偶尔会有低谷；
- 坚持每个人尊重共同商定的规则、标准和流程
  —但是对那些不适应的人的改变持开放的态度；
- 要求个人和团队绝对的诚信
  —但是自己也同样诚信。

"给予支持"意味着：

- 为他们的团队提供当前任务所需的资源
  —但是严格要求资源获取的正当性和资源的节约；
- 帮助团队解决问题
  —但是避免过度干预；
- 保护自己的团队免受管理层不公正的批评或不合理的压力
  —面对现实，解决团队绩效不佳的问题；
- 个人和团队的良好表现给予奖励，并庆祝成功
  —但是要批评傲慢和自满。

美敦力公司布雷迪起搏器业务的案例为创新领导者/团队运动教练提供了很好的例证。

迈克·史蒂文森在美敦力公司业绩缓慢下滑的时候振兴了作为美敦力公司生存根本的布雷迪起搏器业务。由此他给美敦力公司的前任 CEO 兼董事长比尔·乔治留下了深刻印象。使用这个案例的目的不是要说史蒂文森成了英雄——尽管他的一些品质遭到很多争议，也不是要说他所做的一切都是完美的，而是要说明在领导者面临最困难的情况时，一套连贯一致的领导价值观和技能的力量。的确，史蒂文森必须：

（1）振兴一个还没有看到下滑趋势的非常成功的组织；

（2）改变有创造性但是无组织的文化，重建有较高纪律性的文化。

这个案例也说明了在管理层中引入团队运动教练型领导者，并且弥补他的一些缺点的重要性。

2. 美敦力公司：理顺创新流程

2.1 曾经杰出的创新者，也会失去创新的触觉

美敦力公司成为世界领先的医疗技术公司，这无疑与其开发心脏起搏器进入普遍适用领域有关。起搏这个概念，由著名的心脏外科医生 C. 沃尔顿·利博士在 20 世纪 50 年代提出，埃尔·巴肯和美敦力公司的创始人帕尔默·赫尔金斯利在 1960 年共同开发和设计了第一台电池供电的植入式心脏起搏器。此后，该设备挽救或延长了上百万条生命。

巴肯不仅是一个非常有才华的工程师，他也是他的团队成员的灵感来源。早期，他为他的公司赋予了一个明确的使命——挽救和延长人类的生命——今天仍然受到重视。他还树立了一整套价值观，如诚信、卓越工程、致力于公司使命和病人等。为了使他的员工能够履行使命，他培养了一种有利于创新和创业的氛围，这种氛围在他离开之后仍然长期存在。在这种氛围里，科学家和工程师有以自己的节奏追求自己技术理想的自由，无论这些技术项目是否满足心脏病专家的需求。

2.1.1 提高销售额和利润，但失去市场份额

美敦力公司作为创新者，几乎垄断了小却快速发展的起搏器市场，因为心脏病专家迅速采用该装置并临床应用于心脏缺陷患者。在 20 世纪 60 年代，至少在 20 世纪 70 年代的一些年份，美敦力公司将其所有资源集中在起搏器业务上，并且迅速发展壮大。科学家和工程师与领先的心脏病专家密切合作，开发了一系列针对心跳过缓和心跳过速的设备。多年来，受益于电池寿命的延

第 7 章
领导开发新的/改进的产品或服务：团队运动教练培育创新

长，美敦力公司的起搏器越来越小，并融合了许多智能化的功能。使用起搏器迅速成为并且至今仍然是一些致命疾病的标准治疗手段。

美敦力公司的成功迅速吸引了众多大大小小的竞争对手，他们纷纷将自己的创新产品投入这个蓬勃发展的市场。美敦力公司的市场份额自然开始下降。20 世纪 70 年代，美敦力公司迅速衰败，但其管理层似乎并不担心。当然，该公司正在失去绝对的市场支配地位，但其高端产品和低端产品的增长依然强劲。国际市场上持续快速的增长掩盖了公司市场份额步步下滑的现实。美敦力公司受到其杰出声誉及其研发、制造和营销的规模经济的保护。此外，起搏器市场被证明是价格相对不敏感的——毕竟在生死攸关的关头，谁会计较那几千美元？

2.1.2　从领导者到追随者

美敦力公司的市场份额不断下滑，从 1970 年的 70%到 1986 年的 29%，这并不全由新的竞争对手进入市场导致。公司因为产品严重的质量问题导致亏损，如气密系统密封不足导致体液渗入设备，从而导致电池故障。同样令人担忧的是，美敦力公司开始失去"杰出的创新者"的市场声誉，因为它的新产品始终落后于竞争对手。唯一的例外发生在 1986 年，尽管最初心脏病专家及研发人员对此缺乏兴趣，但是一位具有独立思想的工程师肯·安德森在高级管理人员的支持下，开发了一种革命性的频率适应起搏器——Activitrax。

1989 年加入美敦力公司的总裁兼 COO 比尔·乔治说：

> 我们仍然是起搏器业务的领导者……但后来我们的产品有两个大的质量问题，公司却拒绝解决。其中一次发生在 1975 年，几乎摧毁了整个公司，其实质是因为公司没有创新。当时一群人离开公司去了另一家公司，并有了创新成果——较长寿命的电池，他们离开美敦力的原因是当时公司拒绝了他们的创新。人们试图坚持自己所拥有的，变得过于保守，就可能遭受失败。我们显然不再是技术领导者。我们的产品交付期如此之长——花了 48 个月才把它们从实验室中拿

出来！

因为管理层认为其业务的增长潜力已经到了瓶颈期，所以他们转移现金来资助外部并购，新起搏器的研发资金遭到削减，内部开发问题更加复杂。

2.1.3 缺乏紧迫感和纪律感

令人骄傲的创新产品与埃尔·巴肯所倡导的价值观相结合，创造了一种独特的文化，这吸引了许多顶尖的科学家和工程师。但是，当美敦力公司创新产品开始失去份额并落后于竞争对手时，科学家和工程师变得越来越沮丧。一些最具创意的工程师离开公司创建自己的企业，另一些则陷入保守、消极的状态。

理解了美敦力公司心脏起搏器这一案例的高管们能很快发现这一公司的文化背景中令人担忧的因素。的确，美敦力公司的文化中许多利于创新的方面可能已经消失了。例如：

- 美敦力公司作为创新者和技术领先者的确令人骄傲，但这种荣誉却使它变得自满，工程师变得比客户更得意于自己的创意；
- 美敦力公司的非正式的、良性的和以人为本的文化有助于使其成为一个伟大的创意工作坊，但是缺乏管理会降低每个人的紧迫感；
- 巴肯及其继任者鼓励对各个领域的新想法和创造力，但这种自由是否缺乏责任感和纪律感？管理层是否提供了足够的指导？

比尔·乔治在他的第一本书[①]中总结了这一难题。以价值为中心的文化和峰值绩效之间是否有与生俱来的矛盾？

美敦力公司长期的成功历史埋下了一个软弱的基础——缺乏纪律性。公司以价值为中心，但这种价值内在的共同决策、争议回避和个人责任不足均不利于公司的业绩。公司的优势——美敦力公司的文化也是过度的明尼苏达式友善文化。我意识到，如果我们要具有竞争力，并重回我们在全球医疗技术领域的

[①] 此处指的是 *Authentic Leadership:Rediscovering the Secrets of Lasting Value* 一书。

领先地位,美敦力文化的这些方面必须改变。

2.2 带来纪律的变革领袖:迈克·史蒂文森

美敦力公司的起搏器业务由创意总裁鲍勃·格里芬领导。鲍勃·格里芬同时监管布雷迪起搏器业务和快速性心律失常管理咨询业务,以及两种产品的内部电池和集成电路的业务。布雷迪起搏器业务是美敦力公司最大的业务部门,由一个强大的业务总裁史蒂夫·马勒领导。他监管脉搏发生器和编程系统(PGPS)部门——负责开发心脏起搏器的核心部件和布雷迪领先部门——生产连接心脏与起搏器的关键性产品。

意识到需要改进业务的创新绩效之后,1987年,格里芬和马勒任命迈克·史蒂文森为PGPS部门的负责人。史蒂文森不是内部候选人,也并非来自外部。作为微电子元件的供应商,他与美敦力公司合作多年:首先与摩托罗拉公司,然后为由美敦力公司资助的独立供应商。在这个特殊的位置上,他目睹了公司是如何逐渐失去市场份额以及创新触觉的。他加入PGPS部门时,美敦力公司的市场份额处于历史最低水平(29%)。

2.2.1 关注流程

不言而喻,迈克·史蒂文森是一个好的领导者,他几乎本能地知道业务存在问题:

> 虽然我没有产品开发的背景,但我看到美敦力公司的大部分问题都是基础的管理问题。我们有非常强大的职能部门,但都以成本为中心进行考核,不为新产品的延迟交付或失败承担责任。我觉得公司的基本价值观依然可行,但是流程需要改变。我觉得如果我们能把这些理顺,就可以让布雷迪起搏器重现过去的辉煌。

史蒂文森把重点放在创新流程的各个方面;在他任职期间,没有任何方面被忽视。他动员职能部门的管理层同事精诚合作,经过将近10年的努力,他对创新流程进行了全面的整改，成果包括：
- 新产品平台战略与流程；
- 离线管理技术的原则；
- 确定战略项目优先级的明确过程；
- 紧凑的产品计划安排；
- 一个具有明确入口和充分授权的项目负责人的新项目路径。

所有这些流程变化在克莱顿·克里斯滕森的书中都有详细的描述，这可能仍然是在创新流程调整方面最全面的阐述之一。

2.2.2　引入纪律

史蒂文森知道，在解决流程问题之前，他的第一个举措是重建组织的纪律意识。克里斯滕森的书中引用了他的话：

> 人们问我们，使组织有效运作的秘密是什么。我告诉他们，没有一劳永逸的解决办法。只有遵守纪律。你需要做你所说的需要做的事情。你需要长期坚持做。

比尔·乔治与迈克·史蒂文森和起搏业务负责人鲍勃·格里芬的性格特质对照如下：

> 鲍勃·格里芬非常聪明地认识到史蒂文斯是一个与自己非常不同的人。史蒂文森就像格里芬的对立面。格里芬有想法，总是充满激情……史蒂文森重视纪律，格里芬更有人情味儿……如果使用团队运动教练的比喻，史蒂文森是强硬的，他就像那些强硬的足球教练。他们并不是多好的家伙！他们一直告诉你，你可以做得更好。他们不会容忍训练中任何不足的地方。"下次你再这样做，你就离开吧！因为我不能让你成为团队的成员！"看到了吗？一个强硬的团队运动教练，不是一个可爱的人！

第 7 章
领导开发新的/改进的产品或服务：团队运动教练培育创新

对于史蒂文森来说，恢复 PGPS 部门的纪律性意味着 3 件事情：首先挑战他的管理人员，然后为组织设定目标，最后测量……测量一切。

2.2.3 挑战人们的责任感和紧迫感

迈克·史蒂文森的到来震动了组织，因为他的管理风格与他之前的大多数美敦力管理人员的风格完全不一样。比尔·乔治称之为"闭环管理"，它始于承诺的绝对执行。

> 迈克会在星期三告诉你："约翰，我们将在下个星期一上午 8 点进行项目审核。这是你的任务——他正在给每个人一个任务——我希望你在星期五下午 2 点之前向我报告这个任务。"到了星期五上午，他会提醒你下午 2 点的待做事项。如果以传统的美敦力方式，你对他说："对不起，迈克，我还需要更多的时间。"他会答复："我星期一上午 7 点在办公室等你，因为在上午 8 点，我们将进行项目审查。"那时你知道你必须和你的团队在周末完成这个工作，以满足他的时间期限要求。很多人认为他平静、残酷、无情，但他教会人们：如果你做出承诺，你应该交付成果。这是闭环管理！请注意，他的要求非常公平——他不会要求你做自己不会做的事情——他不是不公平，他只是强硬！

史蒂文森本能地知道，在实施问责制时，自己"言出必行"才有威信。克莱顿·克里斯滕森解释说：

> PGPS 部门的管理人员对史蒂文森的信念表示肯定。他从 1988 年开始对管理层的项目开展项目里程碑管理。他们的激励补贴与这些目标挂钩。1988 年是管理层没有获得年终奖金——与目标挂钩——的第一年。

2.2.4 设定目标

希望提升创新绩效的管理人员知道，他们必须同时处理 3 个参数——

QTC——由日本公司总结而来。在这个首字母缩略词中，Q 代表质量（产品质量和创新质量）；T 表示时间，换句话说，短的、可预测和可靠的交货时间；C 意味着最低的成本。史蒂文森和他的团队也将这些目标选为衡量绩效的指标，正如我们将在后面看到的那样。但史蒂文森在一些其他相关领域制定了具体的目标。

例如，史蒂文森似乎特别痴迷于在零缺陷和交付时间方面实现 100%的产品可靠性的目标。他完全意识到，在项目被批准后，非管理的或潜在的风险对产品发布时间表的可靠性会有影响。他认为后者是一个基本的绩效指标。因此，他在项目被批准后强烈地拒绝项目的大部分变化，在他看来，做出的承诺必须严格遵守。比尔·乔治解释说，他还对未经证实的技术风险的承担进行限制：

> 项目进入正轨后，你可能还会有其他创意。但是史蒂文森一旦批准并启动了项目，他在处理风险方面就变得非常严格。他的做法是管理项目中的所有风险，找出并评估可能使项目受到影响的风险。对于那些他无法控制的人，他会让他们离开项目。所以，如果你有一项由没有被充分证明的新技术造成的风险，他会要求你等待，直到下一个项目出现再开始工作。所以，你可能会对自己的创新落后于项目感到生气，但是你知道一年后会有新的创新项目。这会使得人们继续工作。史蒂文森没有取得突破，正如格里芬那样。他没有承担质量风险，但是他冒着不能得到创新成果的风险！他是非常优秀的创新风险评估者。客户爱他，因为他总是及时交付成果。当他说一个产品可以在 2 月交付时，它就会出现在 2 月，而不是 3 月！

2.2.5 测量一切

史蒂文森的哲学是："你的成果会符合你的测量标准！"他使用了一系列涵盖整个 QTC 的指标。他的特殊之处在于测量他所说的 FAPC，或者完全分配产品成本，尽管他的管理人员认为他们被无法控制的成本所考核。他则强调

FAPC 将迫使他的团队考虑市场份额。

比尔·乔治记得，史蒂文森另一个重点是质量，他的测量非常全面彻底：

他引入六西格玛……但我们不是在谈论杰克·韦尔奇的六西格玛。我正在谈论真正的六西格玛，即测量百万分之几、百万分之一的偏差。他不只是在谈论它，他在实践它。这不是作秀，他真的关心质量："你准备让你的设备有几百个有缺陷的部件？我们不能承担这个风险！人们会因此而失去生命！"

2.2.6 获取结果

如表 7-1 所示，由迈克·史蒂文森引入的得到高级管理人员支持的文化和流程，使美敦力公司在大多数领域的业绩大幅提升。

表 7-1　文化和流程变化对美敦力公司的影响（部分归功于迈克·史蒂文森）

• 起搏器市场占有率	从 29% 提高到 51%
• 降低成本	30%
• 心脏节律器毛利率	从 65% 提高到 80%
• 心脏节律器净销售额	从 18% 提高到 30%
• 净现金流量	超过 5 亿美元
• 产品开发时间	从 48 个月降至 16 个月
• 减少质量问题	90%
• 研发支出（占销售额的百分比）	从 7% 上升到 10%

资料来源：经比尔·乔治允许转引。

2.3　迈克史蒂文森是创新领导者吗

讨论过美敦力公司案例的高管经常问这个问题。有这个疑问是可以理解的，因为在唤起创新领导者的愿景方面，史蒂文森的个性或领导风格更具传统意义。对于这一点，大多数人会斩钉截铁地说，史蒂文森是一个强势的项目运营经理。相比之下，比尔·乔治认识到这一点——我们倾向于将创新领导者描述为那些总是包容新想法的老板，总是对它们感兴趣的老板，他们乐意探索新路径、尝试新技术、冒险。在美敦力公司，起搏器业务总裁鲍勃·格里芬和副主席格伦·纳尔逊都对创新领导者的传统形象有了更好的理解。

尽管存在偏见，但是将迈克·史蒂文森称为创新领导者是公平的。

第一，我们可以回顾第 1 章介绍的普雷斯顿·博特格教授对领导者的定义：

> 领导者完成所有该完成的事情。领导者在做的但是目前暂无成果的活动尤其重要，他们提供了目标、方向和焦点。他们建立了联盟，并获得了承诺！

根据这个定义，史蒂文森显然是一个领导者。他所有的努力集中在一个单一的目标——提升美敦力的创新绩效上，我们也可以说他是一个真正的创新领导者。我们还可以补充说，根据他在任职期间为他的公司取得的成就，他是非常成功的。

第二，回顾前端创新领导者和后端创新领导者之间的区别，史蒂文森无疑属于第二类。事实上，位于第 6 章中创新推动力矩阵左下角的创新领导者都属于后端创新领导者，如图 6-1 所示。原因很简单：对于针对新的/改进的产品或服务产品的渐进式创新战略，其管理的重点与旨在实现突破的战略的重点截然不同。史蒂文森最重要的任务是提升公司的产品创新绩效，以便在最新、最具竞争力和有吸引力的起搏器产品组合上进行竞争……

第三，创新领导者有激情，史蒂文森热情洋溢！他和他的同事们对公司的社会使命也怀有一样的激情——恢复健康和延长生命。他履行任务的方式是确保优质可靠的产品能够迅速脱离实验室进入市场。比尔·乔治解释说：

> 迈克·史蒂文森在维护产品发布时间表方面非常强势，那不是为

第 7 章
领导开发新的/改进的产品或服务：团队运动教练培育创新

了简单地达成目标——这是因为有人因不能及时得到技术支持而死亡。他会说："如果一个人的生命处于危险之中，而且你有一个伟大的创新产品，但它并不完美，它不能进入 FDA[①]的流程（这是一个非常严格的流程），那有什么意义呢？"

3. 团队运动教练型领导者的局限性

使团队运动教练型领导者获得成就的素质，同样也是他们最大的限制。这些创新领导者的获胜心过强。但是他们只能赢得一种类型的游戏，甚至只用一种战略来赢得游戏。他们通过开发和训练团队的能力而达到理想状态，通过鼓励团队将游戏规则转变为其优势而达到卓越。这类领导者不能轻易地改变战略，更不能学习新游戏，他们不会改变游戏规则，更糟糕的是，他们不能同时玩不同的游戏。他们也不喜欢自己的成员不听从他们的意志，不听他们的警告。这种性格特质也限制了其成为创新领导者的潜力。

3.1 在迈克·史蒂文森领导下，美敦力公司将会发生什么

1991 年，迈克·史蒂文森起搏器转型运动的第 5 年，比尔·乔治成为美敦力公司的 CEO。与其他人不同，比尔·乔治承认史蒂文森对公司的巨大贡献。史蒂文森为美敦力公司未来的增长建立了坚实的业务基础和经济基础，乔治还说，在 20 世纪 90 年代末，史蒂文森达到了其职业发展的巅峰。他不愿意去参加另一场角逐。

因为个人原因，史蒂文森在 20 世纪 90 年代后期提前退休。他只做他自己喜欢的事情，不想被迫做不喜欢的事。他不是被企业边缘化，不能被提拔，而是他自己根本不想被提拔。他想保持那种以自己

[①] Federal Drug Administration，联邦药品管理局。

的方式行事的自由。

当我们在课堂上与企业高管讨论美敦力公司的案例时,在承认史蒂文森帮助实现的令人惊叹的结果之后,我一般会向与会者提两个问题。

(1)"你认为在史蒂文森任职期间,他的员工对他是何看法?谁会喜欢他,谁最憎恶他?"

(2)"史蒂文森的做法有什么局限性?如果美敦力公司的领导者都像史蒂文森,美敦力公司将会发生什么?"

随后的讨论非常有趣,它们清楚地表明只有互补型创新领导者的合作才能维持增长。

3.1.1　谁会欣赏或崇拜史蒂文森那样的领导者

了解美敦力公司案例的高管们很快就能猜测到史蒂文森周围发生了什么。面对这样一个领导者,美敦力大多数员工感到刺激,少数人可能被史蒂文森的一些强硬的措施欺压。比尔·乔治确认,迈克·史蒂文森型的创新领导者可以归为团队运动教练型领导者。

> 迈克·史蒂文森这样的领导者就像篮球教练或足球教练——他们创造了极大的忠诚。人们会说:"你知道,我讨厌为迈克工作,但我知道这对我有好处!他教我纪律和严谨,他很公正。如果创造了绩效,他就会奖励我!"

当人们开始看见这样做的成效,大多数部门也将进行类似的变革。这便是美敦力公司的情况。

- 营销和销售部门可能是史蒂文森引进的变革中最大的受益者。他们看到越来越多的新产品按计划投入市场,这无疑有助于构建他们与客户的关系。
- 财务部门当然很高兴看到产品利润的增长和资源的更有效利用,因为项目一旦启动就会有成果,这避免了浪费。

第 7 章
领导开发新的/改进的产品或服务：团队运动教练培育创新

- 开发工程师对以前开发流程的低效率感到沮丧，他们对公司失去创新领导地位感到沮丧。看到他们的项目获得了足够的资源，项目成果成功投入市场，他们感到欣慰。
- 企业管理层显然乐意看到一个恢复了信心的组织——学会了如何开展有效的合作，并且在市场份额、专业度和客户满意度方面取得了很好的成绩。

这是否意味着每个人都对迈克·史蒂文森感到满意？似乎并非如此！

最有创意的那些科学家经常感到沮丧，他们大胆却未经测试的创意被史蒂文森以过于冒险的理由否决。坚持按一定的周期推出项目，并且成功迭代四五次，史蒂文森将所有的研发资源都纳入了官方的产品周期计划。他从未尝试过无计划的创新、未经测试的技术或有风险的探索性想法。换句话说，史蒂文森的做法非常适合继续推出相同产品的新产品，从一代升级到下一代，但不适合创造全新的产品或多样化应用美敦力科技。

一些最具创意的意见领袖——具有大胆但"不同"想法的心脏病专家——部分失去了对美敦力公司研究人员的特权。他们不能像以前那样对新的未经测试的产品概念进行修改，并要求美敦力公司跟进改变，因为史蒂文森的研发人员已经在当前的项目上有了行动目标。这使得这些心脏病专家向公司里"不得志"的科学家靠拢，其中一些人很可能尝试投靠更小、更灵活的竞争对于，与他们一起开发他们的新创意。

3.1.2 消极方面：限制增长并给公司带来风险

在迈克·史蒂文森的领导下，美敦力公司的起搏器业务繁荣起来，并在一段时间内保持了领先。然而，可以预见到两件事情的发生：增长可能会有变化，美敦力公司可能会面临破坏性的创新。

增长分析师指出，有吸引力的未开发机会通常在当前业务的外围，或两个业务部门之间。因此，他们建议领导者应该有广泛而多面的好奇心。关注核心市场虽然重要，但过于狭隘。这就是为什么第 3 章讨论了提拔"宽带宽"管理

Innovation Leaders

人员的重要性。如果美敦力公司只有史蒂文森一个领导者，他是否会分配足够的资源给心脏除颤器——一种不同类型的、但是使用非常相似技术的可植入心脏的装置？如果没有高级管理人员的坚持，他是否会承担必要的风险以赶上更先进的竞争对手，并把心脏除颤器业务变成一个快速成长的业务？

但采取高度集中的策略所带来的最大风险，是公司对突破性技术或突破性创新的视而不见。正如克莱顿·克里斯坦森所言，在激烈竞争的游戏中进行无休止的性能改进的公司，可能会错失"低端市场"的机会。新进入者确实经常聚焦于中低端客户——他们对高性能产品不感兴趣或没有享用它们的消费能力。美敦力公司避免了这种风险——因竞争对手引入低成本的起搏器而失去中低端市场——因为其起搏器业务总裁鲍勃·格里芬对这种创新十分谨慎。格里芬确实是与史蒂文森不同类型的创新领导者，他们二位具有非常强的互补性。这就是CEO需要任用不同类型的创新人才的原因。

3.2 为疯狂的创意建立另一条路径

鲍勃·格里芬一直在寻找新的创意，总是愿意倾听创新者的大胆的创意，并用自己的资金资助那些疯狂的想法。每当迈克·史蒂文森由于某个创意缺乏可行性而否认它时，格里芬就准备参与和资助一个探索性项目。这就是超低价起搏器的背景。

3.2.1 打破规则，然后骄傲地"窃取"创意

史蒂文森针对降低起搏器的工厂成本制定了一个严格的计划——从1 300美元降到1 000美元，几年内达到800美元。他的计划一如既往地雄心勃勃，但它也是渐进的，因此整个项目是可行的。如果他设法降低占公司销售额70%的产品的成本，将其从1 300美元降到800美元，公司的利益将是惊人的。但是在史蒂文森的做法中，他从未对美敦力公司的一些"神圣的"规则提出质疑——起搏器需要专门的内部设计和电池的生产、定制混合电路以及一个昂贵的双重密封系统。相比之下，格里芬的想法则不同，正如比尔·乔治的评论：

第7章
领导开发新的/改进的产品或服务:团队运动教练培育创新

格里芬想解放员工的思想,以便他们对事情有不一样的思考,比如成本,按照格里芬的想法,从1 300美元降到100美元,而不是1 000美元。这意味着改变所有规则!史蒂文森想要建立规则,格里芬想挑战规则!

因此,格里芬资助了一个小型超低成本起搏器项目以探索实现的途径。当然,这种低端产品可以开拓新兴国家的新市场,但这不是格里芬的主要动机。他想挑战现状,同时他知道,如果成功的话,这会对史蒂文森的业务产生很有趣的技术性震撼。

格里芬的项目团队挑战了既往起搏器设计中的所有假设,例如:

- 为什么要使用专门设计的电池?美敦力公司难道不能使用更便宜的手表电池并证明它们也是可靠的?
- 为什么使用定制芯片作为智能源?标准微处理器可以执行相同的功能吗?
- 既然手表行业已经开发出更简单的密封系统,甚至生产了防水潜水手表,为什么我们还一定要使用双重密封系统?

最终,格里芬的项目团队发明了一种超低成本起搏器,其制造成本为250美元,虽然当时的目标100美元,但远远低于史蒂文森的1 000美元。这种超低成本起搏器的销售情况并不好,但这不是此处的重点。

可以预料,史蒂文森在格里分的超低成本起搏器中发现了许多缺点。但他并不愚蠢,他对格里芬的实验更感兴趣,了解格里芬的团队如何实现它……并"窃取"了一些创意(如使用标准微处理器)。他采用了这些经验,并完善了它们,将主流起搏器的成本降至650美元。

3.2.2 创造先生与纪律先生的结合

在美敦力公司,鲍勃·格里芬显然是前端创新领导者——创造先生,迈克·史蒂文森则是后端创新领导者——纪律先生。表7-2介绍了比尔·乔治通过总结自己的个人哲学来突出这两种领导者的差异和互补性。

171

表 7-2 "纪律先生"和"创造先生"的相互对立

纪律先生（迈克·史蒂文森）	创造先生（鲍勃·格里芬）
创新是一个有纪律性的过程	创意是一个有创造力的过程
承诺是神圣的	勇于尝试新鲜事物
计划为王	新创意主导
在规则内工作	打破规则
成功是必需的	从失败中学习
优化受限思维	挣脱受限思维
专注于成熟的技术	专注于新的发明
应用工程的基本原则	应用科学的基本原理
幸福来自结果	幸福来自突破

但是对于二者而言：
你的成果将符合你的衡量标准
任务至关重要

资料来源：经比尔·乔治允许转引。

这两种领导者的组合使美敦力公司获得领先竞争对手的优势。没有格里芬，公司就会错过许多令人兴奋的增长机会。没有史蒂文森，就可能错失了这些创新产品的市场利益，仅仅因为缺乏执行力。

有趣的是，格里芬是史蒂文森的间接上级领导（史蒂文森实际上向马勒汇报）。这可能解释了他们的组合为什么如此有效，尽管没有紧张关系，"他们一直在战斗"！如果史蒂文森居于高位，格里芬是否还有尝试激进式创新的自由？

我对所有高级管理人员有一条劝诫：审视你的组织，以确定你的纪律先生和你的创造先生！你拥有这两种创新领导者吗？他们是否位于组织架构中的正确级别？他们能合作且相互尊重吗？你如何帮助他们创造增长和发展的势头？

第 7 章介绍了团队运动教练型创新领导者，他们非常适合引导和进行产品和服务的渐进式创新。第 8 章将介绍另一种创新型领导者——投资人——他们创造全新的产品门类或服务，通过激进式创新创造新的业务。

第8章

领导全新产品/服务的创造：
引领新业务的实际投资人

> 投资人：投资或策划和执行项目或活动的人员或组织。
>
> 实际：无废话、严肃、务实。
>
> ——韦氏在线词典

成熟市场的大型公司——如食品行业的雀巢、卡夫和日用消费品行业的联合利华等公司——面临着增长的困境。它们觉得金融市场的增长速度仅比蜗牛爬行快一点，但它们知道别无选择。好的收购机会越来越难找，并且这种收购的代价很高，会导致公司面临非常大的财务压力。扩张市场地域覆盖范围是跨国公司传统的增长方式，但通过这种方式实现的增长正在接近其极限水平，因为可挖掘的市场空间已经十分有限。在成熟市场中通过渐进地改进产品以增加现有类别，通常会导致边际效益的增长；比起市场扩张，更重要的是，它强化了公司的市场地位。通过营销活动来争夺市场份额，通常是一项成本高昂的博弈。

一个有潜力但兼具挑战性的选择是通过类别创新实现有机增长，即通过创造全新的产品概念以创造新的业务。然而，很少有管理团队会选择走这条路。它们知道依靠发明来提供真正的价值并满足客户未被满足的甚至潜在需求的产品或服务，是相当困难的。但是，一旦成功，这种创新产生的增长将非常可观。雀巢公司在 20 世纪 90 年代经历了这种增长，通过其革命性的 Nespresso™ 咖啡机系统，这在第 2 章中提到过。如果考虑咖啡豆市场在过去几十年间的停滞状态，Nespresso™ 的成功会更令人印象深刻。

如第 6 章所述，类别创新通常发生在自上而下的创新模式中。管理层的愿景及其对公司进入一个全新的、超出当前业务范围的市场的渴望，会增加实现这种类别创新的可能性。液体食品包装巨头利乐包装公司实现过类别创新，其高级管理人员希望通过推出前所未有的可折叠的纸盒包装来占据食品罐头市场的大部分份额。取代传统的金属食品罐的可折叠纸盒包装是利乐包装公司在其牛奶、果汁加工和包装业务之外建立的一种全新的业务。

1. 创新领导者：实际投资人

1.1 一种长期性的、回报不确定的策略

无论类别创新如何发生，它囿于两个原因而很少产生。

第一，创建一个全新的产品门类是一个高风险的策略。创新分析师们强调大多数行业中产品创建的失败率都很高——这里我们甚至还没有谈论类别创建。一些研究表明，快速消费品行业的新产品的平均成功率只有 20%。营销专家将这个低比例归因于对市场的研究不足。如果在现有市场推出新产品的失败率都那么高，那么可以想象，超越已知市场、创造出一个全新的类别，其成功率将有多低！市场研究无法为类别创新提供可靠的指导，因为其市场此时尚不存在。这就是《超越核心》(Beyond the Core) 的作者克里斯·祖克主张通过"相邻的举措"来开发新类别的原因。他建议，你如果要开发一个新的类别，至少要确保你的新产品与你现有的产品共享一些东西，如分销网络。利乐包装公司的故事说明了共享邻接资源的一些优点——利用现有的资产和优势来创造新类别；利乐包装公司计划充分利用其纸盒专有技术及其工厂转换

第 8 章
领导全新产品/服务的创造：引领新业务的实际投资人

网络。

第二，这种创新比较少见，因为它要经历从初始的产品概念到成功的产品这一漫长而不稳定的过程。如图 8-1 所示，雀巢公司在 20 世纪 70 年代购买了 Nespresso™ 咖啡机系统原型的专利。在开发该咖啡机系统后，雀巢公司计划先在食品市场上销售，再到办公市场销售——但在这两个市场都没有获得太大的成功。直到 20 世纪 90 年代初，新的独立公司——雀巢咖啡专家——成立后，该咖啡机系统成功占领了家庭市场。其管理人员采用了原有的营销理念：通过"Nespresso™ 俱乐部"，将产品直接销售给消费者。总体而言，Nespresso™ 咖啡机系统从发明到其实现盈亏平衡，经过了 20 多年。

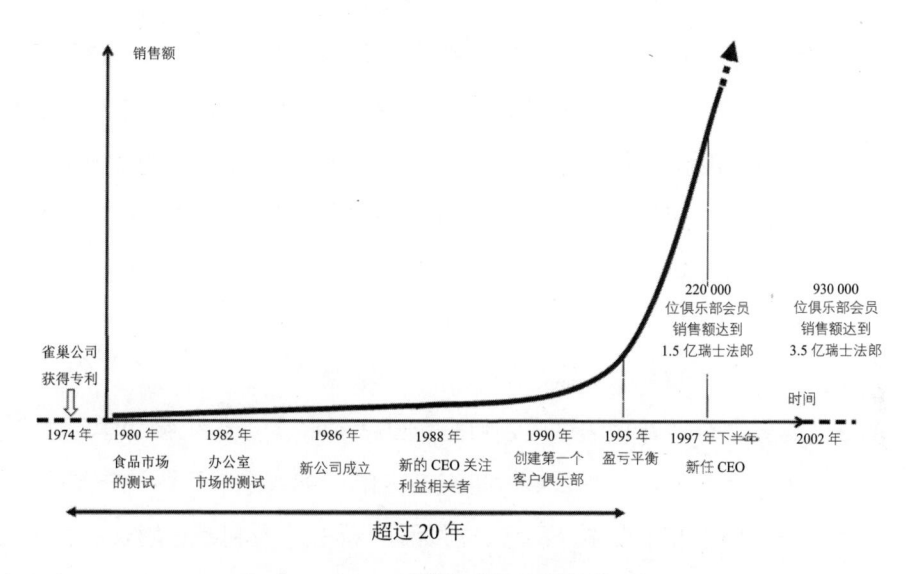

图 8-1 Nespresso™ 咖啡机系统的时间轴

但 CEO 彼得·布拉贝克仍对自己的管理团队在此项目上坚持了多年而由衷高兴，因为这项新业务取得了十分卓越的成绩。事实上，Nespresso™ 咖啡机系统实际上可能在 2009 年，而不是原计划的 2010 年，就达到了 20 亿瑞士法郎的销售目标——16.1 亿美元。相比之下，利乐包装公司推出的革命性包装的时间轴要短得多——将利乐佳（Tetra Recart™）从最初的产品概念

175

发展到零售货架上的产品只花了 8 年时间。然而，到 2007 年，即项目启动后的第 15 年，利乐包装公司的投资回报仍未达到正向水平。但是，受利乐砖（Tetra Brik™）系统成功的影响，利乐包装公司的管理层持有长期回报的态度。在一个不受金融市场压力影响的私有企业中，这种态度更容易被坚持。

高风险和漫长的过程在很大程度上解释了：为什么内部开发全新的产品或服务类别以及由新产品或新服务衍生的新业务是相对罕见的现象。管理人员缺乏启动、执行这类高度不确定性项目的决心和耐心。由此，他们常常放弃，或在大多数情况下直接不开展这种项目。

1.2 对投资人的需求

类别创新往往需要花很长时间才能实现，并且只有当非常坚定的领导者启动项目并引导它们时，这种创新才会发生——其不确定性非常高。这样做时，这些高管愿意承担重大的职业生涯风险，即使此类项目中的大部分以失败告终。为什么一些高管会投资这类具有创新性但是高风险的项目？答案是以下 3 个因素的综合。

（1）希望在当前市场上增长得更快。

（2）对特定产品或服务概念的吸引力的本能信任。

（3）渴望创新，并相信这些项目是创业者独特的成长机会和学习机会。

在大多数情况下，这些领导者是支持性的、务实的、实际的投资人。

在彼得·洛兰格和巴拉·查克拉瓦西的新书《盈利还是增长？为什么你不必选择》（*Profit or Growth? Why You Don't Have to Choose*）中，这类投资人被称为"创业家经理人"，书中还列出了他们的 4 项基本技能。

- 他们看重大局和重大战略。
- 他们沟通和推销价值主张。
- 他们管理利益相关者、获得支持和调配资源。
- 他们聚集和激励一个专家团队。

第 8 章
领导全新产品/服务的创造：引领新业务的实际投资人

正如我们在利乐包装公司的案例中所看到的那样，新项目的投资人满足所有这些列出的要求，因为他们重点关注3个一脉相承的优先事项：（1）培育他们所启动的项目；（2）以渐进的强度挑战项目团队，以确保其达到目标；（3）授权和监督由项目成功而产生的年轻的业务管理团队。

1.2.1 培育

培育是必需的，因为如果没有至少一个创新领导者的强烈的、持续的支持，重大的高风险项目必然无法启动和持续。理想状态是几个创新领导者组成一条支持链。作为倡导者和风险投资者，这些领导者的职责是多方面的。他们需要做以下工作。

（1）为新项目制定合理的管理预期，特别是面市时间和盈利时间。

（2）让所有人——在管理层和项目团队中——致力于实现现实的共同目标。

（3）提供项目团队在项目时间框架内所需要的资源，当然也包括人力资源和专家资源。

（4）根据约定的进度安排，交付资源给项目团队。

（5）作为项目团队的导师，帮助项目团队解决和克服项目面对的危机和障碍。

（6）鼓励个人发展和团队发展，确保团队成员从不可避免的错误中快速学习。

（7）成为项目团队的"剑与盾"：

- 剑——刺向扼杀新项目的企业官僚主义；
- 盾——屏蔽企图扼杀项目的合理的（和不合理）的理由。

1.2.2 挑战

挑战是必要的，如果能让项目指导小组逐步避免早期的挫折。应确保项目团队做到以下几点。

（1）选择最佳的技术和市场以尽可能将风险最小化，并最大限度地提高新概念在其目标市场的吸引力。

（2）尽管项目面临着原有路径的困难，尽管在新的方向上不可避免地有所漂移，仍然专注于实现其基本目标。

（3）随着新机遇的出现，团队成员会面对继续改造和完善自己产品的诱惑，仍然要提高紧迫感、热衷于推进产品面市。

1.2.3 授权和监管

赋予新业务的管理团队以权力并监管新业务的第一步，是创新领导者一旦成功创建新业务的最高优先事项。这需要领导者具备以下能力。

（1）逐渐从日常参与项目和控制关键决策中退出。

（2）当项目团队负责新创业务时，领导者退居二线，扮演支持性的角色。

1.3 形成领导力链

如前所述，领导力一般被认为是一种个人才能，但是要进行激进式的创新，领导力必须是集体式的。由于开发周期长，从创意到产品的漫长过程中，突破性项目不是只有一个领导者。管理人员可能需要改变工作，而且项目在其生命周期中需要不同类型的监督和协助。这就是为什么我们应该动员一系列的领导力，即争取几个不同类型的创新领导者/投资人，共同地或者相继地支持和指导新的创业项目。

第3章指出，创新需要3类领袖的联合参与，3类领袖具有互补性，即技术领袖、业务领袖和行政领袖。领导力链上包含这3种类型的领袖，并且必须保持不间断。尽管管理人员经常改变工作，但是他们必须保持活跃，只有这样才能使企业取得成功。因此，随着时间的推移，领导者会变——他们每一个都为企业带来特殊的专业知识。

领导力链的主要任务之一就是让潜在的创新者了解什么会触发新产品的"采用链"。

利乐包装公司革命性的可折叠纸盒包装——利乐佳可以说明实施激进式

创新战略所需的领导才能。这个案例特别有趣，因为它涵盖了从初始概念、创业项目到商业产品和新业务部门创建的 10 年里全面的故事。在这 10 年内，很多管理人员参与项目团队或项目指导小组。一些人加入，一些人由于其他职责而离开，并由具有互补性的新领导者接任。这是技术领袖、业务领袖和行政领袖的组合，在一个不间断的领导力链中共同努力，最终使类别创新成为可能。

2. 利乐新业务的创造：重塑食品罐头

2.1　利乐包装公司：纸盒包装的世界领先者

利乐包装公司成立于 1951 年，得益于类别创新和创新的快速全球商业开发，它在过去半个世纪里稳步发展。利乐包装公司是世界上最大、最成功的包装公司之一，其初创也是基于其瑞典创始人鲁宾·劳辛的一项类别创新。利乐包装公司的历史为愿景主导的创新流程提供了令人信服的例证。

劳辛在包装行业工作，他为自己的愿景——改造 20 世纪 50 年代欧洲盛行的过时的散装牛奶分销系统以适应新兴的大众零售超市——所驱动。这是第一次有人试图通过创造整个产业链的价值，包括从生产者到用户、运输商和零售商，来优化包装。

劳辛的愿景是，相较于包装本身的成本，应该节省更多。因此，他进行系统的搜索、研究合理的容器形状和有效的填充系统。这次搜索、研究引导他发明了第一个四面体纸盒包装，现在被称为利乐经典（Tetra-Classic™）——几年后，利乐砖无处不在。而且几年之后，为他的乳制品客户、零售商和消费者增加价值的愿景，驱动他创造了第一个无菌灌装系统和包装。该创新创造了一个全新的产品门类——UHT[①]牛奶和果汁，它保留了巴氏杀菌类产品的大部分品质，但是保质期更长。几十年来，利乐无菌灌装机和包装成为世界上应用最

[①] Ultra High Temperature treated，是鲜奶处理的一种灭菌工艺，超高温瞬时灭菌，无须在 10℃以下冷藏保存，保质期可达 1~6 个月。

Innovation Leaders

广泛的液体食品包装系统。2006 年，利乐包装公司实现了超过 1 200 亿包的销售量，营业额达 103 亿美元。利乐包装公司在 165 个国家雇用了 2 万名员工，拥有 48 个制造工厂和 19 个研发中心。行业观察者们认为利乐包装公司的创新是真正的突破，因为它们彻底改变了液体食品包装行业，创造了全新的市场。

1991 年，利乐包装公司收购了一家瑞典工业公司——阿法拉伐公司，主要是为了获取其乳制品和食品加工设备和技术。这次收购为该公司——现在被称为利乐拉伐集团——提供了一个进入固体食品包装行业的机会。利乐拉伐食品公司（TLF）成立于 1993 年，是独立的业务部门，毗邻利乐包装公司，为固体食品提供包装和加工解决方案。

2.2 瞄准罐头食品市场（1993—1996）

TLF 的 CEO 尼尔斯·比约克曼和 CTO 斯蒂芬·安德森急于寻找固体食品包装的增长机会。他们在该领域研究了一段时间后，想到了开发一种纸盒来替代流行的金属食品罐。他们认为这是一个几乎没有创新的巨大市场，因此容易受到新技术的干扰。安德森对他们选择的目标市场进行了评论：

> 我们内部对组织内增长非常渴望，因为我们没有任何其他增长的选择。鉴于我们的市场份额非常高，我们无法进行包装公司的收购，所以，罐头食品市场是我们可以追求的最大可能性目标。此外，它是将核心技术扩展到层压板、密封、印刷等领域的一种方式。这是一个全新的领域，不会对我们目前的业务造成威胁。所以，进军罐头市场成为 TLF 新管理团队的首要任务。

2.2.1 启动一个项目来应对挑战

为了保存食品，安德森认为，公司需要从无菌技术范式转向其他方法。干馏纸盒包装是一个可能的选择。但在 120~130℃ 的温度下，将纸盒板放置在加压蒸汽中煮几个小时是一项大胆的工作。然而，在老板的全力支持下，1993

第 8 章
领导全新产品/服务的创造：引领新业务的实际投资人

年 10 月，安德森启动了一个小型的干馏纸盒研发项目。

该项目由两名经验丰富并极有创业精神的工程师合作进行，同时成立了一个小型的项目指导小组进行指导和监督。该指导小组由 TLF 的 CEO 兼行政领袖比约克曼主持，其成员还包括安德森，他担任高级技术领袖，将在一个长期而复杂的项目中进行监管并提供建议。比约克曼记得指导小组最初的主要关注点：

> 该项目的基础是这种新的纸盒包装的经济利益，以及打入一个巨大市场——整个食品市场——的可能性。但项目指导小组的成员在一开始都非常偏向技术。
>
> 我们专注于几个不同的领域。当然，在包装材料开发过程中，我们必须确保我们利用了利乐包装公司的资源；因为我们十分依赖利乐包装公司关于包装材料构成的研发知识。而且我们也必须确保利乐包装公司的包装材料厂可以生产这种包装材料——因为整个想法是利用利乐包装内部的转换结构，并使我们能够在 TLF 获得非常有竞争力的包装材料。
>
> 我们必须确保我们破解了所有的技术难题，也要确保利乐拉伐集团董事会批准这个项目，这个项目慢慢而且肯定会变成 TLF 内最大的开发项目。
>
> 我们得到了所有我们想要的支持吗？获得资源并不困难，但是最初拿到订单并不容易。因为我们将包装项目从利乐包装公司和 TLF 一直专注的无菌加工转变为新的产品——干馏纸盒。这对于我们来说是很大的一步，因为它开辟了新的市场，但也为纸盒包装带来了新的竞争挑战。

2.2.2 与客户一起测试概念

由于项目团队成员都没有商业背景，比约克曼就扮演了高级业务领袖的角色。在对这项技术投入大量时间和金钱之前，他希望了解欧洲最大的罐头客户对它的兴趣程度。所以，项目团队和指导小组的成员开始拜访大型食品罐头厂家。他们向这些厂家解释了他们的概念，并提供了手工包装原型。利乐拉伐集团的领导班子，包括欧洲区域主席博维尔，参与了这些拜访行动。有两家公司早就对新的概念感兴趣：法国家族企业邦迪埃勒公司——欧洲最大的蔬菜罐头公司和雀巢公司。雀巢公司执行领导小组成员、公认的创新领袖鲁珀特·加瑟对该项新技术很感兴趣。

受到罐头厂商普遍的积极反馈的鼓舞，TLF 高级管理人员同意为这项新技术的开发提供资金。这个叫作"初级机器"的东西是在意大利一家小型制造商的帮助下制作的，它包括由瑞典灭菌设备专家提供的一批蒸馏釜。

2.2.3 技术问题的解决和干馏纸盒

第一次蒸馏测试是灾难性的，因为水渗透到彩色打印的包装样品中，使它们变成白色且扭曲，就好像它们在烘干机中烘烤了几个小时。该团队甚至还不了解印刷油墨、包装材料和产品在蒸馏过程中会发生什么反应。这些问题使项目落到一个明显的低点。当时只有四五个人认为项目具有可操作性，包括两位项目小组成员和几位关键的指导小组成员。加瑟及其在雀巢公司的工作人员所表达的暂时的兴趣拯救了这个项目，他们促使项目团队与 TLF 的研发团队密切合作，以解决材料开发的问题。他们的外部委员会和墨水与蒸馏设备供应商也向他们提供了帮助。这种合作取得了成果，最终促生了无可挑剔的干馏纸盒。团队的规模扩大了，研发能力也逐渐提高，并在掌握了所有蒸馏参数的基础上开发出合适的层压材料。

这个项目的第一阶段中最重要的，便是安德森唤起了这个项目的开拓精神：

> 激情、实用主义和现实主义在这个项目中很好地结合在一起，我认为我们始终保持了这两种心态的平衡……对于此项目，我们保持非常积极的态度，但也对其风险进行了客观的衡量，因为在一开始，你必须做很多决策来降低复杂性。我仍然认为，我努力整合两种观点，

第 8 章
领导全新产品/服务的创造：引领新业务的实际投资人

在技术和商业方面保持了良好的平衡。

2.3 重新启动和重新定位项目（1997—2001）

1996 年 1 月，利乐拉伐集团决定重新关注其核心业务，并关闭其 TLF 部门，出清其部分投资组合。几个月来，该项目仍然处于困境。该项目组有 35 名全职人员，他们都急于知道是否需要建立一个完全致力于液体食品包装的新组织。随着比约克曼被任命为利乐包装公司欧洲区的领导者，安德森接管了该项目。他试图保持团队士气，捍卫项目的目标和焦点，这也是一些利乐包装公司的高级管理人员当时质疑的地方。比约克曼放大了雀巢公司对此项目的兴趣，并以此恳求他的 CEO 再给这个项目一年的时间。

2.3.1 确保利乐研发部门将采用甚至改进该项目

该项目在利乐包装公司里寻找归宿，最终自然而然地进入了公司的研发中心。但研发部门的负责人却对在现有状态下和这么多的人一起继续这个项目表示迟疑。他相信他可以帮助发展干馏纸盒的概念，但是他认为在 TLF 系统设想的体系中有一些瑕疵。所以他决定把这个项目带回"前期研究"阶段。他希望团队能够探索比第一台机器中包含的概念更简单的其他选择。作为项目首个技术领袖的安德森，他优雅地屈服了，接受了来自技术同事的挑战：

> 我的目标是挽救该项目！为了实现它，我不会争论技术问题，因为技术背景的人必然会对设计或风险有不同的看法。所以我展现出了很低的姿态，我认为这不是世界的尽头！只要我的同事采用了这个项目，我就不会把这当作有损我声望的事。

2.3.2 使项目团队和项目指导小组参与

项目团队减少到 10 人——如涅槃重生，所以他们为该项目取名为"凤凰"。在一位项目负责人离开利乐包装公司之后，一名新的项目负责人接管了该项目。虽然新的项目负责人曾经是一名工程师，但他也广泛接触了包装业的

183

Innovation Leaders

业务方面。该团队还因为埃里克·林德罗特（公司的第一个业务专员）的加入而加强。林德罗特是该团队的第一个业务领袖，他发起了一系列的市场研究，包括测试消费者和零售商对新纸盒的接受度等，其结果鼓舞人心。

因为比约克曼在利乐包装公司有了新职位，所以他不能再为该团队工作，项目团队便成立了一个新的指导小组。安德森担任指导小组主席，这是与过去的至关重要的联系。像比约克曼一样，博·沃森后来成为集团领导团队的成员。经过一段几乎扼杀项目的动荡期后，该项目的第二位执行领袖加入了委员会。为了保持连贯性，安德森仍留在指导小组中。指导小组的其他成员有利乐包装公司的研发部门负责人——第二高级技术人员——利乐法国的负责人。后者是又一个业务领袖，培育出两个迄今为止最有希望的客户联系人：雀巢公司的法国宠物食品研发中心和位于法国的邦迪埃勒公司的蔬菜总部。指导小组决定每两三个月举行一次会议，审视该项目的商业可行性，并对其技术方面进行监督。

几年后，当比约克曼被问及如何看待退出他已经启动的项目，并将指导小组的主席职位转交给他的高管层的同事时，他说：

> 我从来没有想过放弃一个有潜力的项目。不过，我们必须后退一步。这是原因之一——当然这不是唯一的原因——为什么我退出这个项目，因为到用新目光审视它的时候了。当我们设法把它卖给利乐包装公司时，有一个新的团队来评估它，并检查我们的假设是否正确……我认为随着时间的推移，发展是非常重要的。但这种发展必须是连续性的，因此斯蒂芬·安德森的留守应该被视为具有意义的重要事件。在不同阶段让新人参与进来是件好事，只要这种人员更替不是太频繁。我认为，当你参与这样的项目时，你必须承诺多年的耕耘，否则，你永远不会在不同的决定中获得稳定性。

2.3.3 重新设计系统并启动商业现场测试

为解决剩下的问题，凤凰团队从研发部门获得新的资源，重新评估系统的各个方面。在利乐包装公司材料专家与原材料供应商的协助下,他们在一年之内克服了所有障碍。验证技术之后,团队将系统的组件组装成一台设备——一个新的移动装置——并对其进行了测试。

1996 年底,由于受到先前讨论的鼓励,利乐包装公司的高级管理人员(以博·沃森为代表)开始与雀巢公司(以加瑟为代表)合作开展具体的项目。合作项目的目的在于验证干馏纸盒是否可以用于食品包装。在内部辩论之后,雀巢公司选择了其喜跃猫粮业务,并在意大利开展现场测试。试用协议确定了知识产权的分配方式和所有成本的分担方式;确定了对雀巢公司的专有授权,并为现场测试制定了时间表。雀巢公司的法国宠物食品研发中心此时可以开始产品试验。

到 1998 年中期,法国邦迪埃勒公司也对凤凰团队的干馏纸盒表示了兴趣。凤凰团队很高兴干馏纸盒能够受到第二潜在客户的青睐,因为这证明了它替代罐头包装甚至蔬菜包装的合理性。这种青睐还增强了利乐包装公司继续为该项目提供资金的动力,因为它证明这种新产品拥有第二种不同类型的客户。因此,凤凰团队与法国邦迪埃勒公司合作了一个新项目,并且在选择豆类之前测试了好几种产品。邦迪埃勒公司对被包装的食品的品相和口感的要求非常苛刻,这就需要对包装过程和包装材料进行多次调整,从而延缓了测试。

第二次的合作项目给了管理人员的一个重要的教训:一定要对每个客户都有个性化的要求和流程。因此,在满足客户的质量要求之前,利乐包装公司必须对每种新产品进行广泛的蒸馏测试,这大概会花费一年甚至更长时间。但比较积极的一面是,新的测试结果丰富了数据库,凤凰团队在每种新产品上都看到了他们的知识水平和信任水平的增长。

2.3.4 加强项目组织性和可见性

1997 年,利乐包装公司的高级管理人员开始着手改进创新流程。博·沃森此时已经将其利乐欧洲领导者的职务转交给了比约克曼,自己担任指导小组组长。他相信利乐包装公司将更专业地管理重要的创新项目:任命有经验的

Innovation Leaders

业务领袖来主导每个项目，每个项目在一个高水平的、跨职能的、被全球领导团队中的一员所监管的情况下开展，开展的每个项目都将受到公司的新创新进程的影响，包括一些收费标准。

博·沃森参与了早期关于可折叠纸盒概念可行性的讨论，并且参与了与雀巢公司试用协议的首次商议，他热衷于将自己的新管理哲学应用于凤凰团队。此后不久，利乐包装公司研发部门的负责人离开了公司和指导小组，新任命的CTO、高级管理人员戈兰·哈里逊接替了此人在项目指导小组的职位。随着全球领导团队的两名成员的加入，凤凰团队受到高管层的关注；当团队人员配备和投资升级时，高管层会给予优待。

博·沃森十分相信团队所开展的凤凰项目，打算迅速把它变成一个真正的商业项目。他认为，这个项目需要一个资深的业务领袖来带头。1999年，他聘请了利乐瑞典公司总经理乔金·罗森格伦兼任该项目的总经理，从而使项目经理能够集中力量进行技术开发。项目团队希望有一个真正的商人带头，并开始在研发中建立自己的地位。在这段时间里，博·沃森开始试图将项目团队从研发中心剥离出来，成为一个独立的业务部门。

对于在他领导下发生的所有变化，博·沃森说：

> 在我们创建项目指导小组时，该指导小组真的帮助项目团队做出了一些重要的决定。项目团队有一张工作时间表和一张预算表——如果我没记错的话，那张预算表会在5年之内延用下去。但在设定的框架之外，还有很多方面需要决策，如供应商、客户、材料等。我们帮助项目团队对所有这些问题做出决定。
>
> 后来，我们改变了项目指导小组的职能，使其成为指导委员会。我们不得不处理自己的议程，并将自己的业务决策付诸实施。
>
> 那时，利乐瑞典公司的总经理乔金·罗森格伦在处理自己本职工作的同时对项目团队负责。我希望他像管理自己的公司一样承担起对这个项目的责任。这本身并不容易，因为以前没有这样过做过。当

然，这个大型研发机构也对该做法抱有疑问——他们认为现在还为时过早。但是我希望他们能拥有自己的损益账户，这样他们会知道他们花费了多少资源。而且我希望他们还拥有资产负债表，因为我们开始非常关心供应商所拥有的机器不同部件的库存数。回想起来，我想，这是项目团队的一个非常重要的关头，因为突然间他们不仅是一个由 70 多人组成的团队，而且是利乐佳的人；或者说他们正在成为利乐佳团队的一员。虽然他们当时还被称为凤凰团队，但他们突然间有了自己的身份。

博·沃森还热衷于提升项目在最高管理层和公司董事会的知名度。

当乔金·罗森格伦进入指导委员会之后，我们开始为项目建立一个回归路线图，并计算盈亏平衡点。我们预计宣传该项目将花费数百亿瑞典克朗。对这么巨额的投资，我并不感到惊讶，但我知道有必要告知那些参与进来的人我们花费了多少钱，我也想让我们全球领导团队的其他成员意识到这一点。如果能获得他们的支持，也就能获得全公司（利乐拉伐集团的业主/股东）的支持。

2.4 将项目商业化（2001 年起）

2.4.1 开始实际的现场测试并筹备商业化

到 2000 年 1 月，利乐包装公司已经与雀巢公司的喜跃品牌签署了一项针对在意大利新推出的高价狗粮的现场测试协议。到 2000 年年中，利乐包装公司与法国邦迪埃勒公司签署了一项针对食品类的现场测试协议，巧合的是，此现场测试也在意大利进行。两份测试合同加强了管理层对凤凰团队概念的商业可行性的信心。现在是从项目模式转向业务模式的时候了。

第一步是为新产品设计专有品牌。利乐佳在 2000 年被选中时，凤凰团队仍然是研发部门的一部分，也相应地进行了名字的变更。第二步是完善乔金·罗森格伦加入团队时发起的盈亏平衡计算方式和回报计算方式。当年销售量达到 10 亿包时，就会出现盈亏平衡。假设有四五个大批量的客户签约，这个数字将在 2005 年实现。

2.4.2 建立新公司：利乐佳 AB

关于将凤凰团队拆分成新业务部门的讨论愈演愈烈，管理层最终决定，在 2001 年 1 月之前成立一家完全独立的全资公司——利乐佳 AB。将公司研发中心的大型项目团队转变成独立的业务部门，这不是一项容易的任务，特别是当研发部门必须继续参与该项目的材料开发过程时。因此，管理层任命哈里森为新利乐佳的直接主管。作为 CTO，哈里森领导公司的研发部门；因此，他能维持两个部门之间的平衡，并促进它们的合作。

曾担任项目指导小组组长的博·沃森及其高层同事认为，新部门应该有自己的业务经理。乔金·罗森格伦开始为利乐佳寻找新总经理。项目指导小组考虑是否应该找熟悉食品行业的外部人士管理利乐佳。但利乐包装公司在招聘外部高级职位方面的经验相对较少。此外，管理层希望利乐佳充分利用利乐包装公司的技术、生产和业务能力及相关资源。最后，博·沃森选择了扬·尤尔·拉森，一位经验丰富的高级经理：

> 最后，我还是想要一个利乐包装公司内部培养的人。我知道扬·尤尔·拉森，他是利乐中国台湾分公司的总经理，曾向我汇报过。他已经被证明拥有领导才能，非常专注，并且乐于接受挑战。我们可以随时把门类知识从外部带入组织内部。

2001 年 5 月，在拉森到隆德接管新的利乐佳前，喜跃品牌在意大利开始了现场测试。新产品迅速被零售商和消费者接受；初步的消费者测试显示，利乐佳在大多数关键属性上都击败了传统罐头包装。

2.4.3 发展利乐佳的组织和业务

当扬·尤尔·拉森于 2001 年 7 月接管利乐佳时，他首先担忧的是建立一

第8章
领导全新产品/服务的创造：引领新业务的实际投资人

个专业的商业组织，并建立适当的管理流程。

在我接管时，利乐佳有50名员工。指导小组常常参与业务决策，他们因此感觉到所有权！但是，当所有决策都需要经过一个指导小组会议时，你会发现无法开展业务。我们需要获得管理的自由，并让利乐佳开始作为一个正常的业务部门去运作。然而，这个项目非常大，所以我们需要保持高度的高层管理可见性及其支持。利乐佳AB已经成立为法人单位，所以我建议为它建立董事会。

博·沃森接纳了拉森的建议。项目指导小组取消了以前每两个月举行一次的会议。利乐佳AB的董事会有4名成员，其中3名来自利乐包装公司的领导团队。博·沃森（当时是亚太地区负责人）担任新董事会的主席，参与季度会议；哈里森成为拉森的顶头上司，帮助他成立了自己的组织。利乐包装公司的所有人员都接受了董事会的建立。雀巢公司和法国邦迪埃勒公司也十分认可此做法，它们将其视为利乐包装公司管理层承诺的另一个标志。拉森被授予与客户签订新合同的权利。

拉森意识到，他需要把他的团队全部集中在两个现场测试和新客户的增加上。尽管该项目的现场测试效果非常好，喜跃品牌的市场份额也在不断增加，但遗憾的是，雀巢公司改变了其宠物食品业务的策略，同时购买了罗尔斯顿·普里纳公司。这对利乐佳是一个打击。但幸运的是，利乐佳有了第二个测试客户：法国邦迪埃勒公司。

在试图解决技术问题和让现场测试客户满意的同时，拉森也在努力建立一个专业的组织。他认为，新的组织同时需要内部人士和外部人士——内部人士十分了解利乐包装公司，外部人士十分了解食品行业。他的董事会负责内外人士的招聘，所以这个组织的核心便开始形成。

拉森意识到，高级管理人员虽然完全支持利乐佳AB，但希望他能够尽快做出成绩。他知道自己面对4大挑战。

- 选择目标客户群：利乐佳应选择像雀巢公司那样的跨国公司，还是像邦迪埃勒公司这样的区域罐头包装商？还是"非罐头主义者"？还是三者结合？
- 制定产品开发策略：考虑到竞争对手进入市场的可能性，利乐佳何时开始扩张产品渠道——开发新系统和包装规格——以及应如何组合其开发重点？
- 选择营销方式：什么样的营销方式可以保证利乐佳在利用利乐包装公司强大的营销部门的同时，保持自己对业务的控制权？利乐佳在营销和销售中应该掌握多少控制权？
- 加快盈利进程：什么营销策略和销售方式可以促使客户尽快作出决策，从而更快达到盈亏平衡？利乐佳如何降低客户的风险，并引导他们转向新系统？

截至 2004 年年底，随着几个新客户的增加，利乐包装公司全球领导团队以谨慎的乐观态度看待利乐佳。利乐佳 AB 在欧洲和美国获得了为数众多的新客户。业务正在起飞，其重点已是实现国际市场上的增长。为了反映这一变化，直接责任从利乐佳董事会中再次转移，从 CTO 哈里森转移到全球营销和业务发展负责人亚历克斯·阿纳维亚。经过 11 年的努力，利乐包装公司的领导者将愿景变成现实，将一个非常不确定的项目变成一个准备充分、强力起飞的业务。他们即将实现他们最初的梦想，即罐头行业的革命。

2.5 吸取教训

当被问及他是否预料到在项目启动之后要花费很长时间才能取得成果时，比约克曼回答说：

> 没有预料到！我完全没有想到需要这么长时间。当我们真正完全投入这个项目时，这个项目已经开展 7 年了。

第8章
领导全新产品/服务的创造：引领新业务的实际投资人

博·沃森当时在比约克曼的身边，他总结了多年来担任指导小组组长的主要感想：

> 我认为你必须自己确定真正让你信服的该项目可以成功的因素。我认为，在利乐佳中，这种因素有两个。第一个是成本效益，即利乐佳在确保独立的基础上，具有成本上的竞争力；第二个是从消费者方面来看，利乐佳有很多有趣的特征。这是我们一直确信的两点。这有时候也会对其他项目团队成员形成刺激，因为我们花了相当多的时间，特别是在早期的研发过程中，来讨论这两个基本点。
>
> 我们很快发现，其中一个基本上偏移了其焦点后，引入许多的新变量突然变得更加重要。但是，在这种情况下，要真正回归这两个因素，就要向大家灌输并使他们意识到没有什么会改变董事会对成本竞争力的决心。我们可以有10个有趣的特征，但是我们仍然需要控制成本。我认为这是我学到的非常非常有用的东西。有时我会想，也许我们可以在成本上妥协。但是我们从来没有妥协过！

3. 在创造新业务中提升领导力

3.1 利乐佳：领导力链的现实案例

利乐佳的案例说明了领导力链的力量。尽管一些领袖在不同时期进入和退出该项目，但是该项目十多年以来没有在领导力层面上中断过。其中一位领袖——斯蒂芬·安德森实际上一直留在项目中，并使该项目保持持续发展态势，特别是当外部企业重组威胁到其生存时。在领导力链中，不同类型的链条会交织在一起——具有互补性的技术领袖、业务领袖和行政领袖——这增强了项目对外界干扰的抵抗力。

反思利乐佳的领导力为何如此有效，安德森总结了一些因素。

Innovation Leaders

第一，领导力链的连续性非常重要。你必须确保，即使项目指导小组成员在公司的职位发生了变化，他们也不退出项目指导小组。

第二，项目指导小组的规模很重要。项目指导小组只需四五个人，一旦超出该规模，小组就会变得很复杂；人们会代表各自利益并开始派代表来参会。而你希望所有参与者都对此项目富有个人责任感和热情。

第三，项目指导小组成员需把项目的利益放在其他任何个人议程或组织利益之前，他们还应该注意保持两者的平衡——增加团队的具体价值和指导、控制团队。

第四，确保项目指导小组中没有自大的成员，因为他们会成为绊脚石。例如，不给项目负责人自由，阻碍团队成员的发展，骄傲于自己当前所取得的成就。在我们的项目中，个人之间没有任何形式的竞争，大家都把项目的利益放在首位。

第五，确保组织团队建设活动，并鼓励项目指导小组成员之间以及项目组之间的良好的个人关系。

本章前面提到的雀巢公司的 Nesspresso™ 咖啡机系统的案例提供了一个非常类似的领导力链模式，无论是在指导小组层面，还是在项目中，以及在商业组织的早期阶段。还有很多其他类似的长周期创新项目的例子。这就是为什么进一步开展深入研究是有趣的，这也有助于我们理解为什么需要领导力链。在创新性项目的发展进程中，从最初的创意到最终的商品，领导力应该如何改变？在项目的各个阶段，不同领导者的重点应该是什么？

3.2 业务创新的不同阶段

从业务领导力的角度来看，像利乐包装公司的可折叠纸盒包装这样的创新项目，从初始创意到业务的稳定增长，经历了3个阶段，如图8-2所示。

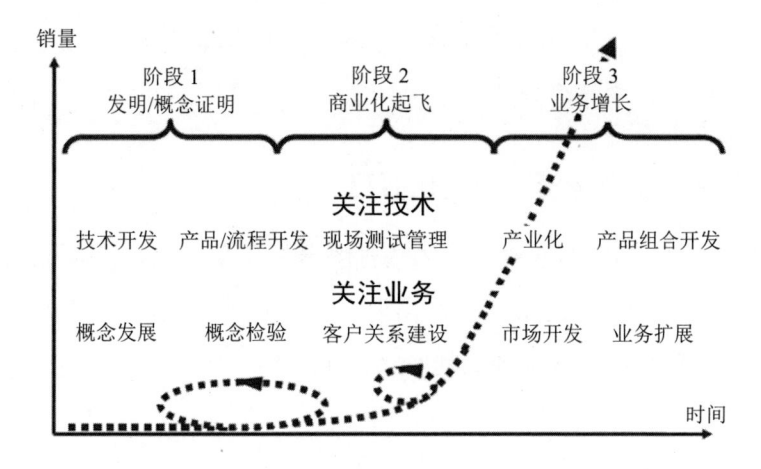

第 8 章
领导全新产品/服务的创造：引领新业务的实际投资人

图 8-2 业务创新的发展阶段

- 发明/概念证明阶段。在该阶段，基础技术和新产品得以开发，并被证明有效性。在这个阶段，领导者需要提供最初始的愿景，在团队开展的创造性的解决问题的过程中给予鼓励和支持。

- 商业化起飞阶段。该阶段从团队建立第一个商业客户关系开始。在这个阶段，领导者需要对项目团队进行挑战和指导，在项目成果变成产品面市之前对其进行调整和测试。

- 业务增长阶段。该阶段伴随着项目从项目模式转向业务模式，是业务增长的一个阶段。在这最后一个阶段，领导者需要建立一个运作良好的组织，并建立一系列基础设施，以在早期增长阶段实现业务转换，并为其长期发展做好准备。

对于利乐佳来说，第一阶段从 1993 年秋季开始——这是初始技术开发项目的启动期——直到 1997 年新系统被验证。像一般技术开发项目经常发生的那样，这一阶段并不是没有停顿和反复。这其中最显著的例子是当 TLF 被放入利乐包装公司的研发部门时，对产品架构所开展的重新思考（通过在前期研究阶段重启项目）。第二阶段从 1997 年春天到 2001 年春天，当时第一个雀巢——喜跃包装被出售，利乐佳在扬·尤尔·拉森的领导下成立为一个独立的业务部门。第二阶段根据现场测试的结果调整了产品，但这种调整比第一阶段的重

193

要性要小。第三阶段从 2001 年开始，利乐佳处于早期增长阶段，开发了几个新客户，并开发了产品组合。

3.3 技术领袖和业务领袖的变化概况

如前所述，创新需要 3 种类型的领袖的参与和个人承诺。像利乐佳这样的业务创新项目，会持续很长的时间，通常这些领袖的贡献需要随着时间而改变，对于高级技术领袖和业务领袖尤其如此，如图 8-3 所示。

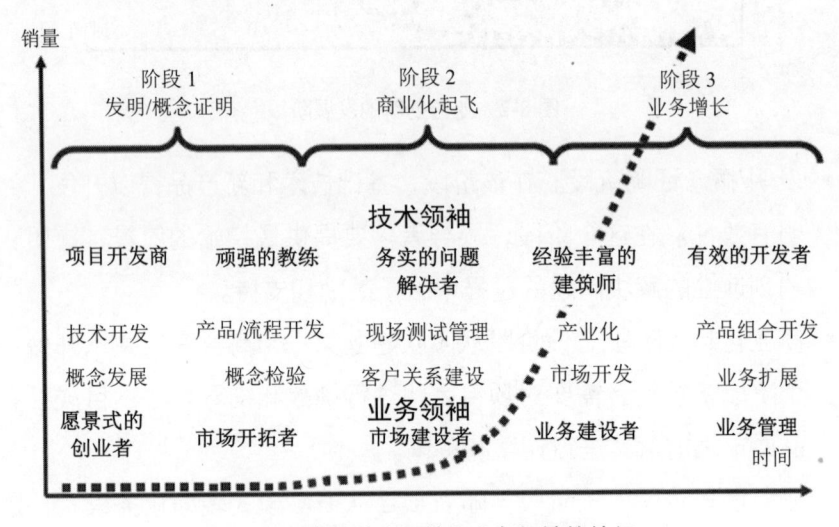

	阶段 1 发明/概念证明		阶段 2 商业化起飞		阶段 3 业务增长
		技术领袖			
项目开发商	顽强的教练	务实的问题 解决者		经验丰富的 建筑师	有效的开发者
技术开发 概念发展	产品/流程开发 概念检验	现场测试管理 客户关系建设		产业化 市场开发	产品组合开发 业务扩展
		业务领袖			
愿景式的 创业者	市场开拓者	市场建设者		业务建设者	业务管理

图 8-3 所需的技术领袖和业务领袖的特征

3.3.1 第一阶段的领袖的必要条件：具有持久性的适应能力

在第一阶段，业务创新项目侧重于展示新产品概念的技术可行性和市场吸引力。这要求项目的技术领袖和业务领袖拥有以下能力：可实现的创造力、有远见的创业精神、有探索和实验的智慧和意愿。一些学者创造了"具有持久性的适应能力"这一术语，以表述一种克服错误的计算和失误，并利用超出专业领域的偶然事件的能力。持久性是克服沮丧的理想方法。持久性也意味着对新方法的不懈探索——对技术解决方案或目标市场——当某方法被证明是没有前途的。但领导者必须具有适应能力，而不仅仅是坚持不懈，还需要面对现实不断调整自己的选择，从而可以从中学习。

第一位技术领袖斯蒂芬·安德森充分展示了这种能力——尽管有不确定性，但他仍然坚持支持该项目。他的领导尼尔斯·比约克曼，在早期阶段扮演了业务领袖和行政领袖的双重角色。第二位高级技术领袖——利乐包装公司研发部门负责人，此时该项目已经转移到研发部门——在关键时刻强化了技术领导力链。通过展示所选技术解决方案的局限性，他为项目指导小组带来新的技术视野。然后他说服了他的同事们对产品架构进行反思。回想起来，这个决定虽然推迟了这个项目，但实际上挽救了它，因为新的技术平台比以前的技术平台更具竞争力。安德森的信用使他认识到并同意重新开始。

3.3.2　第二阶段的领袖的必要条件：务实并快速学习

在第一阶段，项目团队的任务是证明该技术在实验室中可行，以及产品概念对目标市场具有吸引力。第二阶段面对的才是真正的挑战，即项目团队面对市场的现实。这个阶段需要技术团队及其领袖务实的学习能力和问题解决能力。它还要求建立稳固的客户关系并在商业方面建立业务的能力。

在利乐佳的例子中，第二阶段以 3 个渐进的步骤逐步强化了业务领导力链。第一，经验丰富的项目负责人的到来；第二，埃里克·林德罗特的营销资源的进入；第三，高级业务领袖乔金·罗森格伦的任命。当这个项目的业务领导层的后期强化原因被质疑时，利乐包装公司的高级管理人员给出了两个理由。一方面，他们声称第一阶段主要集中在技术开发上，该项目仍然不太确定，无法让客户接受并开始现场测试；另一方面，他们强调，业务领袖比约克曼和他的继任者沃森能够争取高级管理人员的帮助，去开展初步客户拜访活动。

3.3.3　第三阶段的领袖的必要条件：拥有灵活性的专业精神

最后一个阶段开始于将研发项目转变为商业业务时。无论是公司内一个新的部门，还是被剥离为有自己的管理体系的独立的实体，新业务需要建立适当的功能组织，获得组织资源，制订业务目标计划。新部门及其领导者需要建立正确的业务流程。但是，业务流程必须保持灵活性，以适应意想不到的客户需求或竞争对手的反应。

在大多数情况下，这种转变需要业务层面上领导层的重大变化。项目负责

Innovation Leaders

人可能确实缺乏管理快速发展的组织和建立适当的业务基础设施的经验。必须在技术层面上进行变革，因为研发资源和流程支持快速的市场增长。利乐包装公司以两种方式认识到这一必要的突变：（1）在有经验的商业领导者扬·尤尔·拉森的领导下，干馏纸盒项目作为独立公司——利乐佳 AB 得以建立；（2）聘请有经验的技术经理继续开发产品组合。

3.4 行政领袖职能的演变

在项目过程中，如果技术领袖和业务领袖的重视程度和特征会发生变化，行政领袖，作为高层次的"教父"和创业者的角色，也会发生变化。请记住，我们将行政领袖定义为高层管理团队的创新项目的投资人和保护者，或者按 3M 公司前任 CEO 刘易斯·莱尔的话来说：追随梦想的同事们的追随者。领袖的职能是代表和保护项目，不仅针对高层管理团队，还针对外部利益相关者。以下两方可以是利益相关者：利乐包装公司的所有者，管理层定期向其汇报信息；知道并支持利乐佳，在公司中拥有既得利益的金融分析师或机构。

正如之前强调的那样，由于许多创新项目未成功推向市场，所以成为行政领袖需要极大的勇气，并且支持新的项目也冒着声誉受损的风险。这一切都暴露给了高层管理团队的同事，特别是那些安逸的而不会自愿作为创新者的人。事实成形很久之后，后者可能会因缺乏对失败项目的支持者的判断而在暗中给以暗示。然而，行政领袖在创业的整个生命周期中都发挥了重要作用，如图 8-4 所示，他们的职能随着每个阶段的变化而变化。

3.4.1 第一阶段的执行领袖：培育投资人

在第一阶段，执行领袖的主要任务是作为项目的主要投资人，使高级管理人员接受项目。行政领袖的职能与风险投资家和电影制片人不同。他会：

（1）澄清和沟通他对机会的看法；

（2）将愿景和项目兜售给高级管理人员；

（3）在人才和现金方面有可靠的资源；

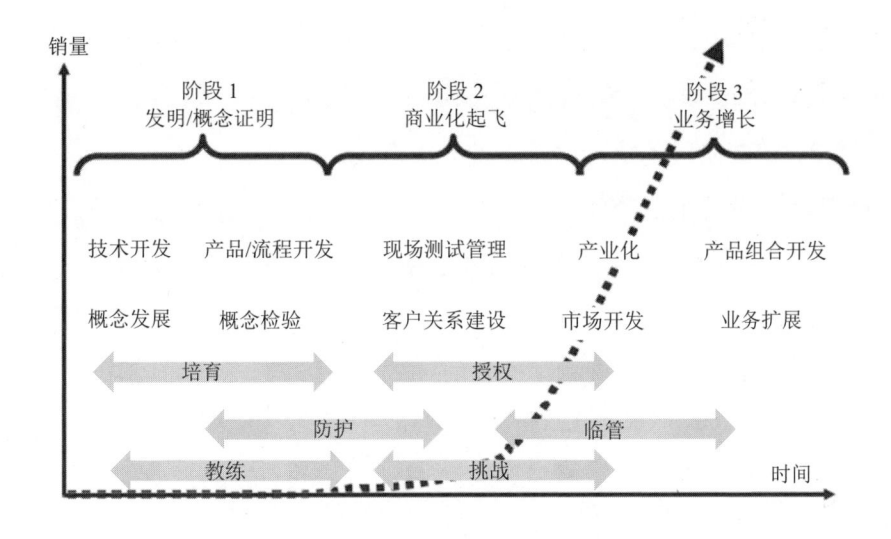

图 8-4　行政领袖职能的演变

（4）组建最好的团队来完成任务；

（5）瞄准最有吸引力和最容易占领的市场；

（6）帮助团队绕过第一重内部的和外部的障碍。

如前所述，第一阶段的执行领袖也将担任团队的"剑"和"盾"。比约克曼，作为 TLF 的 CEO，是干馏纸盒项目的唯一的行政领袖。他的贡献更多的是教练而不是防护，因为 TLF 是一个独立于利乐包装公司的相对较小的组织，他 CEO 的地位保证了新项目较少受到外界干扰。

投资和支持创新项目并不意味着只是给项目团队一张空白支票。在早期阶段，行政领袖需要挑战项目团队。他们的第一重点应该是风险管理，要求项目团队证明其假设，并采取专业的方法来解决所有的项目不确定性。在一些公司中，执行领袖通常会在令人满意地通过项目审查的前提下获得资助。这通常与为减少不确定性水平而采取的具体行动有关。随着项目从技术开发转变为商业业务，管理挑战的性质和水平将会提高。行政领袖自然会想让别人挑战项目团队，最好的办法就是建立一个高水平和跨职能的项目指导小组，这在利乐佳项目中可以找到佐证。在某些情况下，如新项目是开发或应用全新技术的高风险项目，指导小组可以设立专门的"设计审查小组"，这种小组由为团队提供建议和挑战的内部和外部技术专家组成。

3.4.2 第二阶段的执行领袖：挑战投资人

随着项目进入第二阶段——商业化起飞阶段——行政领袖的职能将发生变化。教练和防护至关重要，至少在第二阶段的早期阶段，但挑战会变得越来越激烈。随着团队管理层压力的上升——一般要求快速面市并取得成效——自主权和授权水平也开始由其领导者决定。在利乐佳案例中，新任命的行政总裁博·沃森在引进经验丰富的高级商业领袖乔金·罗森格伦领导该项目时，强调了这一转变。逐渐地，随着项目越来越像企业，行政总裁的主动教练职能往往变得更弱，转而变成授权和监督的角色。

3.4.3 第三阶段的行政领袖：授权和监管投资人

第三阶段通常以项目从研发项目向商业业务转型为标志。行政领袖的第一个职能是确定这种转型的正确时机。转型时机通常受以下几个因素的限制。

（1）在某些情况下，在研发部门内保留一个非常大的项目团队将会显得不合适。研发部门的管理人员可能反对在技术和产品开发阶段之后，还为大型团队提供场地和资金的支持。

（2）转型时机也可以由业务前景决定——团队是否即将进入商业运作——以及管理层信任的业务领导者的可得性。

企业孵化器的存在与研发密切相关，这可能有助于从项目到业务的过渡。如果企业孵化器存在，项目通常会在第一阶段结束，通过"行/不行"关键点之后，从研发阶段转入孵化器阶段。在孵化器中，他们将被鼓励发展自主权和商业意识。然后，当满足所有业务和领导条件时，可以更加顺利地开展从孵化项目到独立业务部门的转变。

随着项目的结构和身份发生变化，行政领袖的职能也发生变化——从教练到赋权，最后到监督。在利乐佳案例中，当扬·尤尔·拉森被任命管理利乐佳AB时，这种转变就发生了。博·沃森将他担任组长的指导小组转变为利乐佳

AB 的监事会，利乐佳 AB 是为新业务而设立的新公司。这不仅仅是外部名称的变化；这意味着日常问题将由新公司的管理团队处理，不再由项目指导小组处理。利乐佳董事会将成为一家正式的公司董事会，尽管它更像一家初创企业的董事会——随时准备给予帮助和指导——而不是一家成熟公司的董事会。

3.5 项目指导小组或董事会的重要性

技术领袖、业务领袖和行政领袖的理想领导才能在从概念到业务的项目过程中发生了很大的变化，而人们通常只关注同一个人如何依次处理所有阶段的不同任务。保持任用同一个领袖团队，可能导致人才的次优化，而忽视其需要长期承诺这一事实。事实上，一些领袖可能会感觉他们比其他领袖更容易承担某些职能。每个阶段的领导班子在不断变化，以提供项目各阶段需要的领导力——当然可能也不是理想的。这可能会导致领导层丧失连续性，因为在分阶段逐步替换的过程中，可能会浪费知识和经验。维持新项目领导层的连续性的解决方案是争取几位领袖的加入，并要确保，如果有人离开，他们的任期在一定程度上是重叠的。

实现这种连续性的最佳机制是项目指导小组或董事会。正如尽管时不时会有最高领导者的变动，公司监事会还是能够持续地向公司管理层提供多学科治理和指导，项目指导小组也可以做到这一点。因此，项目指导小组成员的选择以及他们加入和离开集团的方式是管理新的商业企业的关键成功因素。这可能是可以从利乐佳案例中得到的最重要的启示。项目指导小组集合了技术领袖、业务领袖和行政领袖，他们施展领导才能，将创新变成企业现实。

如图 8-5 所示，项目指导小组的性质和重点需要随项目进展一起变化。在第一阶段——发明/概念证明阶段——项目团队成员的数量通常会受到限制，这同样适用于项目指导小组。尽管次数不多，但项目指导小组可以参与日常项目活动和决策，从而在技术上或业务上指导项目。利乐包装公司的安德森将项目指导小组在早期阶段的职能比作"执行者"，而不是后阶段的"咨询、指导和控制的职能"。小而非常活跃的项目指导小组,更善于非正式地工作,而不是根据正式的日程表的安排来解决所出现的问题。

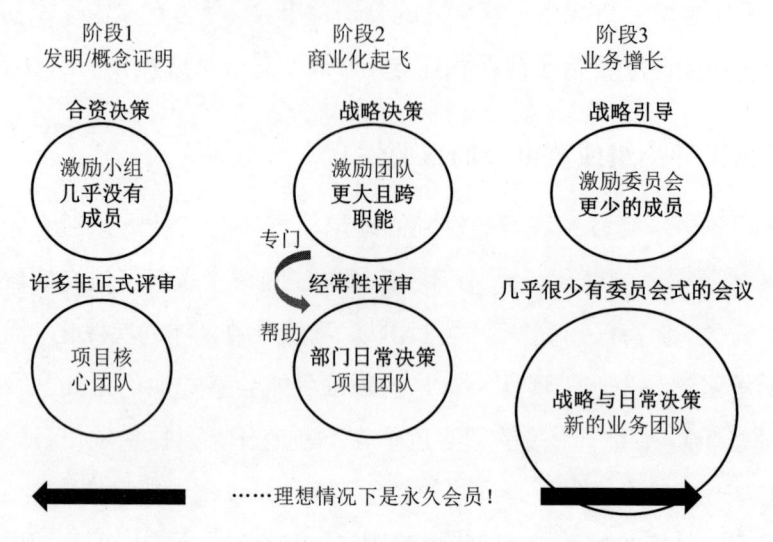

阶段1　发明/概念证明
合资决策
激励小组 几乎没有成员
许多非正式评审
项目核心团队

阶段2　商业化起飞
战略决策
激励团队 更大且跨职能
专门
经常性评审
帮助
部门日常决策 项目团队

阶段3　业务增长
战略引导
激励委员会 更少的成员
几乎很少有委员会式的会议
战略与日常决策 新的业务团队

……理想情况下是永久会员!

图 8-5　项目指导小组的职能随项目进展的演变

随着项目进入第二阶段——商业化起飞阶段,项目团队一般需要大力加强。项目指导小组的职能应该是吸引以商业为导向的领导者来支持建立客户关系。相比第一阶段亲自参与日常活动的项目指导小组,更大的和跨职能的项目指导小组可以以更加正式的形式运作。它将经常进行审查,但这种审查将围绕重要的项目议程进行安排,其重点将放在战略决策上,而不是日常的项目运作上。项目指导小组"执行者"职能将会减少——仅适用于项目团队寻求帮助的特别要求时,其"咨询、指导和控制的职能"将进一步凸显。

随着项目进入第三阶段——业务增长阶段,项目指导小组的性质和功能通常会显著改变,项目团队成为新的业务管理团队的核心。项目指导小组通常将成为"指导委员会",对管理团队起着监督作用。在指导委员会的整体指导下,战略决策一般会转交给管理层,此时评审较少,而更专注于业务进展。在很多方面,即使新业务没有被剥离为独立的实体,其指导委员会也将像董事会一样运作。

第 8 章
领导全新产品/服务的创造:引领新业务的实际投资人

总之,高级管理人员要充分重视对长周期创新项目的指导。这意味着要了解如何使其项目实现从第一阶段到第三阶段的演变,并确保正确的领导者在正确的时间参与进来,同时保持最大限度的领导层连续性。

高级管理人员应该认识到,参与项目指导小组和指导委员会与参与子公司的董事会一样重要。参与创新导向机制一项关键的任务是,所有高级管理人员把它作为其创新领导力任务的一部分。从这种承担中可以获得 4 个方面的好处。

(1)分担问责,减轻面临严肃的"做/不做"决策的个别行政机构的负担。

(2)集体领导,提高项目评估和业务决策的质量。

(3)高层管理团队和利益相关者持续开放沟通,因为每个人都将以某种方式参与关键项目。

(4)领导层的连续性,尽管指导小组成员不可避免地会发生变化。

下一章还将讨论激进式创新,但这次与合作伙伴一起更多关注新的业务系统或商业模式。正如我们将看到的那样,这种推动力需要完全不同的创新领导者。

201

第 9 章

领导全新业务系统/商业模式的创造：有远见且务实的建筑师

> 总是将一个产品的设计放在一个更大的环境中来考虑：房间里的椅子，房子里的房间，环境中的房子，城市规划中的环境。
>
> ——传奇建筑师 埃利尔·沙里宁

在通用定义中，"业务系统"描述了一些企业如何在其行业供应链中开展合作（有时进行竞争）——供应商、制造商/中间商或服务提供商、"补充者"和分销商之间。他们整合资源，以向客户或消费者提供一系列产品或服务。同样，"商业模式"反映了公司如何组织其业务、如何利用其供应商和外包合作伙伴以将产品推入市场，以及如何对其产品或服务进行定价并从中获利。

在第 6 章中，我提出将这两个术语结合，来描述结合产品和服务的突破式创新。这些创新是一个"系统"的组成部分，它们源于其行业价值链之间的多个合作伙伴之间的特殊联盟，其中每个合作伙伴提供了最终系统的一部分，但是通常它们还包含一种原始的商业模式因素。这是本章将使用和说明的定义，我将把由此产生的产品称为"系统"。

构想、开发和实施全新的业务系统或商业模式可以说是最复杂的创新活动之一，特别是当成功与否取决于外部合作伙伴的贡献时。这也是成功和盈利所

第9章
领导全新业务系统/商业模式的创造：有远见且务实的建筑师

需的时间相当长的原因。客户的采用时间总是比预期的要长，这要求创新者对于收回成本的耐心。成功通常发生在10年以上的投入之后。我们倾向于欣赏像亚马逊这样的"电子零售商"的市场成功，但是经常忘记它曾经有过数十个闻名的失败——这些失败都标志着电子商务的早期发展特征。成功来临时，它依然难以捉摸和脆弱。技术或环境的变化和竞争压力通常要求我们频繁地重新评估系统或模式的假设的有效性。即使像迈克尔·戴尔这样著名的商业模式创新者，也会在其成功经验不适用时受到打击。

毫无疑问，所有类型的突破式创新都天生具有不确定性和实现成功的长期性。实际上，如第8章所示，大多数创造全新产品或服务的尝试——当它们不会导致彻底的失败时——的特点是启动的时间很长。但是，全新业务系统或商业模式的构想、开发和实施还有另一个不确定因素，即需要与其他公司合作，将业务系统的关键组件推向市场，并使新的商业模式成为可能。

第6章所述的现金箱的案例说明了这种复杂性。尽管独特的产品特性和潜在的有吸引力的收益对价值链中所有行为者都利好（零售商、安保公司、保险公司和银行），它却无法被推入市场。现金箱的成功取决于几个利益相关者的贡献，即它们愿意在没有任何担保的情况下承担风险，并提供业务系统的关键组成部分（补充设备）或要素（较低的保险费）。如何向这些合作伙伴说明这种业务系统有利于它们的利益，并说服和激励它们冒险开发并使用这种业务系统？如果业务系统中一个元素缺失或较晚出现，该业务系统就无法将其应有的价值提供给客户，创新就失去了根基。

为了避免这种风险，新业务系统或商业模式的创新者通常需要保持对其最终系统或模式的完全控制权。他们试图与其系统补充者建立客户—供应商关系。但即使这样做，他们最终还是依赖于合作伙伴的合作意愿和能力。因此，这种类型的创新只有在为合作链条中的所有合作伙伴创造"集体共赢"的结果时才能成功。只有当新的业务系统或商业模式的发起者愿意重新评估合作伙伴关系时，这种合作关系才能变得可持续——因为市场环境和竞争条件发生变化，原来的共赢主张也会发生变化。

1. 创新领导者是有远见且务实的建筑师

领导业务系统/商业模式的创新的创新领导者需要具备以下 3 个方面的领导素质。

- 想象力。创新领导者需要构想满足未被满足或潜在需求的全新方式，或为客户和公司需要的附加值和利益完成特别繁重的工作。我将这种想象力描述为描绘愿景的能力——构想可能是什么，而不是现在是什么，以及其实现的条件。
- 说服力。创新领导者需要向外部合作伙伴和补充者分享他们的愿景，并在伙伴关系讨论中保持原有系统的完整性。我将这种说服力描述为合伙人的能力——既能感知合作项目中各方的角色，又能建设一种双赢主张。
- 务实性。创新领导者需要知道如何才能使新的业务系统/商业模式发挥作用、引导项目走向正确的方向，并且正确地安排所有的实施步骤。我将这种能力描述为总体规划的能力——知道如何将各种系统组件配合在一起，组织顺利实施。

在建立一个全新的业务系统/商业模式中，想象力、说服力和务实性是一个有远见且务实的建筑师的品质。

1.1 在多个方面同时设立愿景

愿景型建筑师，如理查德·巴克明斯特·富勒——建立了著名的"生物圈"（1967 年蒙特利尔世博会美国馆）——通过突破现行的对于形式和功能的观念以重塑全新的创意来创新。他们通常为对高效的功能性和经济性的追求所驱动。

突破式的业务系统/商业模式的创新者——如有远见的建筑师——会跳出

第 9 章
领导全新业务系统/商业模式的创造：有远见且务实的建筑师

固定思维，构造宏大的梦想。他们会有意识地为大多数人没有意识到或尚未经历过的问题创造解决方案。他们设想各种提供价值的方式，通过为他们的产品和服务组织一个新的业务系统，通过独特的商业模式来征集供应商和合作伙伴，并对它们进行排序。美国西南航空公司的赫伯·凯勒尔和欧洲瑞安航空公司的迈克尔·奥利瑞都敢于反思其定价方式。迈克尔·戴尔认为，可以通过电话或网络远程订购电脑，从而使零售店的重要性降低（至少在一定程度上）。亚马逊的杰夫·贝佐斯推测，人们更愿意在用户友好的网站上浏览和订购图书、音像制品和其他商品。而 TiVo 公司的迈克尔·拉姆齐和吉姆·巴顿，正如我在本章稍后解释的那样，梦想着改变人们接收和观看电视节目的方式。像有远见的建筑师一样，这些创新领导者不止提供新的产品或服务，他们敢于提出一个新的业务系统/商业模式，从而大大地提升客户的体验。

业务系统/商业模式的创新者，如建筑师，会从空间和时间上考虑。他们的远见与天赋有几种形式。

首先，他们会建立一种心理因素，针对如何用结合了多种产品和服务的全新而有吸引力的业务系统，彻底改变目前客户不满意的体验。他们设想他们可能提供的服务——至少是相对于现有服务的突破性可替代方案。他们可以想象出业务系统将如何工作，以及一旦这是可行的，其哪些功能会让客户惊叹。当然，这种构想将随着时间的推移而演变，但是这第一个愿景通常足以让供应商、合作伙伴和补充者感兴趣并愿意探索合作的机会。

其次，他们似乎有一种不可思议的能力，知道如何使其新的业务系统成为可能。他们清楚地知道自己的业务系统缺失和需要补充的部分，以及了解谁是最有可能来帮助实现这一目标的合作伙伴。他们知道要顺利地推出新业务系统，要如何将这些部分整合在一起。

最后，他们建立了一个如何随着时间的推移来改变其概念的愿景，想象他们如何优化和增加功能来扩大其业务系统的吸引力，从而领先于竞争对手。他们希望他们的概念能够满足当前的需求，同时也要强大到足以满足客户不断变化的需求。

1.2 开展合作以相互补充或提高其供给能力

突破性的业务系统/商业模式创新因为其复杂性和困难性而少见。事实上，它们通常需要建立一个合作伙伴的联盟来助推一个指定的产品或服务，而且往往是一个复杂的产品或服务。例如，第 6 章提及的保险公司设立的旅行援助合同，为旅客提供从门到门的风险援助包。该援助包需要多种合作伙伴/服务提供者：紧急医疗服务提供者、国际汽车维修组织、应急物流专家、财务和支付组织、旅行专家等。

业务系统里通常有主导合伙人——系统的主要架构师——他们必须通过选择最合适的公司来补充或增强他的产品功能以规划和推出新的概念。建立业务系统/商业模式的困难在于保持同一愿景背后的所有合作伙伴的一致性，确保集体共赢的主张——这也是主导合伙人需要全力维护的事情。实际上，掌握先发优势的行动者，确实具有优势——因为有广泛的合作伙伴可供挑选，他们可以争取最好的选择。

合作是一个复杂的过程，需要"建筑师"有一系列不寻常的能力。

- 对外部世界的开放度和建立合作关系的能力。
- 传达愿景并激励他人的能力。
- 激发信任的能力。
- 了解所有合作伙伴的谈判立场的能力。
- 愿意妥协（但不要过于妥协）以实现共赢的结果。
- 动员合作伙伴执行计划的领导力，等等。

许多合作伙伴关系之所以失败，不仅因为缺乏商业逻辑，还因为启动该关系的领导者缺乏建设合作关系的能力。这就是这些能力对涉及外部伙伴的创新来说至关重要的原因。

1.3 为完美执行建立总体规划

有远见的建筑师不能仅仅停留在宏伟设计和建立模型上，还必须将梦想

第 9 章
领导全新业务系统/商业模式的创造：有远见且务实的建筑师

变成现实，去执行他们的项目——这就需要总体规划，即系统地规划总体的和阶段的要求和行动，从大的愿景到小的细节。业务系统越复杂，合作伙伴的数量越多，项目的执行难度就越大，阶段性规划就越重要。当然，并不是所有的项目进展都可以被提前设计出来；虽然如此，业务系统/商业模式的建筑师一定要善于执行。

TiVo-US 的先锋产品——易于使用的数字录像机（DVR）和支持 DVR 的电视服务，说明了业务系统/商业模式创新的概念，以及它所涉及的领导力类型。大多数美国人都知道 TiVo 公司，它进入了美国娱乐领域最重要的、最受尊敬的客户创新榜单。

尽管 TiVo 公司在市场方面成绩斐然——大多数客户无条件成为 TiVo 公司的奉献者——它仍然是商界和金融分析师的争议性话题。虽然 TiVo 公司的管理层重申，他们相信由于其独特的产品和服务理念，公司将达到临界规模并征服市场，但是一些观察家仍然预测它即将消亡。

本章会对此进行讨论。除了像戴尔公司这样的业务系统/商业模式创新者必须努力保持其成功模式具有竞争力的例子，很少有业务系统/模式创新是完全未来导向的。TiVo 公司的案例很有趣，不是因为它的前景，而是因为它有一个特殊类型的创新领导者，即有远见且务实的建筑师——其创始人迈克尔·拉姆齐。TiVo 公司的案例同时说明了使业务系统/商业模式创新成为可能的三大能力的重要性：愿景、合作和总体规划。

2. TiVo：业务系统/商业模式的创新

2.1 TiVo 是什么

TiVo 公司于 1997 年成立于硅谷。像亚马逊公司一样，它在美国现存的数字媒体领域开创了全新的业务。它提供了一个基于业务系统/商业模式创新而建立公司的良好示例。它的业务系统/商业模式创新说明了"系统"一词是指

207

硬件、软件和服务的组合。

如果询问 TiVo 公司的客户——拥有 TiVo DVR 并且订阅 TiVo 服务的美国人——TiVo 对他们意味着什么,你将获得类似的答案:"这是一种全新的观看电视的方式。"的确,TiVo 改变了客户对于电视的体验,因此,它已经成为美国的"令人狂热的"产品,"TiVo"一词甚至已经成为电视界的流行词汇——"今晚回家,我 TiVo 了你最喜欢的节目"!

2.1.1 客户的特点和优点

通过数字录像(DVR)技术,TiVo 基本上取代了旧的录像机。当客户想观看特定的电视节目时,TiVo 通过时移功能满足他们的需求。但是 TiVo 通过数字化、易于使用的硬件和软件功能,大大扩展了 VCR 的基本功能,例如:

- 录制时间非常长(在标准清晰度下,可达 180 小时);
- 在简单的遥控器上可以进行非常友好的控制;
- 在高分辨率下,可即时播放、暂停和回放电视节目;
- 快进功能可加速重播(由此可跳过广告);
- 高清电影和体育项目的智能搜索功能;
- 标准或高分辨率录影;
- 从互联网下载电影;
- 使用遥控器访问音乐库和照片库;
- 离家时,可以从任何电脑设置电视录制程序;
- 可以使用 TiVo ToGo™ 将收藏的录音发送到 Windows 个人电脑端,等等。

但是,TiVo 公司不止提供优秀的 DVR 产品线,令客户着迷的是 TiVo 订阅带来的独特服务,特别是:

- 可以接收通过电话、卫星或电缆连接定期更新的电视节目,并通过"电子节目指南"和屏幕上的易用菜单选择观看或录制节目;
- 无论赛季等时间表如何变化,通过 TiVo 的"赛季传输"功能,TiVo 可

以自动记录客户喜欢的节目,以及如果需要,可以跳过节目或者对节目进行重新排序;
- 激活遥控器上的"竖起大拇指"和"大拇指向下"按钮,可以表达客户的喜好。TiVo 将自动记录客户偏好的节目、电影、演员或导演的类型;
- 客户表达喜好并接受特定类型广告的可能性,等等。

2.1.2 网络的特点和优点

即使 TiVo 被认为是远离网络并将控制权置于客户手中的一种方式,它与其竞争对手 ReplayTV 不同——ReplayTV 以避免与网络和广告商的冲突的方式被设计和推广。TiVo 游走于非侵权协议之外,因为它相信它对传媒界和广告界做出了贡献。本着这种精神,TiVo 公司已经为网络和广告客户开发了一系列服务,如其 Showcase™ 和 StopIIWatch™ 服务(在本章后面将会详细介绍)。

2.2 抓住市场机遇

2.2.1 测试和完善一个愿景

TiVo 公司的创始人——麦克·拉姆齐和吉姆·巴顿——不是那种充满幻想的生手企业家。两人都在加利福尼亚州桑尼维尔的美国硅图公司(SGI)工作了多年,该公司是专注于成像技术和视频应用的高性能计算解决方案的制造商。虽然巴顿比拉姆齐更像科学家,但两人都有很丰富的运营经验,都对计算机技术应用于消费者和媒体应用程序中的巨大潜力充满兴趣。拉姆齐指出:

> 离开 SGI 时,我并没有要创造 TiVo 的想法,但是我知道如果我要做一件事情,那必然是在消费者领域和媒体领域,因为我对这个行业十分感兴趣……吉姆已经离开 SGI 一年,他一直在努力创业。他的经验是与时代华纳有线电视合作开展视频点播项目。他曾担任过这一项目的首席架构师,并对这种技术产生了浓厚的兴趣。我们认识

15 年了，但是我们几乎总是在午餐会议时偶然地聚在一起。我们开始聊天，我们进行自由的讨论，讨论可以做些什么，以及有什么新的想法。我们围绕着几个想法碰了几次面，不是 DVR，而是家庭媒体服务器……你知道，就是在家里有一个中央媒体中心，有一个从你的电视到其他媒体的网络。

经过多次探索性的讨论，拉姆齐和巴顿就如何建立家庭媒体中心业务提出了一些想法，他们认为这可以成为新公司的基础。DVR 是其中的一部分，因为它是建立他们愿景的具体的第一步。但是，这两个梦想家已经在考虑接入网络以及可以从中获取的服务范围。

2.2.2　获得投资并成立 TiVo 公司

出于对他们创意的自信，拉姆齐和巴顿开始接触硅谷风险资本家、与他们交流想法。但他们很快就发现，他们的愿景并不适合传统的风险投资模式。他们的创意太复杂了，实施时间太长，建立消费者业务所需的投资太大。拉姆齐承认"10 次中有 9 次，我们得到了非常平淡的回应"。

但是，一些更有远见的企业家——新企业协会的斯图尔特·奥尔索普和美国红点创业投资公司的吉奥夫·杨很满意拉姆齐和巴顿的愿景，同意为他们的创意投资。所以在 1997 年，TiVo 公司于加利福尼亚州的桑尼维尔成立。新企业协会的马克·佩里和 TiVo 公司的创始董事会成员还记得：

> 拉姆齐知道采用主要用于业务相关活动的技术的机会，也理解将技术转化为围绕家庭网络概念、以较低价格出售给消费者的必要性。他对为消费者提供产品或服务有一些创新性的想法。TiVo DVR 只是原始图景的一个节点。很明显，因为无法获得资源和资金来实现整体愿景，TiVo 需要专注于其中一部分。

兰迪·科米萨尔因帮助创业者创造和运行新的技术型业务而建立了自己的声誉。他回顾了他在 1998 年加入 TiVo 董事会之前与拉姆齐的第一次相遇：

第9章
领导全新业务系统/商业模式的创造：有远见且务实的建筑师

迈克·拉姆齐不是一个"新手"，他是一个经验非常丰富的经营者，不需要和许多初创企业家投入一样多。但他以前从来没有做过初创公司，所以他需要指导和咨询，如阶段划分、合作、融资以及建立强大的生态系统。他拥有很强的能力，但没有创业经验……我很喜欢他们——迈克非常有魅力，他的苏格兰血统给他一个醇厚的本性。他很有信誉，看起来似乎是一个好的合作伙伴……

2.2.3 制定公司价值观

有意思的是，拉姆齐和巴顿在开发自己的概念时，对他们想要建立的公司提出了很多的想法。吉姆·巴顿记得：

> 最初，我们在纸上绘制了3个概念——3个更多与公司相关而不是与产品相关的概念。我们想创办一家做有意思的事情、创造有趣的产品的公司。但是我们有一个关于公司如何运作和公司将会如何的概念。特别是因为我们来自大公司，看到很多大公司运作不良的状况，所以我们想让这个公司良好运转。主要原则之一是创造平衡，而不是成为一家典型的创业公司——人们疯狂地工作，甚至因为创业占用过多生活时间而导致离婚。我们想创造一种平衡；营造最有效的环境；尊重个人；促进高度诚信的文化。这是我们的道德声明，是我们的行为准则……

TiVo公司的行为准则——写在一份每个员工都接受和认可的15页的文件上——迅速将员工团结成为一体。尽管拉姆齐已经把接力棒交给了新的CEO，但这些行为准则几乎没有改变。在很早的时候，两位创始人定义了他们公司的价值观，拉姆齐总结为：

> 第一，我们想要一个很舒适的、能够以合作的方式与第三方一起工作的公司……

211

第二，我们要确保我们永远不会重新发明轮子。我们只会在真正能提升价值的事情上投入。对于不一定提升价值的东西，我们会找到最合适的人，并与他们合作。

第三，我们将成为一家高标准的技术型公司……即使可能会受到资源的限制，我们也将聘请最优秀的人才，并付给他们富有竞争力的薪酬。我们投资人才——我们吸引最优秀的人才。

以及我们将如何对待彼此，相互合作。例如，我们开始说，我们将在每一步的过程中充分沟通。每个员工都会参与决策，如果员工不知道发生了什么，我们不会作出重大决策。

巴顿强调，我们非常重视开放交流，甚至体现在办公空间的组织方式上：

我们公司占据两个楼层，以圆圈的方式呈现。我们安排和设计了互动空间。我们有公用的开放空间，我们还设置了循环模式，使人们必须在公共区域发生互动。我们专门这样设计，所以人们常常有见面机会。

2.2.4 塑造一支能力强大的团队

拉姆齐和巴顿忠于他们聘用最优秀人才的原则，开始为其主要部门寻找、招聘人才。他们得到了风险投资者的帮助——提供联系方式。在 20 世纪 90 年代末，硅谷的生态气候也帮助了他们，因为许多企业高管都被技术型创业公司的巨大上升潜力所吸引。拉姆齐这样描述他的招聘"狂欢"：

在技术方面，我们聘请了伟大的工程师做副总裁；吉姆将成为 CTO；我们任用了三四个我们认为我们能够获得的最好的关键人才。所以我们打造了一支技术队伍。

但是我们知道，我们必须找到一些我们不熟悉的其他领域的人。一位来自传媒界的人才加入了我们。我们也知道我们需要大量资金，

第 9 章
领导全新业务系统/商业模式的创造：有远见且务实的建筑师

而在此之前，我聘请了一名来自投资银行界的、拥有丰富的资金筹集经验的 CFO。

然后我们意识到，我们需要一个真正强大的业务开发者。而且我们发现了一个非常有才华的人，他来自旧金山的法律公司，专门从事兼并和收购。他加入了我们，管理我们与合作伙伴的交易。

我们还聘请了知道如何建立服务结构的信息技术领域的人才。我们聘请了营销副总裁，他在营销方面有丰富的经验。

我们有一个跨领域的团队，并且经常在一起——做什么事都在一起。我们创造了一种与一群工程师坐在一起讨论产品的完全不同的状态。你可以想象，与这些领域中聪明的人在一起，这比创造一个新产品更刺激、更激励人心——这是一项真正的事业！

拉姆齐的招聘哲学主要集中在对人，而不是工作。他对应聘者的才能、能量和领导力方面比对其某个职能的经验更感兴趣。事实上，他的个人经验告诉他，不要信任过于专注于特定行业的人——专家们可能难以改变他们对这个世界根深蒂固的看法——因为他们对初创企业来说可能太僵化了。

2.2.5 建立商业模式，列出第一合作伙伴

拉姆齐和巴顿向风险投资者提供的最初的商业计划是建立在连接到电视、卫星或空中和宽带互联网电视广播的家庭媒体服务器的基础上的，它由一套硬件和软件组成，提供了综合的消费者体验。

兰迪·科米萨尔记得，对于风险投资者而言，对硬件的关注集中在：

我们有一个很大的争论。他们想进入硬件业务。这是他提出的模式，我不同意。我认为它更应该是软件业务。硬件将成为服务的载体，真正的货币化将是从向客户销售持续服务中获得的。

这些早期的讨论帮助创始人确定了他们的商业模式。他们意识到，如果他们需要在 12~18 个月内面市，他们初始概念的范围太宽泛了。考虑到技术的可

用性，他们把它聚焦了，并决定设计一个独特的、用户友好的功能软件——DVR。正如巴顿所强调的：

> 我们认为这个产品应该为普通人服务，并且可以通过"母亲测试"，即如果我的母亲不能使用它，那么我们就是在创造错误的东西。作为技术专家，我所能做的最大的努力就是创造出每个人都可以使用的东西。做出精简的产品，需要投入更多的技术和更大的努力。

他们认为，DVR 以其与广播电台沟通的能力以及从其导出节目的服务而独特并具有价值。这些套件将由 TiVo 公司开发和设计；它们将使用 TiVo 公司的软件，并贴上 TiVo 的品牌。拉姆齐指出，TiVo 公司将把商业模式集中在销售服务上：

> 如果可以的话，我们想以非常低的价格销售硬件，然后让人们每月购买服务。我们将为他们提供数据、信息和直接的客户关系，使他们能够获得他们所能获得的最好的娱乐节目。硬件相对通用，但软件具有独特的技术组件……它在消费电子行业根本就没有竞争品。因此，这将为我们带来竞争优势。我认为，大部分风险投资者都明白且意识到，如果没有其他什么问题的话，作为商业模式的一部分，未来可以利用的知识产权是公司建立的资产基础……我们不是消费电子公司，我们是提供家庭娱乐服务的媒体公司。是的，它的确需要一个硬件平台。我们提供的价值是我们所提供的软件和服务。

从一开始，拉姆齐就知道资源的缺乏和对服务的关注需要 TiVo 公司征集合作伙伴——从 DVR 的制造和分销的外包开始。但他也清楚地意识到 TiVo 公司需要掌握整个过程的控制权。拉姆齐评论：

> 我们的销售能力基于我们自己的努力，而不是对某些第三方的严重依赖。所以我们架构了这些服务器，我们建立了一个服务后端，我

第9章
领导全新业务系统/商业模式的创造：有远见且务实的建筑师

们做我们自己的客户支持，我们有自己的计费方式。我们努力创造一个可以自己管理的根基广泛的基础设施。你不会只想坐在那里，投入资金，等待合作伙伴，而不管做了什么。作为一家公司，我们非常清楚，无论发生什么事情，我们都要对我们的命运负责。我们必须在产品出货时有决策权。而且我们必须完全控制我们为了获得产品而需要的时间表和资源。但是我们也知道我们无法自行启动项目，而最有效的方法是与第三方合作，以创造更大更广泛的市场，或为更快的增长创造更大的空间……

我们接洽过的两个合作伙伴是美国直播电视集团和飞利浦公司。飞利浦公司的想法是，它是一个高端品牌，希望将能够通过零售来转售 TiVo。而我们只是非常礼貌地给了它一个设计稿。我们说："这就是 TiVo，把您的名字放在它上面，生产它，从产品中盈利；只要人们购买产品并注册服务，我们就不会向您收取许可费。"不久以后，我们就和索尼公司做了这样的一件事。我们从来没有想过在硬件上赚钱……我们需要掌握这种控制权，并且利用合作伙伴来给我们创造资产。

我们也开始与美国直播电视集团协商，试图说服它：它应该采用 TiVo 技术，并将其嵌入服务中，使其成为一个集成的美国直播电视集团产品。说服它认同这是一个好主意花费了一年多的时间。至于飞利浦公司，我们设计好了一切，创建并将其交给它，说："看，你为什么不把它纳入你的服务当中！"最后该合作获得了巨大成功，但是我们不得不自己来推动。

为了吸引、激励其消费电子产品合作伙伴，TiVo 公司至少在头几年为每套设备提供基础补贴。由于这项政策，TiVo 公司的 DVR 迅速建立强大的分销网络——首先通过百思买和环城百货，然后通过西尔斯的渠道。DVR 购买者订阅 TiVo 公司的服务，按月或按年付费，或者在 DVR 的生命周期内一次性付款。

Innovation Leaders

2.2.6　获得客户忠诚度和改变其电视观看体验

销售收入的增长相当缓慢，至少在最初阶段，因为系统引入了 VCR 的重大技术变革，用户必须先了解才能欣赏。于是，TiVo 公司需要通过 TiVo.com 上的广告活动和演示来培训消费者。

即使用户被吸引并购买了 TiVo 公司的"黑盒"，订阅了服务，他们仍然需要设置 DVR，并在 TiVo.com 的帮助下学习如何使系统工作。但 TiVo 系统一旦工作，用户就会发现 TiVo 改变了他们的电视观看体验。由于媒体及时反映观众的热情并传播"TiVo 革命"，TiVo 公司的口碑开始越来越好。TiVo 还没有赚钱，但投资者确信这种商业模式前景光明。

2.3　与媒体合作以克服阻力

并不是每个人都高兴看到 TiVo 公司的成功。用户很快学会了如何重新获得他们看节目的独立性，而 TiVo 黑盒保留的节目的时间条使得他们可以在节目播放时快速播放广告。显然，这种独立性和广告快进功能并没有吸引广告商或媒体（如广播公司）——他们通过广告生存和繁荣。迈克尔·拉姆齐解释说：

> 网络心理学说明人们心中有一条线。如果你站在某一边，你就是他们的朋友；如果你站在另一边，你就是他们的敌人。宣传跳过广告，显然站在广告商和广播公司的另一边。我们设计了这样一种技术，使 TiVo 不会激怒他们。

拉姆齐很快明白，如果 TiVo 公司触动了控制着电视的广播公司和广告商的利益，TiVo 公司很可能失败。所以，他采取了和解的方法。

> 早些时候，我们去找了广播公司，也去找了广告商。我们向他们描述我们的概念。一般而言，我们会被赶出办公室——他们会因为我们触动他们的利益而愤怒。因为，第一，可以跳过广告就让广告商不

第 9 章
领导全新业务系统/商业模式的创造：有远见且务实的建筑师

悦。我们发现快进广告是可以的，但是自动跳过广告是不行的。我们的对手之一 ReplayTV，就因为实行了自动跳过广告而被业界起诉，它因此而失败！

第二，我们正在摧毁电视界"黄金时间"的概念——我们允许观众随时选择他们观看的节目；我们真的踩在广告商和广播公司的基本业务组成部分上。它们的第一反应是令人难以置信的消极。

我们不只是想成为科技公司，我们希望融合技术和娱乐，而我们将以这种方式创建公司。所以，我们聘请了一位来自媒体界的高管，他来自 CNN。我们让他负责开发与媒体界的关系，会见那些人，但都被踢出他们的办公室。所以这个人正在失去作为朋友的厚道。尽管我们不受待见，但这些公司里总是会有聪明的人。并不需要很长时间，这些聪明人就意识到我们关注他们面临的问题，与我们合作，这些问题将转化为机会。我们使他们相信，我们不是 Napster 公司——一家唯利是图、破坏传媒行业的公司。我们是一家拥有熟悉电视行业员工的公司，我们意识到了他们的问题，并希望与他们合作。

TiVo 公司的管理层意识到，他们可以通过合作来加快业务发展速度，而不是自己单独做这一切。由于 TiVo 公司正在开发分配电视节目的新方式，所以机会不仅仅在产品方面，也在媒体方面。TiVo 公司本着这种合作而不是对抗的精神，推出了一系列为媒体和广告合作伙伴增值的举措。

TiVo 公司与尼尔森媒体研究中心合作推出了收集和分析观众观看数据的平台，从而帮助广播公司调整节目。TiVo 公司提供的信息侧重于客户的观看习惯，例如，最频繁观看的频道，最常记录的节目，最常被跳过或观看的广告等。TiVo 公司声称，这些数据比传统的查看面板方法更可靠，并为媒体行业接受新技术做出了贡献。

TiVo 公司的 StopIIWatch[TM] 服务提供了实时程序和商业评级，为实时和非实时的观看、广告客户和代理机构日益增加的需求都做出了贡献。

217

进一步向广告商的方向发展，TiVo 公司推出了 Showcase 程序。该项目的想法是，用户不会跳过他们感兴趣的广告，特别是以有吸引力、幽默和翔实的方式呈现的广告。在这个设想下，TiVo 公司自动将品牌广告商的广告和短片放在对特定领域表达兴趣的用户的硬盘上。

所有这些举措都为 TiVo 公司带来了额外的收入，这种说法尽管比较含蓄，但是一家赢得现金的公司，比需要现金支持的公司更受欢迎。这同时也向合作伙伴传达了一个积极的信息，正如前董事长马丁·尤多维奇所言：

> TiVo 公司已经改变了人们看电视的方式。我们认为它也可以大大改变广告商传达消息、电视台播放节目的方式……TiVo 公司已经从纯粹的"恶魔"转变为一个让用户有好奇心的公司，甚至成为广告行业的一个宠儿。

2.4 推进 TiVo 商业模式

随着 TiVo 用户数量的扩大，TiVo 公司的声誉迅猛增长，管理层肩负两重压力：财务压力和竞争压力。

2.4.1 改变 TiVo 的商业模式以减少损失

拉姆齐的战略，像亚马逊公司的杰夫·贝佐斯一样，一直在筹集尽可能多的资本以实现规模经济。TiVo 公司在市场营销和产品开发方面投入巨资；它是人为地支持 DVR 销售——补贴 DVR 的制造和分销合作伙伴——以尽可能快地抢占尽可能多的市场。这种做法在 2001 年，当市场形势愈发艰难之后，严重影响了公司的利润并造成了损失。TiVo 的用户数量为 50 万人，远远少于目标 500 万人，目前的基础不可持续，增长似乎又正在下滑。金融界想知道 TiVo 公司需要花多长时间才能盈利。2002 年，TiVo 公司的亏损达到 1.5 亿美元，而销售额仅为 1 900 万美元。这些亏损的很大一部分由公司的补贴计划造成，正如拉姆齐解释的：

//第 9 章
领导全新业务系统/商业模式的创造：有远见且务实的建筑师

当泡沫破裂时，我们不得不重新评估我们的商业模式，只是为了减少资金消耗。这对公司来说是一个为难的时刻，因为飞利浦公司和索尼公司正在销售这个产品，而美国直播电视集团刚刚开始销售；他们在市场上竞争，我们补贴他们。所以我们做出的第一个决定是不再资助产品，因为成本太高了，我们需要大大减少资金消耗。

面对这一变化的政策，飞利浦公司和索尼公司这两大 TiVo 零售分销商放弃了 TiVo 业务。我们发现自己只有一个经销商——美国直播电视集团——并且我们没有零售业务。面对这种情况，管理层别无选择，只能建立自己的销售队伍，并自行销售 TiVo 品牌的套装。通过洽谈，百思买和环城百货同意恢复 TiVo 套装的销售。吉姆·巴顿回忆这个困难时期：

> 我们自己挽救该项目。我们必须做一些事，否则公司就会破产。我们都对 TiVo 做出承诺。没有人跳槽去更大的公司。我们看到我们需要改变补贴模式，因为它消耗了太多的现金，而这种消耗是不值得的。我们决定，如果需要的话，我们会半价出售 TiVo 套装，在街头兜售。有很多恐惧——害怕孤独——我们之前从来没有这样做过，我们必须弄清楚，并有勇气继续前进。当你开始运用新模式时，就会柳暗花明。对于我们来说，那就是百思买突然说他们会在 4 000 个店面为我们分销，并且我们无须支付任何补贴。

为了提高收入，管理层决定提高套装和订阅服务的价格。TiVo 公司还开始向其他 DVR 制造商（如先锋、东芝和数码士）征收技术许可费。

回顾这个困难时期，兰迪·科米萨尔如此评价拉姆齐对市场现实的反应和适应能力：

> 迈克尔知道什么时候迈出重建自己的一步。他进行了短暂休整，以重振旗鼓。他在这段时间内表现出高超的管理能力，与他的团队保

Innovation Leaders

持联系，做了一些变革以使业务得以生存。他的新方法更侧重于可持续性。迈克尔是一个令人信服的领导者，他是有魅力的，他的员工都喜欢他，愿意为他努力工作，他们归属于他，他也归属于他们。迈克尔同时非常务实，拥有自下而上的领导风格，注重执行。我认为他已经把他们当成一群高能量和迫不及待想要取得成功的良种马。

2.4.2 面对竞争，寻找新的合作伙伴

TiVo 公司发现，随着时间的推移，其合作伙伴美国直播电视集团的市场份额在不断增长。通过 TiVo，美国直播电视集团能够保留最佳用户，增加收入，并从竞争对手有线电视手中夺取用户。美国直播电视集团很快看到了这项技术如何帮助其自身发展壮大。美国直播电视集团对 TiVo 至关重要，不仅仅是用户获取方面，还因为它处理了所有的计费问题，而这对 TiVo 来说成本很高。这就是为什么它已经成为商业模式的一部分，尽管 TiVo 公司从零售中获得更好的利润和独立性。

但是，随着其 TiVo 业务的增长，美国直播电视集团决定扩大 DVR 的用户基数，想要通过微软公司和 UltimateTV 产品成为 DVR 的第二大供应商，并推出自己的节目订阅套餐。更糟糕的是，美国直播电视集团的新业主新闻集团已经宣布其向用户免费提供 DVR 服务的意图。它还希望将 TiVo 的设备和 DVR 服务提供者替换为 NDS——这是新闻集团旗下的一家公司，该公司在新闻集团的英国天空广播公司卫星系统上提供了竞争性的设备和服务。这对 TiVo 公司来说是重大的威胁。

拉姆齐接受了来自其最大、最佳合作伙伴的竞争，这颇具哲学意义。幸运的是，美国有线电视运营商之一的康卡斯特公司接触了 TiVo 公司——由于不提供 TiVo 服务，它的很多用户转投了美国直播电视集团。它希望它将提供的 TiVo 服务能成为其竞争优势。康卡斯特公司进入了 TiVo 公司的合作伙伴名单。拉姆齐总结了他对竞争的看法：

第9章
领导全新业务系统/商业模式的创造：有远见且务实的建筑师

目前（2005年），TiVo公司与美国直播电视集团有超过200万订阅者。这些用户对TiVo服务特别满意。所以，这些用户是美国直播电视集团的用户的大头。它必须弄清楚如何处理这个问题。它不仅可能会失去这些用户，而且还要花费很多钱。美国直播电视集团正在转向不同的平台？它有替代服务？那么我们承认，我们将与之竞争。它以前和微软公司做过这样的事情；我们与微软公司竞争，实际上我们击败了微软公司。所以，谁知道未来会向哪里发展！这样的事情是我们与康卡斯特公司达成合作的催化剂。为最大化我们的分销渠道，我们会做很多其他的合作。这些合作即将来临——这就是我们业务的本质。我想你必须准备好处理主流的媒体公司。如果由于某种原因，它们不再与你合作，则必须转移到下一个合作伙伴。你必须有足够的敏捷性和开放性才能做到这一点。这就是现在的我们，这也是现在回顾该事件得到的收获！

2.5 将指挥棒递给新的CEO

2004年，迈克尔·拉姆齐加入了董事会，现在是任用新领导者的时候了。虽然吉姆·巴顿仍担任CTO，但拉姆齐决定辞去董事长兼CEO的职务，并转交给他的副主席汤姆·罗杰斯。他如此解释他的举动：

> 我对公司的贡献围绕着愿景和团队的建立——这对初创企业而言是非常重要的部分，试验，试图开发一个新的市场，建立关系，检查什么是有效的、什么是无效的。
>
> 大约两年前（2002年），我开始考虑公司的进展情况，并得出结论，公司现在所需要的领导者素质可能与我拥有的不同。现在需要以财务业绩、增长和未来关系为中心。这意味着从早期的初创公司转变为具有可预测的商业模式、可预测的增长率的成熟公司。这是投资者真正重视的，也是真正可以为利益相关者带来更多的价值的地方。

这就是我决定离开公司的原因。我们需要任用一些新的领导者。我选择了汤姆·罗杰斯,他拥有很多新阶段所需要的品质。他与媒体行业的关系和处理方式特别好,并且在这个领域如鱼得水。他有管理公司的丰富经验,并取得了不错的财务业绩。他是一个成熟公司的领导者,而我更适合初创公司。所以如果这个理论有效,我可以把指挥棒交给他,他可以把公司带到下一个阶段。

兰迪·科米萨尔对拉姆齐的谦卑表示出深深的赞赏:

迈克尔拥有令人难以置信的高情商——能够理解公司何时需要何种领导力。他非常敏捷,能够建立核心关系,但是也意识到他不能建立 TiVo 为了扩展而需要的下一阶段关系。汤姆·罗杰斯将能够做到这一点,因为他有这些关系,同时他专注于这个战略目标。迈克尔将永远是 TiVo 文化和资产的重要组成部分。

3. TiVo 案例的启示

3.1 一个业务系统/商业模式创新的例子

说 TiVo 是业务系统创新,基于两点理由。

第一,TiVo 公司为用户提供的服务可以被认为是一种创新的"系统"。因为它将服务与产品融合,成为一个系统。它第一次将新的硬件(DVR)、新的软件(专有的和用户友好的节目选择和程序设计)以及按需选择和节目的订阅服务整合为一体。

第二,自成立以来,它在媒体行业创造了一种新的"业务系统",涉及一个与 TiVo 公司一起为用户提供无缝电视体验的独立合作伙伴网络。业务系统中的成员包括:

- TiVo 公司,作为系统集成商和主要客户联络点;

第 9 章
领导全新业务系统/商业模式的创造：有远见且务实的建筑师

- 电子消费品供应商，生产 TiVo 公司发明的 DVR；
- 多服务运营商，比如卫星、电视和电话；
- 为消费者提供特殊广告的电视网络和广告商；
- 研究机构，使用 TiVo 公司的数据来研究客户的观看习惯。

TiVo 也是商业模式创新的一个典型，基于两个理由。

第一，TiVo 公司开创了一种全新的销售方式，建立了不同的并行分销渠道（电子消费品供应商、许可证持有者、卫星和有线运营商以及自己的分销渠道）。

第二，TiVo 公司的经济模式是独一无二的，它结合了不同的互补性的收入流：

- 销售自己的 TiVo DVR 硬件的利润（有限的）；
- 电子消费品供应商使用 TiVo DVR 设计的许可费用（有限的）；
- 用户的订阅费（最大的收入来源）；
- 广告公司使用 TiVo 数据的费用（有限的）。

像亚马逊一样，TiVo 的商业模式高度依赖于其快速增产的能力，即快速招募大量用户的能力，从而实现规模经济。所以，像亚马逊公司一开始一样，TiVo 公司没有盈利。TiVo 公司高度依赖其网络合作伙伴（特别是多服务运营商）达成这一目标。因此，战略合作是 TiVo 公司商业模式的核心。

3.2 关于此类创新，迈克尔·拉姆齐给我们的启示

3.2.1 始于一套具有激励性并一致的愿景

TiVo 公司的业务系统植根于其创始人强大的基础（一级）愿景。迈克尔·拉姆齐和吉姆·巴顿梦想将数字成像功能带入普通家庭，为用户提供数字娱乐的家庭平台。但他们的一级愿景产生了三种互补和内部一致的（二级）愿景。

（1）关于他们希望通过其业务概念提供独特客户价值的可实践的愿景。拉

Innovation Leaders

姆齐强调公司所依据的概念：

> 每个人，无论多忙，都应该在方便的时候享受他们选择的家庭娱乐。人们有各种各样的兴趣。TiVo 让你走出去，追求这些生活的兴趣，因为它可以让你连接到娱乐，连接到你想要的内容。

（2）关于他们想要创造的公司和商业环境的，以实现他们的梦想的愿景。这类似于制定一些人所谓的"核心意识形态"，即一套价值观和信仰。拉姆齐和巴顿制定的"行为准则"创造了他们对于商业模式的愿景。该行为准则今天仍然在公司中应用，由全体员工共享。其关键原则多年来对大多数管理层的决策有很大的影响。

（3）他们想为自己的业务建立经济模式的愿景。对于拉姆齐，这意味着尽可能快地争取最多的用户，并且尽快地从服务端获得收入（订阅费）。这意味着，TiVo 公司至少将在硬件方面（DVR 供应商）进行补贴，并充分利用其合作伙伴（如美国直播电视集团）的市场份额。

3.2.2 将愿景以一种务实的方式落地

拉姆齐和巴顿的基础愿景——构建"数字客厅"——远远超过了向人们提供 DVR 和智能节目订阅服务。但是，在人们的家中建立"数字中心"看起来是多年以后的事情了，而客户购买用户友好的 DVR 并订阅电视节目服务的可能性看起来很可行。因为考虑到 DVR 是实现完整家庭娱乐网络系统的第一步，所以 TiVo 公司从一开始就采用 DVR 策略。

商业模式创新的支持者必须务实，不要希望伟大的革命可以一次实现。务实的意思是宏伟愿景中立即可行的部分——即使它只涵盖了初始概念的一小部分。拉姆齐赞成一步一个脚印的做法，逐渐走向他和巴顿梦想实施的宏伟计划。

3.2.3 界定清晰的合作原则，并持之以恒

并不是所有的商业模式创新都需要外部合作伙伴的参与，但大多数业务

第 9 章
领导全新业务系统/商业模式的创造：有远见且务实的建筑师

系统的创新都会这样做。对于 TiVo 公司来说，合作伙伴关系是其商业模式的重要组成部分，而拉姆齐在这方面的理念建立在两个原则之上，这两个原则直接来源于公司的行为准则。

第一，在所有情况下，TiVo 公司都希望对其品牌和产品拥有绝对的控制权，即使产品建立在外部合作伙伴的贡献（如电子消费品供应商分销 TiVo 的 DVR）的基础上。这一原则使 TiVo 公司能够确保其是客户解决方案的最终提供商。

第二，TiVo 公司还致力于"共赢"主张——这是使合作伙伴关系长期可持续的唯一途径。当 TiVo 公司的 DVR 允许用户在播放录制内容时通过快进来跳过广告时，它就已经站在通过广告实现收入的电视界的对立面了。在该情况下，TiVo 公司的行为将其"共赢"主张凸显出来。TiVo 公司的竞争对手——ReplayTV——通过大肆宣传其 DVR 功能来与电视界针锋相对，而 TiVo 公司却没有这样做，以避免与其合作伙伴的对抗。

拉姆齐认为，在 TiVo 公司的业务中，与电视界对抗是自杀式的行为。但是，通过开发展示系统，公司超越了这种中立态度，允许电视用户注册接收娱乐或广告信息。换句话说，TiVo 公司找到了一种方法来满足用户过滤广告的需求，同时满足依赖广告的电视界合作伙伴的需求。这是它共赢合作哲学的一个很好的例证。

TiVo 公司投资者和董事总经理马克·佩里赞赏 TiVo 公司的管理层可以保持平衡，并为合作伙伴制定切合实际的期望，同时在合作伙伴关系结束时可以保持自身的运转自如。

迈克尔的想法从一开始就是以非对立的方式设定的——保护产权和内容，但尊重他的合作伙伴。他看到正确的做法是尊重他们，而不是与他们对抗！

3.2.4 调整商业模式以适应行业环境与合作伙伴的变化

TiVo 还是一个关于不断重新评估和调整商业模式的案例——在合作伙伴

经常变换的传媒界，这是一个关键的成功因素。马克·佩里评论说，当他们专注于可视化的可操作元素（DVR 和服务包）时，为创始人服务的实用主义被证明是至关重要的。

对于亚马逊需要做些什么以扩大规模，杰夫·贝佐斯可能觉得更有信心。他的愿景是建立一个大到不可思议的在线零售渠道，他的愿景从第一天开始，从未改变过。对于迈克尔来说，愿景和商业模式从第一天起就一直不一样，二者需要互相适应。有一段时间，商业模式不能适应愿景。公司无法负担其他公司所要求的补贴。面对商业模式并做出改变，这可能是迈克尔最难的时候。并不是他们犯错了，而是因为他们不得不改变。这就像汽车在行驶的过程中更换发动机一样。

3.2.5 聚焦于执行

伟大的愿景并不能保证成功；执行非常重要。TiVo 的案例说明了从一开始就组建一流的团队的重要性——比尔·费舍尔可能会称之为"梦之队"——否则将无法实现拉姆齐和巴顿的愿景。尽管 TiVo 公司的技术、架构、软件和设计非常新颖，但其 DVR 业务从第一天起就能如愿正常运行。同样，TiVo 的订阅服务也没有出现严重故障，用户在各种聊天网站上关于 TiVo 的反应也证实了这一点。兰迪·科米萨尔将这种强大的执行能力归功于拉姆齐：

与其他创新型公司的 CEO 相比，迈克尔更加精明老练。他的实力并不在于其愿景，更在于执行和领导。

3.2.6 了解何时转交指挥棒

第 8 章介绍了领导力链——一系列具有互补技能的领导者的无缝衔接，将特定的项目或业务带入下一个发展阶段。这个概念对于各种项目和公司都有效，当然包括周期较长的业务系统/商业模式的创新。真正的创新领导者避开了沉浸于自我的诱惑，坚持超越自己的能力水平。这显然印证了迈克尔·拉姆齐的行为——当他辞去职务，并将指挥棒移交给新任 CEO 时，他很赞赏继任

者的高度互补的技能。马克·佩里就这个不寻常的角色发表评论说:

> 我认为对于 CEO 的领导能力以及我们寻找的素质方面,以下 3 个方面是必要的:(1)有创意的人,可以注意到创意,预见创新并对创新抱有热情;(2)可以完成创意孵化并执行的人;(3)能够超越自身能力建立组织并扩大组织规模的人。我们通常会看到人们拥有第一方面的素质,也可能同时拥有第二方面的素质。通常,风险投资者与初创企业 CEO 在前两个阶段合作,然后我们找到另一位 CEO 来完成最后阶段。对于企业家而言,离开企业并让别人来领导企业,是一个挑战。迈克尔带来了他在第三个方面的素质,这是我个人对于可以重返 TiVo 异常激动的原因之一。

3.2.7 小结

管理类书籍经常陷入从分析中匆忙得出结论的陷阱,直接将市场和财务的成功与他们观察到的想要强调的管理行为联系起来。这绝对不是我的意图,原因有两个:首先,在创新的世界中,成功相对于规则,更是一种例外。成功取决于许多因素,而不仅仅是管理团队的领导素质。其次,因为 TiVo 既没有达到其创始人所期望的市场份额,也没有达到其投资者所期望的财务业绩,它仍在努力达到使其可以盈利的规模。

不过,这个案例非常清楚地表明了某种类型的创新领导者的特点——我将其比作有远见且务实的建筑师。即便 TiVo 的市场份额和财务业绩以纯数字表达时低于其管理层和投资者的目标,但正如兰迪·科米萨尔所指出的,它仍是为市场带来了具有显著创新性产品的公司:

> TiVo 公司的最大创新成果是其永久地改变了电视广播系统。这是迈克尔的伟大遗产,尽管取得这种成功是很困难的。不可否认的事实就是,人们看电视的方式永远地改变了。

第 10 章

领导开发新的/改进的客户解决方案：提升客户体验的乐团指挥

> 我们推出了一个新的主题——"打破和激发"，这意味着我们的新概念与竞争对手的有很大的区别……好的产品很重要，而好的体验更加重要，因为它更能打动消费者。但要提升客户体验，必须和其他公司一起努力。
>
> ——飞利浦 DAP 副总裁 亚当·韦霍夫

各行业的营销人员越来越频繁地谈论他们所关注的内容——为其客户提供广泛的"解决方案"。他们声称，丰富传统的"秘密武器"式产品或服务有助于更好地满足客户的需求。这些客户解决方案为客户和提供产品或服务的公司增添了额外的价值。的确，当满足市场需求时，良好的客户解决方案有助于提高营业额、获得差异化的竞争优势以及建立客户忠诚度。

关于客户解决方案的形成，有两种不同类型的策略。

第一种策略，也是最经典的策略，包括在一般产品或服务中加入"定制"元素。这通常应用于信息系统行业，通过系统定制和咨询服务的手段来实现。在其他行业，如高性能化学品行业，管理人员也采用这种策略，但是他们采用的方式不同。他们派遣应用工程师或销售工程师分析客户的具体要求，并推荐

第 10 章
领导开发新的/改进的客户解决方案：提升客户体验的乐团指挥

最合适的方案。然后，下游的应用工程师或技术服务专家帮助客户、确保客户尽可能地使用他们所购买的客户解决方案。这样制定出来的解决方案属于一般客户解决方案，它不包括创新元素。因此，它不是我们接下来讨论的重点。

第二种策略包括设计和提出创新性的"强化"的产品或服务，这是公司产品策略的一部分。其目标是满足更多客户的需求，从而提升他们的体验并获得他们的忠诚度。这种策略与上述的"定制"策略有很大差异，因为它源于一个真正的创新过程，并对公司的产品线或其一部分产生了影响。它总是更深入地了解一般客户的问题和需求，然后试图更全面地解决问题。客户解决方案的寻找和制定通常由管理层负责和指导，并作为以创新为主导的差异化战略的一部分。

一些公司完全按照自己的方式实施这一策略，通过将多种产品打包来为客户增加价值。例如，作为其"平台化"策略的一部分，英特尔公司为其移动电信客户提供具有丰富功能的复杂芯片组，并将系统主板集成完全交给PC制造商。虽然这些都是合理的且通常是具有创新性的解决方案，但我们不会太关注它。因为相对于集中力量丰富特定产品的、来自几个不同公司的解决方案，它们不是很复杂，因此需要更少的领导者。所以，本章讨论的重点是那些丰富特定产品的、来自几个不同公司的解决方案。

飞利浦公司的冰感电动剃须刀是一种由不同公司之间签订合作协议而产生的创新解决方案。飞利浦公司是全球领先的旋转式电动剃须刀制造商，其下属的飞利浦品牌（力科）产品销往世界各地。飞利浦公司认为，其业务主要受到"湿刮"竞争对手吉列公司发起的创新浪潮的挑战。这场战斗因剃须性能而起，但由于刀片剃须刀和电动剃须刀具有类似的剃须效果，人们就越来越注重产品外型和客户体验。成熟的顾客选择方便的电动剃须刀，年轻的消费者则被刀片剃须刀广告宣传的"当代男性"形象所吸引。一些客户还喜欢刀片剃须刀的湿刮剃须体验，因为电动剃须刀有时会刺激敏感的年轻皮肤。

为弥补电动剃须刀在外型和剃须体验中的不足，飞利浦公司开发了"冰感"

Innovation Leaders

这一概念。这个概念现已成为飞利浦剃须刀的重要组成部分,包括妮维雅男士洗剂的分配器,以便在淋浴时使用。正如飞利浦公司和德国化妆品巨头拜耳斯道夫公司的合作,这种与伙伴间的合作性创新,是典型的需要创新领导力的开源创新。

1. 创新领导者:乐团指挥

能赢得客户的解决方案,特别是那些需要外部合作伙伴参与的客户解决方案,其概念形成及发展一般不会自发地发生。而部分领导者的个人承诺和奉献精神使之成为可能,这包括:(1)创造性地解读客户未被满足的需求;(2)争取互补伙伴的合作来共同响应需求;(3)将合作伙伴的资源整合到公司的产品中,创造解决方案。解读、策划和整合是伟大的乐团指挥拥有的3项技能。

1.1 解读客户未被满足的需求

当一家公司决定从产品销售转到构思丰富的解决方案时,通常因为它感知到某些客户更广泛的未被满足的需求无人问津。通常有以下几种情形。

- 情形1:某些产品单独出售,只是部分满足需要"一站式"服务的客户的需求。所谓的一级汽车零部件制造商很好地说明了这种特殊情况。例如,汽车行业的原始设备制造商通常期望他们的塑料成型仪表板供应商能够提供组装解决方案。这种解决方案通常集成了二级供应商的控制仪器和线束业务。因此,这些一级供应商不再只是销售他们生产的塑料面板,而是组装和供应完整的仪表板以便进行最终组装。

- 情形2:某些产品缺乏能大大增强其用途并使客户更喜欢此种产品的功能、特征或优点。因此,公司会设计一些解决方案来弥补这种不足。如飞利浦公司的常规电动剃须刀,它的"剃须清爽度"不够好,这为冰感剃须刀的开发创造了契机。

- 情形3:一些产品可能本质上是好的,但在使用、配送或执行上很困难。

第 10 章
领导开发新的/改进的客户解决方案：提升客户体验的乐团指挥

因此，解决方案可以通过设计一些配送或执行设备来实现。在制药行业中，这种装置可以是方便的给药系统，如易于使用的胰岛素注射笔或哮喘药物吸入器。

- 情形 4：虽然有些产品可能是优秀的并具有很多功能，但它们可能难以清洁、维修或处理。对应的解决方案是设立提供上述功能的附加服务机构，从而减轻客户的负担。许多提供危险材料或需要全面现场维修的大型复杂设备的公司都遵循了这一点。

识别和解读客户需求需要很高的客户亲密度。我们面临的挑战包括：（1）了解各类客户优先考虑的需求；（2）识别常见的被遗漏的需求。要问的问题有以下 3 个方面。

- 第一，客户未能被完全满足的普遍需求是什么？
- 第二，这些客户是否正在寻求解决其问题或需求的综合解决方案，该解决方案包含哪些内容？
- 第三，这些客户可以为解决方案支付多少费用？

最后一个问题很重要，因为它能让公司评估客户如何看待各种替代方案的价值。这些问题的正确解答将决定客户解决方案的架构及其价格，从而确定公司实现市场成功和盈利的可能性。

1.2 策划一个创新性的客户解决方案

韦氏在线词典将"精心策划"定义为"通过排列或组合达到期望的最大效果的努力"。这正是公司构想需要合作伙伴参与客户解决方案时所需要做的。

在策划一个创新性客户解决方案之前，管理层需要确定并解决那些因挑战了当前业务的界限而导致的组织问题和运营问题。对于飞利浦公司电动剃须刀业务部门的管理团队而言，这意味着需要做好两个准备：（1）扩大部门的业务使命——从提供电器到销售"美容强化体验"；（2）进入消耗品而非耐用品的市场营销领域。管理人员还需要将其解决方案卖给第三方，并与其通力合作以找出最佳客户解决方案。

策划的内容包括定义、制定和协调参与提供有针对性的客户解决方案的各方的具体贡献和相应报酬。当与外部合作伙伴进行合作时，这种策划流程通常需要严谨的外交手段。在飞利浦电动剃须刀的例子中，策划客户解决方案所需的流程包含：

- 选择最好的化妆品公司合作开展项目——在这种情况下，选择拜耳斯道夫公司是基于其品牌声誉、能力、合作意愿和灵活性；
- 根据提议方案的优点及客户解决方案具有吸引力的市场增长能力和盈利估算，来说服选择的合作伙伴与飞利浦公司合作，为客户解决方案做出贡献；
- 商定一个分摊合作产品的成本和利润的公平的经济模式，并消除随着时间推移、模型演变而可能产生的有争议的问题，以维持"共赢"局面。

1.3　将所有投入整合到一个客户解决方案中

合作关系一旦建立，最困难的部分就是如何使其应用于实际操作，并使不同的设计团队（有时相隔甚远）协调一致。

在某些情况下，飞利浦冰感剃须刀就属于其中一个案例。在这个案例中，飞利浦公司是主要的合作方和总体项目负责人，而合作伙伴拜耳斯道夫公司只负责开发部分项目，即已商定的洗剂本身和供给机制，以及提供充足的分销渠道。在其他情况下，正如我们将在 Senseo™ 咖啡系统的案例中看到的那样，系统的两个部分——咖啡机和咖啡豆——分别由项目的两个合作伙伴单独提供，双方共同承担此项目的全部责任。

合作能力对顺利实施跨组织、跨专业的解决方案至关重要。并且随着时间的推移，可以根据客户的反馈推出一系列升级的功能。

第 10 章
领导开发新的/改进的客户解决方案：提升客户体验的乐团指挥

2. Senseo™：一个创新性的客户解决方案

2.1 什么是 Senseo™

Senseo™ 咖啡系统是由荷兰两家巨头联合开发和销售的创新型单杯式咖啡冲泡系统。

- 萨拉·李·杜威·埃格伯茨公司（SLDE），属于萨拉·李公司，是世界领先的咖啡烘焙公司之一。
- 飞利浦 DAP，小家电行业的世界领导者之一。

目前，Senseo™ 咖啡系统在 8 个欧洲国家及美国、加拿大、澳大利亚、中国和日本销售。

Senseo™ 咖啡系统由两个部分组成。

- 由飞利浦 DAP 生产并配有独特低压咖啡萃取系统的咖啡机。它可以连续提供一到两杯新鲜的拥有平滑泡沫层的咖啡。
- 由 SLDE 生产，并分为各种包装尺寸和口味类型（基本咖啡类型、咖啡混合物和美食品种）出售的，单杯份的咖啡包或咖啡豆。后来，该系统将卡布奇诺咖啡和咖啡巧克力饮料甚至浓咖啡也包含进来。

该系统以 Senseo™ 为主品牌进行市场推广和销售，但咖啡机上印了飞利浦的名称，咖啡豆的包装上则在 Senseo™ 标签旁印有 SLDE 的品牌标志或本地咖啡的品牌标志。

Senseo™ 的案例至少在以下两个方面是特别的。

首先，这种创新性的咖啡系统在推出后不久就取得了惊人的市场成功，大量客户踊跃采用该系统。在荷兰市场推出仅仅 3 年后，Senseo™ 咖啡系统就进入了 5 个欧洲国家的 500 万户家庭。它为咖啡爱好者提供了独特的选择，既比传统的过滤式咖啡系统或滴流式咖啡系统更方便、咖啡更美味，同时价格合理。对于行业而言，它在咖啡市场创造了一个新的盈利品类，巧妙地在较便宜的过滤式咖啡机市场和更昂贵的咖啡机如雀巢咖啡机市场之间占据一席之地。

其次，Senseo^{TM} 咖啡系统是两家公司之间不寻常的、与"经济联姻"相似的合作关系的产物。两个荷兰合作伙伴集中资源共同开发和销售该咖啡系统。他们约定，双方平分 Senseo^{TM} 咖啡系统的知识产权和品牌所有权，而不用正式签订合资合同。根据双方协议，SLDE 将根据其机器消耗的产品数量，即销售的咖啡豆数量来支付飞利浦公司的费用。他们认为，通过咖啡而非机器赚钱可以降低机器的定价，从而加速市场渗透。

2.2 SLDE：寻求咖啡市场的增长机会

2.2.1 咖啡行业巨头

在过去的 30 年间，总部位于芝加哥的萨拉·李公司已经通过多次收购美国和欧洲的食品公司和其他消费品公司而发展壮大。这些收购包括两家荷兰的咖啡、茶和食品杂货公司：水手烟草公司和杜威·埃格伯茨咖啡公司。它们成了 SLDE 的组成核心，并负责其全球的咖啡和茶叶业务以及家居和身体护理业务。

2003 年，SLDE 共雇用 26 000 人，销售额达 47 亿欧元。其咖啡和茶叶的主要销售地为欧洲和美国，销售额达 270 万欧元，其中茶叶占营业额的不到 10%。SLDE 主要从事户外咖啡业务（占销售额的近一半）和零售业务，它是世界第三大咖啡生产商，占据全球 10%的市场份额，仅次于卡夫公司（13%）和雀巢公司（12%）。卡夫和雀巢分别提供麦斯威尔牌和雀巢咖啡牌的速溶咖啡，而卡夫还同时出售多种品牌的烘焙咖啡。SLDE 仅出售地区品牌和民族品牌的优质烘焙咖啡。

在欧洲，SLDE 在比荷卢半岛、丹麦、匈牙利、法国、西班牙的零售市场，以及在较小的英国速溶咖啡市场上展现了强劲的势头。目前，SLDE 还未能进入估值 30 亿欧元的德国市场和估值 15 亿欧元的意大利市场。在占整个欧洲咖啡品类22%的非家庭市场中，SLDE 搭配了 Cafitesse 液体咖啡来补充咖啡机，

第 10 章
领导开发新的/改进的客户解决方案：提升客户体验的乐团指挥

业绩仅次于销售额达 4 亿欧元的卡夫公司。

在美国，SLDE 主要在非家庭市场出售咖啡。其高级品牌在 2003 年的销售额达 7.5 亿美元，仍然是市场领先者，其市场份额达到 32%。

SLDE 希望通过保持对品牌国际化、市场营销和创新的重视来实现咖啡业务的盈利。其创新旨在开发和销售高价值产品，以便在便利性和个性化方面满足消费者不断变化的需求。Senseo™ 及其家用咖啡机就是其创新成果之一。

2.2.2 Senseo™ 背后的愿景：每时每刻的完美咖啡

1994 年，由于咖啡对年轻消费者的吸引力越来越小，成熟的欧洲咖啡市场的利润和销售量都在下降，对此，SLDE 管理层不得不做出反应。饮料管理团队开始思考如何振兴公司的咖啡业务。在他们提出的想法中，有 4 个被采用。其中之一造就了最有吸引力的单杯式咖啡服务系统，它能为客户提供"一杯理想的咖啡"，即由 SLDE 的总经理文森特·扬森亲自命名的"Senseo Crema"高级杯。

Senseo™ 的理念充分迎合了欧洲社会的一些重大变化，即：

- 家庭平均人口数下降（从 1960 年的 3.5 人到 2000 年的 2.2 人），单身人士增多；
- 总人口中劳动妇女人数不断增加，个性化和更便捷的产品趋势加快发展；
- 在大多数食品和饮料行业中，对"美食"和"特惠产品"的需求不断增长；
- 高价咖啡机市场快速增长，传统过滤器的损耗加速。

对于 SLDE 而言，采用当时较为新颖的小包装优质咖啡，也是一种区分于其他产品并产生更大利润（相对于销售袋装烘焙咖啡）的方式。

1997 年，SLDE 找到同在荷兰的飞利浦公司，它深信，如果与一家专业的咖啡机公司合作，它的想法将会被更好地实施。但是，当时飞利浦 DAP 部门的管理层正与雀巢公司的管理层进行类似的讨论，试图就关于 Nespresso™ 的研发进行紧密合作。出于利益冲突的考虑，飞利浦 DAP 拒绝了 SLDE 的提议。

后来，SLDE 转向法国赛博集团，它拥有领先的咖啡品牌 Rowenta™ 和浓缩咖啡机品牌 Krups™。但当时法国赛博集团对雀巢公司的 Nespresso™ 抱有浓厚兴趣。因此，SLDE 管理层决定在荷兰的一家合同设计公司、工程公司和外包制造商的帮助下，自行研发 Senseo™ 咖啡系统。

2.3 飞利浦 DAP：寻求振兴成熟的咖啡机生产线之法

2.3.1 家用电器巨头寻找合作伙伴

飞利浦 DAP 是世界第二大的小家电生产商。它以飞利浦品牌销售产品，并与法国赛博集团及其多个品牌 T-Fal™、Krups™、Rowenta™、Moulinex™、Seb™ 进行竞争。2003 年，飞利浦 DAP 的销售额达 22 亿欧元，拥有员工 8 200 人。飞利浦 DAP 旗下有 4 个业务部门：剃须和美容，口腔保健，家居环境护理，食品和饮料（包括咖啡机业务）。

飞利浦 DAP 是一家非常著名的过滤式咖啡机生产商，是估值 10 亿欧元的欧洲咖啡机市场的领导者，而在估值 5 亿欧元的美国市场中所占的份额相对较小。但到 20 世纪 90 年代初，这类商品正在迅速商品化。中国的公司利用其难以匹敌的大规模、低成本的基础生产设施开始进入这个市场。因此，飞利浦公司在咖啡机生产上的利润仍然很小。该公司进入快速增长的浓缩咖啡机市场的时间比较晚，与其第一个外包合作伙伴生产的产品又遇到了重大的质量问题。后来，它开始与瑞士浓缩咖啡机公司、OEM 品牌的供应商合作，但它在这个高价市场上的地位依然不够高。因此，它对开发新业务抱有浓厚兴趣，创新是它选择的一条前进之路。

在保罗·布朗伯格的领导下，飞利浦 DAP 的营销人员借鉴了 SLDE "市场正在朝着'续杯'系统迈进" 的理念。他们开发了一种小型的双杯式咖啡机，即 "Duo"，但是败在了已被广泛接受的 Melitta 咖啡过滤器标准之下。基于 "单杯" 概念开发自己的咖啡系统的想法是不切实际的，因为飞利浦公司没有专门的咖啡生产者。因此，飞利浦 DAP 开始寻找一个咖啡行业的合作者共同开发咖啡系统。飞利浦 DAP 的 CEO 亚当·韦霍夫鼓励创业，支持保罗·布朗伯格的举措。

2.3.2 在与 SLDE 合作前流产的 Nespresso™ 项目

机会出现在 1994 年，当时雀巢公司向飞利浦 DAP 提出合作意向：在已成功推向市场的 Nespresso™ 的基础上开展合作。第一步是提供更低价的 Nespresso™ 机器。第二步是提供一系列的"可续杯"咖啡机，以替代传统的滴流式咖啡机。保罗·布朗伯格接受了这一提议，并开始了这第一个项目的工作。代号为"Goldpresso"的新咖啡系统定位于 Nespresso™ 咖啡机和过滤式咖啡机之间。然而在 1998 年，雀巢公司突然决定终止与飞利浦 DAP 合作开展的 Goldpresso 项目，因为它与 Nespresso™ 项目过于接近，而且雀巢公司担心它会蚕食 Nespresso™ 的市场份额。

飞利浦 DAP 和雀巢公司随后开始联合开发"优质的过滤器"，但在不久之后，两家公司的合作因关于核心原则的分歧而终止。事实上，在与雀巢公司的合作中，飞利浦 DAP 认为应像德国美乐家集团为滤纸所做的那样，在为单杯式咖啡机和咖啡豆建立共同标准时，要符合行业中每个人的利益。出于这方面的考虑，它甚至让 SLDE 参与了与雀巢公司的合作会议。但雀巢公司并不感兴趣，坚持保留其专有标准。飞利浦 DAP 提出建立真正平等的合作伙伴关系，但雀巢公司却不想与机器制造商联系太过紧密。因此，飞利浦 DAP 失去了雀巢公司这 合作伙伴。

所以，尽管一年前拒绝了 SLDE 的合作提议，保罗·布朗伯格和他的老板，飞利浦 DAP 的厨房电器业务部门负责人汤·范·德·兰，开始重新考虑 SLDE，并提议合作开发 Senseo™ 咖啡系统。两个星期后，汤森和他的执行团队分析了与飞利浦 DAP 合作的利弊后，终于接受了这个提议。保罗·布朗伯格还记得 SLDE 当时的犹豫：

> SLDE 具有低压咖啡萃取系统和机器——使用本土化设计，它的目标是通过极低的价格销售机器，以加速市场渗透，从而促进咖啡豆

的销售。因为无法找到"A 类"品牌制造商来进行生产，所以计划外包给中国的制造商。当我们再次找到 SLDE 时，它不知道是否可以信任我们，因为我们以前与雀巢公司关系密切！因此它犹豫了两个星期。后来 SLDE 对我们说："我们的项目已经进行到一半，我们不想再从头开始！要么你现在加入我们，要么我们独自继续项目。"我们先签订了一份保密协议，一个月后，我们签署了一份合作意向书。

保罗·布朗伯格派遣他的一位高级产品经理协助该项目，并带领飞利浦 DAP 团队与 SLIDE 共同致力于新的开发项目。

2.3.3 与 SLDE 的合作

对于保罗·布朗伯格来说，与雀巢公司合作具有许多优势：雀巢公司在咖啡加工和制造方面拥有优秀的能力，拥有真正的全球性业务和强大的品牌组合。但与 SLDE 合作也有好处：熟悉的荷兰文化和相近的地理位置令人放心，它的公司规模也比雀巢公司小得多，它的灵活性和创业精神有利于快速决策。

Senseo Crema 所依据的技术理念是突破性的。大多数浓缩咖啡机在高压（10 巴）下运行，以完整萃取咖啡的香味，并生产泡沫层——浓缩咖啡爱好者最爱的"泡沫"。相比之下，SLDE 的机器在 1 巴的低压下工作，却能够生产出所需的浮沫。飞利浦 DAP 知道，低压机的制造方法并不复杂，生产成本也更低。

然而，由外部顾问开发的 SLDE 机将不得不因大规模生产和质量问题而进行彻底的改造。但是，鉴于自身出色的机器开发和制造能力，飞利浦 DAP 的工程师们并没有惊慌失措。令飞利浦 DAP 的高级管理人员感到高兴的是，经过进一步研发，SLDE 新的冲泡系统也是可以提供高质量咖啡的低成本机器。他们还认为，通过结合品牌和分销两大优势，合作双方有可能因这一成功的解决方案一炮而红。

2.4 共同的愿景

SLDE 和飞利浦公司对咖啡市场进行了调查——先分别调查后一起调查，收集了消费者的看法，以指导其研发工作。它们发现自己的创意，即单杯式咖啡系统拥有很大的市场机会，这能从很多重要趋势中得到验证。

- 客户对一大壶咖啡的兴趣不大，更希望能节省时间。
- 越来越多的有经验的咖啡饮用者重视咖啡质量和咖啡机的便利性。
- 供应精美食物的咖啡连锁店提高了消费者对一杯好咖啡的期待。
- 咖啡爱好者通常认为家用咖啡不如咖啡馆的咖啡令人满意。

这些调查结果帮助合作双方定义了 Senseo^{TM} 咖啡系统的愿景。

为消费者提供以下解决方案。

- 个性化——针对消费时间和个人品位。
- 更美味——提供更高的品质、更多的品种和更多的享受。
- 更方便——需要更少的时间和操作程序。

SLDE 咖啡和茶叶部门主管、SLDE 的董事长阿德瑞安·纳恩总结了 Senseo^{TM} 项目的精髓：

这个创意的关键在于一个人一杯咖啡而非大壶咖啡。这基本上满足了那些想要有自己的专属杯和口味的人。

合作双方承诺共同开发 Senseo^{TM} 咖啡系统，并将其作为单杯式咖啡新的全球标准进行联合推广。

这个初步构想后来被总结成 3 个词——味道、品种、便利——成为其经营理念的核心。为了将这 3 个要素更好地传达给消费者，合作双方界定了营销策略的 3 个要点：看、试、买。这可以通过 3 种方法来实现：（1）投放大量的广告以提高消费者对产品的认知度——看；（2）有条理的店内展示——试；（3）在零售商店中把咖啡机和咖啡豆陈列在相邻位置——买。

作为共同愿景的一部分，两家公司认识到各自都是自身所处领域内的专家和领导者，他们需要合作以实现创新，如 Senseo™ 咖啡系统。我们稍后会看到，这说起来容易，做起来难。

2.5　保持平衡的合作关系

在签署保密协议和合作意向书后，两家公司签订了合作协议。合作协议的大纲在两三个月内就拟定成功，但细节的商定需要更长的时间。尽管 SLDE 的管理层发生变化——文森特·汤森将 Senseo™ 咖啡系统的研发责任移交给弗兰克·范·欧尔和弗兰克·日夫曼，但这两家公司仍忠于他们的最初意愿。

纳恩后来把 SLDE 与飞利浦 DAP 的合作关系比作婚姻关系。它既不是合资企业合同，也不是常规采购合同。由于这是一种合作关系，而不是传统的供应商关系，双方都被激励着去实现公平交易。合作协议的灵魂是鼓励合作双方维持这段合作关系。该合作协议有以下几个特点。

（1）它确定两家公司将一起进入市场。但是如果其中之一不准备进入特定的市场，另一家公司可以自由地寻找其他公司进行合作。

（2）尽管基础系统是由 SLDE 研发的，但两家公司共同拥有咖啡萃取技术和整个咖啡系统的知识产权。

（3）合作协议规定，合作双方共同拥有合作品牌 Senseo™——飞利浦 DAP 拥有机器方面的品牌，SLDE 拥有咖啡方面的品牌。

（4）合作协议规定，飞利浦 DAP 将按照 Senseo™ 品牌下每包咖啡豆的销售以固定金额计提的方式获取报酬，以确保飞利浦 DAP 在机器价格极其低廉时也可以赚钱。

（5）合作协议设定了一个固定的最低广告预算，并根据各自的预期收入对广告预算进行分配。基于假定消费者对一台 Senseo™ 咖啡机的使用寿命为 5 年，其对咖啡豆的投资将是机器成本的 4 倍。因此 SLDE 将承担绝大部分的营销费用。

第 10 章
领导开发新的/改进的客户解决方案：提升客户体验的乐团指挥

咖啡机定价是多次会议的争议点之一，因而 SLDE 要求在合作协议中规定机器的零售价格。它确定了一个飞利浦 DAP 认为不切实际的价格——这个价格没有给飞利浦 DAP 获取生产利润的空间——也与其高端产品的定位不一致。纳恩称 SLDE 的立场如下：

> 我们的主要想法是通过低价出售机器来尽快地实现市场渗透。飞利浦不通过机器赚钱，他们可以从咖啡豆上获得利润。他们销售的机器越多，我们销售的咖啡豆就越多，从而双方都获得更多利润。此外，他们也没有与其他咖啡生产商合作的动机了。当然，我们也希望他们可以在机器上赚钱。

飞利浦 DAP 试图让机器价格不在合作协议上被规定，但可以协商。虽然纳恩不想披露飞利浦从每包咖啡豆销售中获取的确切金额，但他也承认，尽管每包的费用相对较小，但由于数量庞大，整体销售额是非常可观的。

> 不要忘记，当进入一个新的市场时，我们承担了大部分的初始投资。对于飞利浦而言，Senseo™ 咖啡机只是其产品线中的一台咖啡机；但对我们而言，它是必须推出新的品牌。无论如何，少量费用乘以大量的咖啡豆还是等于很多钱。

为使合作关系发挥作用，并确保所有管理层之间的定期沟通，合作双方建立了一系列正式的和非正式的管理和协调机制。两位主席通过联合指导委员会每月举行一次会议，研发、营销和供应链部门的跨职能领导小组每两周举行一次会议。这种管理架构保证了灵活性，在不牺牲企业效率的前提下，兼顾了两家公司的不同目标和文化。

2.6　合作设计产品

Senseo™ 咖啡系统在投入市场之前，其研发花费了 6 年多的时间，仅对咖

Innovation Leaders

啡萃取机器的内部工作机制的研究就花了 2 年时间。SLDE 的一位高级市场营销经理回忆说：

> 由于机器不能正常工作，我们不得不推迟投入市场。这种推迟发生了两次。这是一个革命性的系统，特别是低压萃取技术，它让我们能够在异于浓缩咖啡机所使用的 10 巴压力下制造泡沫。相较于 10 巴压力技术的较低的成本是我们的主要竞争优势。

SLDE 为 Senseo™ 咖啡机申请专利，并与飞利浦共享此专利。咖啡豆没能获得专利，因为这个概念在市场上已经存在。在不到一分钟的时间里，Senseo™ 咖啡机就能够制出一到两杯新煮的美味咖啡，并配有独特的平滑泡沫层。迄今为止，只能用浓缩咖啡机制作的泡沫层是 Senseo™ 咖啡机的主要特点之一，它保护了咖啡的味道，锁住了香气，并给人一种醇和的口感。

在定位方面，Senseo™ 产品符合通过进行消费者研究得出的理想档次。大多数客户认为 Senseo™ 咖啡是口感圆融的、舒适的、优雅的、快乐的。这与浓缩咖啡形成了鲜明对比，它被认为是犀利的、强烈的、充满活力的。对于 SLDE 来说，Senseo™ 咖啡系统的以下特征就是它的商标。

- 咖啡品质不同于浓缩咖啡。"浓缩咖啡机萃取出了咖啡豆中的所有味道，无论是好的还是坏的，如苦涩的味道。Senseo™ 咖啡则更圆融，更平和。"
- 泡沫层。"我们是唯一在不使用高压技术的情况下制造泡沫的咖啡。"
- 新的定位。更像一种有吸引力的饮料，而不仅仅是咖啡。
- 革命性的设计——机身为蓝色的、时髦的咖啡机。
- 低价机，以加快市场渗透。
- 最初有 4 种咖啡豆：普通咖啡、焦炒咖啡、微炒咖啡和脱因咖啡（后来还有混合咖啡和美食咖啡）。

不同于传统咖啡机的黑色或白色，飞利浦公司为 Senseo™ 咖啡机的机身

第 10 章
领导开发新的/改进的客户解决方案：提升客户体验的乐团指挥

选择了蓝色。市场研究表明，这种颜色对客户影响最大，但 SLDE 对此持怀疑态度。SLDE 一位高级管理人员解释说：

> 我们开始不太情愿选择蓝色，但后来发现这个颜色让我们的机器在货架上非常显眼。

2.7 比 DVD 更快地实现市场渗透

2.7.1 在欧洲推出 Senseo™ 咖啡系统

2001 年 2 月，最初由中国制造的 Senseo™ 咖啡机在荷兰市场推出并大获成功，咖啡机和咖啡豆的销售额超过了预期的两倍。这些意想不到的结果加速了 Senseo™ 咖啡系统未来两年半内在比利时、法国、德国和丹麦的推广进程。2001 年 10 月，亨克·德容接任保罗·布朗伯格成为飞利浦饮料业务部门的经理，领导了 Senseo™ 咖啡系统的成功推出。考虑到 Senseo™ 享有的有限的专利保护，快速推出产品对占据市场领导地位至关重要。2005 年，阿德瑞安·纳恩表达了他和 SLDE 同事的欢快心情：

> 比 Playstation™ 的销售增长更快，我们在 3 年内销售了 500 万台机器。我们的愿景是：未来的咖啡市场是单杯供给的市场！

在采用欧元的几个月前，我们在荷兰推出了 Senseo™ 咖啡机并以 129 荷兰盾的价格出售，相当于 59 欧元，这接近机器的成本价格。购买咖啡机还赠送价值 14 欧元的咖啡豆礼包。几个月内，高需求和低供给促使公司将咖啡机价格提高到 69 欧元。传统的过滤咖啡机价格由 27 欧元提高到 31 欧元；而浓缩咖啡机最低零售价是 113 欧元，最高零售价达 900 欧元。

在 2005 年 6 月——产品推出的 4 年多后，Senseo™ 一共卖出了 1 000 万台咖啡机，近 80 亿包咖啡豆。随着其对巨大的美国市场发起猛烈的进攻，前景一片光明。在每次推出产品时，市场份额增长的模式几乎相同。增长起点与飞利浦和 SLDE 在该国占据的原始市场份额密切相关，之后都遵循相同的增长速度。飞利浦和 SLDE 预计 Senseo™ 咖啡机在所销售国家的家用咖啡机市场份额将达到 20%~30%。

2.7.2 改变消费者习惯

对于 SLDE 的高级营销经理而言，Senseo™ 咖啡系统不仅仅是一个成功的产品，它更是在咖啡市场创造的一个新的产品类别。他解释说：

> Senseo™ 咖啡机是经典的过滤咖啡机的补充品，而不是替代品；我们销售额的 94%属于额外增加的。大多数店主在需要大量咖啡时依旧选择滴流式咖啡机，只是偶尔使用 Senseo™ 咖啡机。

在我们介绍 Senseo™ 概念时，有 35%的受众表示会购买该产品。而在他们品尝了 Senseo™ 咖啡后，这个数字就上升到了 45%。早期尝试者对该产品表示赞赏，满意度达 90%以上。由于"看+试=买"策略和积极的口碑，在各国推出产品的 6 个月后，利润几乎高达 70%。

2.7.3 提高生产能力

在中国的制造商遇到问题后，飞利浦将产品生产线转移到波兰，直到在中国建立第二个生产基地，不过这次它也拥有了自己的家用电器厂。目前，飞利浦公司每年通过两家工厂能够生产 200 万~300 万台机器，超过这个数量则难以通过规模经济提高效益。

意想不到的高需求对咖啡豆的生产造成了一定影响。SLDE 需要在不到 3 年的时间内将其咖啡豆产量翻两番，这意味着使其咖啡生产组合达到新的平衡。2004 年 1 月，一半以上的乌特勒支（荷兰一城市名）工厂致力于生产咖啡豆，SLDE 也采用了尖端技术。为维持市场平衡，它与两家设备制造商签订独家合同，获得两套咖啡豆高速生产设备。第一套设备每分钟可以生产 1 000 包咖啡豆，第二套设备是 4 台机器的组合，每台机器每分钟可以生产 300 包咖啡豆，总量超过 1 000 包。这是一个重要的竞争优势，因为市场上的其他机器每分钟只能生产 300 包咖啡豆。

第 10 章
领导开发新的/改进的客户解决方案：提升客户体验的乐团指挥

2.7.4 获得回报仍继续投资

Senseo™ 咖啡的产品利润率是传统烘焙咖啡和研磨咖啡的 3 倍。到 2004 年，Senseo™ 已经为 SLDE 实现盈利。即使继续投资，其投资回报率也与其他饮料的回报率一致。

然而，飞利浦公司并没有立即获利，因为 Senseo™ 咖啡机的成功大大降低了传统的过滤式咖啡机的销售额。Senseo™ 带来的咖啡豆销售额使得飞利浦公司的盈利能力恢复正常水平，因为它通过每包咖啡豆销售所得的固定收益弥补了机器销售上的低利润。飞利浦公司也希望能将 Senseo™ 咖啡机制造业务变成赚钱的业务，它利用经验曲线效应，研发出了成本较低的新机器。2002 年 9 月发布的第二代 Senseo™ 咖啡机，不仅拥有另外两种颜色——黑色和白色，还比第一代的质量更好、价格更便宜。再加上 10 欧元的提价（从 59 欧元到 69 欧元），飞利浦公司在咖啡机上的经济收益多少有所改善。

然而，这种快速增长是有代价的。一项关键的任务是设立联合消费者热线。双方都希望对方去解决这个特殊的问题，但的确不能让消费者持续等待。2003 年，SLDE 的营销支出增长了 36%，主要用于 Senseo™ 咖啡系统的持续推广。

2.8 直面竞争

然而，与任何成功的创新一样，竞争对手也在加紧研发工作。一些公司准备了可以用于 Senseo™ 咖啡机的咖啡豆，一些公司则研发了自己的咖啡系统。

2.8.1 咖啡豆生产商开始进攻

不同于受专利保护的咖啡机，咖啡豆是 Senseo™ 咖啡系统的致命弱点。管理层认为，针对未来进入者的最佳方式是封锁所有第三方大批量咖啡豆生产商。然而，竞争对手很快能利用每分钟生产 300 包咖啡豆的机器进入市场。

在法国和德国，市场领导者卡夫公司能提供适用于 Senseo™ 咖啡机的咖啡豆。虽然这家巨头公司很聪明地未直接表露自身意图，但客户被邀请在线检测，确认可以在 Senseo™ 咖啡机中使用卡夫咖啡豆。在德国已占有 30%份额的自有品牌公司更明目张胆，SLDE 很快就将它告上法庭。但之后的司法纠纷未能得到解决，这让管理层意识到只依靠法律手段不足以保护自身业务，他们必须更快地推出新的 Senseo™ 咖啡系统。尽管如此，纳恩仍然保持自信：

> 我们必须接受咖啡豆的竞争加剧的现实。我们的系统是半封闭的，你可以放入其他的咖啡豆。但是，我们拥有高的品牌知名度，高的客户忠诚度，并且客户通过 Senseo™ 获得了最好的体验。

此外，令人不快的是，尽管具有无法使用高速咖啡豆生产机器而产生的成本劣势，但自有品牌公司仍然能够与 SLDE 进行价格竞争。一位 SLDE 高级管理人员评论说：

> 我们犯了一个小错误。当他们进入这个市场，购买 10 台每分钟能生产 200 包咖啡豆的机器，他们仍具有低成本特征。

不过他承认，咖啡豆的竞争日益激烈，迫使他们不断检讨其营销组合：

> 因为我们只通过咖啡豆的销售盈利，所以我们必须改变营销方式。起初，我们对咖啡机的宣传比咖啡豆多。现在，我们把重点放在咖啡豆的品牌上，并把它和母品牌联系起来。我们已经建立了著名的 Senseo™ 品牌，接下来就让我们确保消费者能把它和 SLDE 联系起来。

2.8.2 家电竞争对手在自身系统内的回击

其他制造商也在准备研发、引进有竞争力的低压咖啡系统。2004 年 2 月，卡夫公司宣布打算在法国推出 Tassimo™ 咖啡机，一种当地颇受欢迎的咖啡品牌的家用咖啡机。另外，卡夫公司也与意大利咖啡机制造商喜客公司合作，提供专有的按需家用咖啡系统。该咖啡机由博朗公司分销到法国，按一下按钮即可制作泡沫卡布奇诺，而无须使用传统的蒸汽棒。在美国，宝洁公司也与百得

第10章
领导开发新的/改进的客户解决方案：提升客户体验的乐团指挥

公司和萨尔顿公司合作研制自己的单杯式咖啡系统。另外，在 Nespresso™ 浓缩咖啡系统取得成功的激励下，雀巢公司也打算加入单杯式咖啡系统的研究。

SLDE 和飞利浦公司认识到来自对手的威胁，但表示已做好应对准备。因比 Senseo™ 咖啡机采用更高的压力，Tassimo™ 咖啡机自然更昂贵。此外，根据在北美进行的定性比较研究，Senseo™ 的两位合作伙伴了解到，消费者更喜欢 Senseo™ 咖啡系统，因为它生产的泡沫层和始终如一的美味。

2.9 对合作关系的考验：飞利浦咖啡机的利润困境

飞利浦公司的管理人员并不担心竞争对手降低机器价格,因为他们拥有无与伦比的成本优势。但他们担心"盗版供应商"进入咖啡豆市场，因为他们的盈利取决于咖啡豆收入。飞利浦公司认为它需要通过 Senseo™ 咖啡机赚钱，并减少对咖啡豆的依赖，但该怎么做呢？

既然竞争对手的数量在不断增加，那么提高咖啡机的零售价格是不可能的。而通过规模经济来降低咖啡机成本则受到极大的限制。可能的解决方案在于重新设计咖啡机以进一步降低成本，但保罗·布朗伯格意识到了局限性：

> 重新设计咖啡机以进一步降低成本，需要改变咖啡机的基本设计。但是，既然它在已经市场上受到了充分的认可，我们不想将设计改变太多。消费者已经熟悉这一新的类别，它既不是过滤机，也不是浓缩咖啡机。可我们有能力推出一个全新的设计，而不使消费者混淆吗？

另一个选择是引进新的高利润产品，但是，保罗·布朗伯格也看到了这一策略的局限性：

> 只要我们在该市场上是唯一的，我们就不想与自己竞争。也许，我们只需要一台机器！只有业务和竞争对手能迫使我们扩大经营范围。但是，我们不应该陷入为每一个价位提供对应产品的陷阱。

Innovation Leaders

不过，飞利浦公司一直在努力推出一款新的高端机型，以补充其基本型号，并期望能获取可观的利润。但它会是什么样的咖啡机呢？什么样的功能会促使消费者以高达 99 欧元的价格进行交易呢？它能被独自设计和完成吗？消费者提出了一种可能性：自行调整加水量以获得更浓或更淡的咖啡。但是，这是不是也遵循了 Senseo™ 的概念，即提供一杯完美的咖啡，并通过购买不同品种的咖啡豆（温和、普通或重焙）来调整咖啡浓度呢？

通过 Senseo™ 咖啡系统，SLDE 和飞利浦永久性地改变了消费者在家里饮用咖啡的方式。但他们需要继续努力，以保护和扩大自身业务，同时维持双赢的合作关系。

3. 建立以创新为中心的合作关系

Senseo™ 的案例为集体创新领导力提供了丰富的经验。在第 8 章和第 9 章中已经提到了这种领导方式，它在以下几个方面具有显著的重要性。

（1）从令人信服的以客户为导向的愿景开始。在 Senseo™ 的案例中，愿景集中在设计和提供全面的"咖啡解决方案"，以便为消费者提供独特的口味、品种和便利性体验。这一愿景由合作双方共同实现。

（2）认识到以创新概念为核心的合作关系的好处。在 Senseo™ 的案例中，双方的合作关系远远超出了传统的供应关系，因为合作伙伴要共同开发和推广新产品，并分享风险、成本和利润。

（3）实现重大的创新需要不同类型的领导者同时且持续的参与，并在一个领导力链上工作。在 Senseo™ 的案例中，领导力链跨越了两个组织且直到 2007 年仍不间断。

伟大的创新案例很少归功于单一的领导者，他们通常需要集体领导的努力。在 Senseo™ 的案例中，来自两位合作伙伴的几位"指挥家"同意为他们的组织建立共同的目标从而一起"演奏音乐"。他们在以下 3 种情况下愿意合作。

第10章
领导开发新的/改进的客户解决方案：提升客户体验的乐团指挥

（1）解读消费者未被满足的需求。

（2）策划协调一个有效的客户解决方案。

（3）整合各自业务，以向市场呈现他们的共同愿景。

从创新领导者的角度来看，Senseo™ 的案例中最有趣的一点也许是两家公司的合作方式。

3.1 就创新性的客户解决方案达成一致

Senseo™ 的成功与两家公司建立的独特的合作关系直接相关。早期，它们各自的管理层意识到：

（1）只有合作，它们才能开发并向市场推广一个（在价格可承受性和消费者体验方面都达到）最优的咖啡系统。

（2）只有灵活、平衡的合作关系，才能确保双方平等的地位和公平的投资利润分配，使合作关系维持下去。

3.1.1 充分利用彼此的优势

SLDE 本来可以坚持原来的"独行"策略，用来自中国的外包制造商生产和推广整个系统。或者，它也可以采用 Nespresso™ 的方法，即持有所有知识产权，并保持对咖啡系统的控制权，然后再授权几家像飞利浦公司这样的咖啡机制造商协助生产。但是，SLDE 并没有在处于强势地位时实施独行策略。不像雀巢公司在咖啡萃取系统和铝胶囊方面有强大的专利保护，SLDE 缺少对咖啡豆的设计和制造保护。因此，它在面对竞争对手时处于不利地位，易受私营品牌咖啡豆供应商的攻击，从而只能在速度上抢先一步并借助不断的创新战胜竞争对手。

飞利浦公司作为一家低成本但优质的制造商和强大的"A 类品牌"持有者，其在家用电器行业中的优势大大提升了 SLDE 的地位。这有助于 Senseo™ 咖啡系统加快实现市场渗透，在市场上建立 Senseo™ 的品牌知名度，获得客户忠诚度，从而降低其他咖啡豆供应商和私营品牌对 SLDE 的冲击。

Innovation Leaders

而由于没有咖啡豆业务，飞利浦公司也不能自己推出咖啡系统。它不得不争取生产其他专有咖啡系统（如 Nespresso™ 或卡夫的 Tassimo™）机器的权利，同时还要试图维持其咖啡过滤机业务。SLDE 为飞利浦公司带来了很多有用的咖啡制造资源、营销知识以及完善的咖啡品牌和分销范围。

3.1.2 建立灵活、平衡的合作关系

合作双方充分认识到它们的互补性，这就是尽管已经完成了咖啡系统的核心设计，SLDE 仍同意与飞利浦公司合作的原因。本着同样的精神，它们设计了一种模式，即飞利浦公司通过咖啡豆的销售盈利，以补偿机器的低价格，从而促进客户早日接受 Senseo™ 咖啡系统。保罗·布朗伯格认识到，SLDE 管理层通过一种重要的金钱让步策略，来维持对飞利浦 DAP 的激励。只有合作双方认为这是一种双赢局面，合作关系才能维持下去。

3.2 发展合作关系

3.2.1 从合同关系到工作关系

最初的合作关系在 Senseo™ 咖啡系统面市之前发挥了重要作用，因为它确立了两家公司的合作原则。同样重要的是，在前几年，合作双方还在相互了解中，并且双方都有新人不断加入。2005 年 6 月，SLDE 方面的 Senseo™ 业务负责人克里斯汀·克拉森，谈到了双方之间合作关系的演变。

> 当你不确定你是否了解彼此的战略构想、研究方向以及激励方式时，你可以参考正式的文件。这就是第一阶段，合作协议能帮助我们确保在合作双方存在巨大差异的情况下尽快了解合作项目。
>
> 现在,我们已经进入市场好几年了,且很多人都参与了这项业务。我们在不同层次有很多不同的关系,从而我们可以在合作协议框架外更好地讨论和协调对双方都有意义的设想。这就是我们"婚姻关系"的灵活性和优势所在。随着时间的推移，我们对彼此了解更深，并以不同于两年前的全新视角相互信任。

第 10 章
领导开发新的/改进的客户解决方案：提升客户体验的乐团指挥

合作协议是相当详细的，但是当然，它的签署者难以预料到未来市场的发展，所以忽略了一些后来被证明很重要的问题。克拉森说：

> 随着市场逐渐发生变化，而我们在四五年前草拟的第一份合作协议也有一些遗漏之处，因此我们需要变得更加灵活。我们有两种不同的方法可以选择。首先，我们可以各自聘请 10 位律师，每当有新想法就在合作协议中增加相应内容，如此反复操作以确保更多人参与其中。或者，作为彼此的商业合作伙伴，我们只关注商机并在激烈的竞争环境中寻求解决方案。

3.2.2 在各个层级建立工作关系

随着合作双方从项目模式转向业务模式，必须在所有跨职能和跨地域的组织团队之间建立一系列正式的和非正式的关系，正如飞利浦 DAP 的 Senseo™ 业务负责人让·德汉说的：

> 我们公司的所有业务通过各个团队进行合作。我们希望在各个层面都能保持密切的合作。在最高层次上，我们每隔一个月举行一次所谓的国际指导委员会会议，谈论各种各样的主题，包括定价、包装、推广等。公司高层之间合作紧密，销售和营销经理也是如此。而在组织的各个层次上，我们都已建立联系。所以如果你们想去见一个零售商，你们当然可以一起去，因为我们这是咖啡和家电之间的"婚姻"。

每当有新来者加入，都会给双方团队带来一些困难。因为他们不了解两家公司的合作进程，从而试图以合同条款作为行为规范，并重新研究已经解决的业务问题。因此，合作双方的领导者不得不一次又一次地花费时间来解释两家公司的愿景和运作方式。

基于个人日常业务，克拉森阐述了相应的关系要求：

我们非常依赖个人关系，并且关系的建立也需要时间。我们需要了解每个人的工作原理，而不仅仅是公司的工作原理。根据对他人需求和想法的理解以及他是否获得公司的必要批准，我们由此作出决定。让·德汉和我是同行，我们都从事 Senseo™ 国际日常销售业务。我们领导国际团队——营销团队、创新团队、推广团队和运营团队。而我们的管理人员也需要发展自己的关系，以便能在相应层面上作出决策。我们可以与直接汇报经理的行为保持一致，以确保不会偏离我们的最终目标。

3.3 从合作关系看领导风格

3.3.1 建立信任

正如保罗·布朗伯格所说，建立信任关系不是一件容易的事情：

一开始，SLDE 不知道是否能够信任飞利浦公司，这在合同谈判过程中成为很大阻力。我们表示，在初步合作意向书的条件下，我们无法赚到足够的钱。我们签署了保密协议，他们应该信任我们。但如果我们滥用这种信任，那我们的合作关系也会随之破裂。

另一方面，最初 SLDE 认为自己很了解机器设计。但我们对其设计提出建议，我们可以通过改变其设计中的某些元素来降低机器价格。我想，我们都应尊重"彼此在各自领域内的专业性和权威性"！

最终，这种彼此依赖的相互信任，使得双方的合作关系一直持续下去。

3.3.2 面对文化差异，学会共同努力

这两家荷兰跨国公司有着完全不同的公司文化。飞利浦 DAP 比 SLDE 更加中心化，与基于共识的合作伙伴相比，它的结构更复杂，并且更多地依赖流程。飞利浦公司的德汉强调：这导致了不同的市场进入方式。

一旦我们作出集中决策，我们可以明确地对当地公司说："好吧，

这就是我们接下来要做的！"对于 SLDE 而言，他们需要更多地向自己的团队阐述他们的愿景和理念。

阿德瑞安·纳恩承认这种差异的存在，并对比了两种方法的优缺点：

> 飞利浦公司的管理风格是集中式的，而我们的是分散式的。集中化有利于加快营销和发展速度，并且所做的决策适用于所有部门。然而，当预测出错时，它们很可能会失去部分销量；而我们则能更快地在本地进行调整适应。

公司文化和管理风格的差异性，增加了两家公司之间合作关系的复杂性，这要求更多的灵活性。在文化顾问的指导下，领导人组织了一次为期两天的研讨会。它旨在确定"什么样的公司文化会阻碍其他成员的加入"。研讨会得出，尽管公司文化存在差异，团队成员的动机却非常相似。然而，在许多情况下，一些团队成员因为难以相处、交流而离开公司。在其他情况下，随着一些据称"不可谈判"的因素重新纳入商议范围，几个早期合作的参与者必须学会放手。正如所料，与任何一种婚姻关系一样，两家公司之间的合作关系也是有起有伏的。

3.3.3 确保愿景的活力

2007 年，尽管在许多操作细节上存在冲突、公司文化仍有差异，但两家公司的管理团队都努力维持合作关系的稳定。保罗·布朗伯格提到了他对保持团队凝聚力的看法：

> 建立合作关系，有一个领导技能是必不可少的：回归建立合作所基于的共同愿景。我们有不同的公司文化，有各自的关注点。有时候，你可能会因对方讨论问题和作出决定的方式而感到沮丧。然而，你必须把这个共同愿景作为路标，并借助它消除文化方面的阻碍。

阿德瑞安·纳恩认为，双方的合作关系不仅是一种成功，也是 Senseo™

Innovation Leaders

发展的关键驱动力。他坚持将这一成功归功于与飞利浦公司的合作：

> 没有飞利浦，我们难以取得成功。或许我们有能力研发出好的咖啡机，但是它给我们带来了家电市场的专业知识。一开始我们并未想到它会起作用：我们必须同时在两个不同的领域取得成功，从当地市场走向世界，并管理我们之间的松散的合作关系。

Senseo™ 的案例再次强调了以创新为中心的合作关系。飞利浦 DAP 的保罗·布朗伯格和 SLDE 的文森特·汤森从一开始就鼓励该合作项目的开展。他们和各自的继任者一起解读消费者未被满足的需求，协调原有的合作关系以满足这些需求，整合双方资源以开发合适的解决方案。

第3部分
培养创新领导者

第 11 章

建设培育创新领导者的环境：罗技公司的案例

> 尽管我们很快将成为一家价值10亿美元的公司，但我仍然将罗技视为一家小型公司，它由每个必须努力在这个世界上生存下去的业务部门组成，部门中的每个人都像或者说应该像初创企业的员工一样行事。初创企业要做到的只是创新。所以，对我们来说，对现在很多公司来说，创新是生存的途径。
>
> ——罗技公司联合创始人、原董事长 丹尼尔·波莱尔

在丹尼尔·波莱尔发表此番评论后，罗技公司在2003财年的销售额便高于10亿美元，在2007年达到21亿美元。它的销售额预计将在2010年前达到其30亿美元的目标，但罗技公司仍然保有作为一家训练有素的、规模较大的初创企业所具有的活力、创新性和敏捷性。投资者认可这个在纳斯达克上市的公司的业绩，并在过去的10年间持续支持其股票升值。即使在互联网泡沫破裂后的困难时期，他们仍然对它持有信心。随着在数字外设产品领域的一系列创新，该公司开发了一些新的产品门类。罗技公司已获得多个行业奖项，有不错的口碑并且相当成功。

自2007年年底，罗技公司的高管层发生变化。丹尼尔·波莱尔，罗技公

第 11 章
建设培育创新领导者的环境：罗技公司的案例

司的联合创始人和董事长，将指挥棒传给自 1998 年就担任罗技公司 CEO 的格雷诺·德·卢卡。杰瑞·坤德兰，来自柯达公司的一员老将，成为罗技公司的新 CEO；他于 2005 年加入罗技公司，担任全球销售及市场部高级副总裁。这种管理变革不太可能改变罗技公司独有的特点——罗技公司具有在竞争激烈的环境中通过创新实现增长的能力——因为罗技公司建立在根深蒂固的创新领导者文化之上。本章将尝试从多个方面描述这样一个培育创新领导者的环境。

1. 罗技公司：是普通公司还是非凡公司

一些公司似乎能够年复一年地创新。如果对它们进行仔细研究，可以获得很多关于创新领导力的经验。罗技公司就是其中之一。这个公司有趣的地方在于，它杰出的成果似乎并不来自一套独特的技能和资源。

- 罗技公司的高级管理人员肯定是有魅力的，但他们不同于小公司那种不断吸引媒体注意力的"唱主角"的领导者。
- 罗技公司的成功并非得益于其对特定技术的掌握。当然，它有非常能干的工程师，但他们与其他强大的电子公司的工程师并无二致。
- 罗技公司不打算通过其惊艳的设计创造"令人狂热"的产品。但是，它有优秀的产品和设计，它的 MX Air 鼠标已应邀在纽约现代艺术博物馆展览。
- 罗技公司没有让人印象深刻的营销活动。它是个讲究成本效益的聪明的营销者，但其营销和广告预算相对来说都不高。

我们可以继续强调罗技公司是一家优秀的公司，虽然它在任何领域都不是独一无二的。事实上，它的管理层和员工都相当低调、谦虚，他们知道，罗技公司所处的行业并不稳定，罗技公司优异的市场表现可能随时被中断。他们从不把罗技公司的成功视为理所当然。

罗技公司的独特之处在于，它似乎比同行业中的大多数公司善于更快、更持久地创新。此外，它具有很强的执行力，这导致其持续的市场成功。这主要是由于很多创新领导者和一个人才荟萃的团队的共同努力。他们努力以更好的方式服务客户，重塑自我。罗技公司的领导者似乎已经在他们的集体行为中整合了持续创新的要素，即融合了不同寻常的特质：

- 创造力和纪律性；
- 公司文化和流程；
- 自上而下的和自下而上的创新模式——

总之，这本书中的所有内容。而这绝对是独一无二的！

在罗技公司，创新领导力不仅限于高层管理团队。它似乎渗透多个层面——上至组织管理，下至业务操作。通过罗技公司的价值观、态度、政策和流程，管理人员创造了一种可以培育创新领导者的环境。这无疑是罗技公司持续创新的最佳武器。

1.1 一家成功的初创企业

罗技公司成立于1981年，成立之初是瑞士一家小型的软件开发公司。后来，它逐渐成长为全球外接设备专家，客户在工作、娱乐、沟通时使用它的电脑、游戏机、电视或移动数字设备。

在罗技公司的早期阶段，它有一家生产工厂，鼠标产能达到25 000只。尽管其全球市场的销量远低于这个产量，但它的创始人意识到市场的潜力。丹尼尔·波莱尔强调：

我们是一群有着远大梦想的人。从一开始，我们就梦想有一天，罗技将成为全球市场公认的，提供有趣的、创新性产品的公司。

罗技公司的愿景是成为技术和人之间的接口，而生产鼠标是实现这一愿景的冰山一角。罗技公司想使个人电脑更加私人化，这意味着利用设计、技术和制造工艺的最佳组合，研发出市场上吸引人的、用户友好的、用户负担得起的

第 11 章
建设培育创新领导者的环境：罗技公司的案例

产品。从一开始，波莱尔就坚持罗技公司产品的个性化和情感化特征，它们要与计算机技术的冰冷形象形成鲜明对比。

罗技公司的增长与鼠标的发展息息相关。罗技公司发端于原始设备制造商（OEM），目前这仍是其业务的重要组成部分。对于其包括世界上最大的个人电脑制造商在内的 OEM 客户，罗技公司在设计和制造方面的口碑是高产量、低成本和高质量。它的优势在于其对技术或市场变化的快速反应，以及有效的全球分销。

然而多年来，因消费者用功能齐全的外接设备增强了他们的数字系统，罗技公司在零售市场上占据一席之地。罗技公司大大地扩充了其产品线，提供了诸如鼠标、轨迹球、键盘、摄像头、音箱、游戏附件、万能遥控器等产品。这些产品对于台式电脑和笔记本电脑而言，具有更多功能且提供无线使用的自由。它们也适应新的应用程序，如游戏、音频、互联网上的多媒体可视通信、家庭娱乐控制、流媒体音乐和家庭视频监控等。

罗技公司在世界各地的零售商店及一些零售网站享有强大的品牌知名度。罗技公司希望为市场提供一系列最好的产品。为了做到这一点，罗技公司通过战略收购和合作伙伴关系获得了更多的产品和技术，以提高自己的设计与制造实力。

罗技公司从 1993 年到 1995 年经历了一段困难时期。从亚洲进口产品的激烈竞争、计算机行业的价格下降、高成本结构使罗技公司被迫重组。对其位于中国的制造部门进行了合并，对管理层进行了改组，罗技公司从功能型组织转换成业务型组织。在经历两个季度的财务赤字后，罗技公司重新崛起。

1.2 有差异的矩阵组织

罗技公司的经营结构为矩阵结构。它将全球市场分为 4 个区域：EMEA（欧洲、中东地区和非洲）、美洲、亚太地区（不包括美国）和日本。它还设有一个由几项业务组成的全球产品集团：控制设备、网络通信、音频、游戏、流媒体和远程控制。

业务部门由总经理领导，总经理向产品部门执行副总裁汇报。在大多数情况下，业务部门有一名营销主管和一名工程主管。业务部门由多个产品部门组成，产品部门专注于 OEM 或零售销售渠道。其中一些产品部门，如专注于以罗技品牌在零售渠道销售鼠标的零售指向设备部门，规模十分庞大。与业务部门不同，产品部门不是由一个人领导的，而是由工程负责人和营销负责人组成的团队共同合作、共同经营。正如一位管理人员解释的那样：

> 通过这样的合作，我们确保我们仍然是一个强大的、工程驱动的公司，没有失去与市场的联系。业务所有权由两个部门共享。最后，两个部门的成员必须接受业务部门领导者的领导并形成双方都同意的方案！

业务部门领导者的任务就是使两种人才组合成一个团队，正如一位业务部门高级副总裁所强调的：

> 我们如何让营销人员和工程人员合作？好吧，有时我们达不到这个目标！这要求双方的同步！但终有一天，他们必须达成一致。

这种营销和工程的合作延伸到业务操作层面。营销部门的产品经理定期与工程项目负责人合作。两个人共同负责某个项目，同时向不同的上级报告。

除了通常的企业职能部门，如人力资源、管理信息系统、财务和法律等部门，罗技公司还成立了一个企业发展部门。通过直接向产品部门的执行副总裁报告，企业发展部门高级副总裁有两个与增长和创新有关的职能。他需要：

（1）协助执行由罗技执行团队发起或批准的业务发展计划；

（2）成为激励、创意和挑战的来源，以帮助业务部门找到新的有前途的商业机会和潜在的合作伙伴，以扩大和超越他们已有的市场。

第 11 章
建设培育创新领导者的环境：罗技公司的案例

1.3 罗技公司的创新领导力的表现

相比行业表现，金融分析师更重视一个公司的业绩表现，以及该公司的管理层是否能以及在多大程度上满足他们的期望。公司在某个市场上的失败，意味着其业绩低于分析师的估计，那么它的股票会下滑，分析师会立即分析该公司存在的漏洞：战略的失误、拙劣的产品发布会或错过的机会。尽管拥有令人印象深刻的增长纪录，罗技公司并没有逃脱这种类型的审查。其在股票市场上的遭遇也是如此！

金融分析师的问题是，他们的分析几乎只关注财务方面。他们很少深入分析管理团队的质量和公司文化的动态。因此，他们很少提供有助于公司未来发展的意见。当然，没有人能预测公司在这种不稳定的、竞争激烈的环境中的前景。然而，有一点对于谨慎的创新观察者是显而易见的——罗技公司创造了一种对创新领导力有利的环境，并可以在管理层发生变化或行业震荡的态势下维持该环境。因此，即使可能让金融分析师失望，罗技公司仍有对创新进行自我投资的能力。

罗技公司良好的创新领导力环境是一些创新驱动因素、创新文化和价值观及务实且有效的创新流程综合作用的结果，本章将会对此进行简要介绍。简言之，一个创新领导力环境就像一个复杂的系统，由许多相辅相成的要素组成。

2. 罗技公司的创新驱动因素

一个公司真正的创新驱动因素是很难确定的。一些创新驱动因素纯粹是内在的，如管理层的愿景、态度、管理政策和管理流程；有一些是外在的，反映了市场竞争动态。罗技公司的创新驱动因素综合了这两大类，包括：

- 与公司共同发展的愿景；
- 强劲的、永不满足的增长动力；
- 不断追求精心设计的新产品；
- 对外部技术和创意的开放态度；

Innovation Leaders

- 对控制成本的执着。

2.1 与公司共同发展的愿景

罗技公司最初声名鹊起是因为它能在强大的电脑制造商周边开拓市场空间。鼠标作为标准的外接设备，与电脑打包销售超过 10 年。正如一个内部文档所记录的：

> 从 1985 年年底开始，鼠标超越其作为一种产品的作用，帮助罗技公司定义了其第一个愿景——技术与人之间的接口——今天仍是罗技公司的使命。

罗技公司决心重塑计算环境，提升用户体验，引领公司创造具有情感色彩的产品，实现了其官方座右铭"用户友好创新"。10 年后，罗技公司重新定义了其愿景和使命：

> 愿景：成为每个人的人性化电脑。
> 使命：为每个电脑用户提供最好的电脑使用体验。

波莱尔在早期设想罗技公司拥有"有趣的、创新性的产品"时，他便认为这样的愿景能激励员工。随着罗技公司进入千禧年，它的愿景和使命再次演变：

> 愿景：成为人和信息的接口，改变人们工作、学习、沟通和娱乐的方式。
> 使命：罗技公司提供丰富人与信息的交互方式的工具。

在罗技公司内部，创新已不仅限于产品开发，而且延伸到组织内的系统和流程。正如一个产品部门的总裁观察到的：

> 创新不仅仅是产品开发。我们试图对我们的系统操作方式进行创新，使它们能够成长和扩大。

2.2 强劲的、永不满足的增长动力

大多数产品经理在极大的来自高管层的要求持续的产品更新和业绩增长的管理压力下工作；而来自股市的压力——季度业绩展望——对产品经理们来说也是一种折磨，但他们还是得承受这些压力。竞争对于产品经理们而言是一个特别强的驱动力。一位业务部门的副总裁强调：

> 我们有一个伟大的竞争者——微软公司。微软是一个奇妙的品牌，值得信赖！他们很棒。互相挑战对我们来说是一件很好的事情。我们可以创造一种新产品，让他们退出。他们可能创造一种新产品，让我们歇菜。这并不是说我们痴迷于与微软竞争，而是这种竞争创造了能量。周期性的能量输入——这是我对此最好的描述方式。

2.3 不断追求精心设计的新产品

罗技公司不断更新和扩充其产品线，其产品的平均市场生命周期为 12~18 个月；每年可以从新产品中获得的收入在其收入中占比 50%以上。要按照如此高要求的时间表持续地交付产品，设计的重要性可见一斑。产品部门的营销负责人说：

> 我们不再谈论设计……因为设计的理念已经存在于我们脑海中了！罗技公司需要创造有情感色彩的产品，无论是在产品的形状上，还是在颜色上。个人电脑现在是主流消费市场。我们已经从枯燥的米色转移到更令人兴奋的颜色上了。

罗技公司还密切关注新兴行业的发展趋势。意识到行业生态系统是由众多的公司共同塑造的，罗技公司与其他公司密切合作，以改善整体用户体验。用产品营销总监的话来说：

> 我们关注那些影响硬件和软件基础设施的公司。微软公司对其

数字媒体的软件进行了显著的改善。如果我们观察媒体的演变，我们可以利用一些既酷又有用并且时尚的趋势。然后，我们问自己："我如何让用户发现这个创意已经隐藏在现有的操作系统上了呢？我该怎么做，才能把这个创意在我的产品中实现可视化呢？"

2.4 对外部技术和创意的开放态度

罗技公司一直对有关产品创新的内部和外部资源持开放态度。尽管具有深厚的工程基础，但罗技公司不仅仅依赖自己的技术资源，甚至连它的工程师都认识到，重要的不是技术来源，而是向用户提供最大的价值。因此，罗技公司鼓励每位工程师及时了解其知识领域内的外部技术的发展和来源，他们会得到副总裁的持续帮助，在新的业务发展方面和与罗技公司技术相近领域的员工发展方面，副总裁会倾尽所能。

但为了避免发生重复发明轮子这样糟糕的事情，最有效的动机可能来自很短的产品交付时间所带来的巨大压力，对于市场营销人员和产品开发人员都是如此。保持快速开发新产品的节奏，这个驱动力是极其强劲的。如果谁妄图重新设计一个在商业上已然存在的产品，这个念头很快会被打消。

2.5 对控制成本的执着

罗技公司的创新哲学中最引人注目的方面，或许是它执着于开发质优价廉的产品。结合创新和成本是一项挑战，罗技公司的前任 CEO、现任董事长格雷诺·德·卢卡认为罗技公司目前还无法应对该挑战。罗技公司需要降低成本以达到其目标零售价格（95%的产品的零售价低于 99 美元，其中多数产品的零售价在 49 美元以下）。它在降低成本的同时还要负担高昂的新产品研发费用。

这种对成本控制的执着使技术外包更具吸引力，其事业发展部门的副总裁解释道：

第 11 章
建设培育创新领导者的环境：罗技公司的案例

创新与成本挂钩！我们受 OEM 市场的影响，尝试分析影响成本降低的因素。我们考虑时间成本——采用外部技术来节省时间和成本。我们比中国台湾人更关注成本。很多工程师不喜欢这样，但这是一个必须面对的挑战。最终，他们认为考虑这个问题是有益的。目前，我们拥有一个被市场看好的消费品牌、具有 OEM 供应商所拥有的成本结构。

但即使使用外部技术，罗技公司也找到了新的方法对外部技术的性能或特性进行优化，以适应大规模生产。其事业发展部门的副总裁讲道：

考虑到我们强大的 OEM 背景，我们无法购买、贴牌和销售低成本的产品。我们不得不考虑购买技术，并对其进行再开发。

3. 罗技公司的创新文化和价值观

罗技公司的创新文化和价值观应该被视为罗技公司最有影响力的创新驱动因素之一。虽然这种创新价值观没有被写入罗技公司的章程，但是它能被员工感受到。管理人员经常提到这种创新价值观，外部观察者很容易总结出一个非正式的清单。

- 一种从上到下的激情、奉献和承诺的意识。
- 全球化心态。
- 开放和分享的态度，以及由此产生的信任与授权。
- 愿意承担风险并接受失败。
- 偏好非正式的、务实的管理风格。
- 注重执行的现实性和严谨性。
- 对富有建设性的反对意见的接受。
- 对 24 小时效率的追求。
- 适度的谦逊。

罗技公司的一个产品部门——零售指向设备部门——重申了以下一系列价值观。

- 在任何时间、任何地点对任何事物（不仅仅是产品）进行创新。
- 一种全球文化（包含了每个地区文化的精华）。
  - 与"非我发明"综合征进行战斗
- 因为地理上的分散，要保证透明性和可见性（计划、问题、设计、决策等）。
- 伙伴关系和相互尊重（而不是内部客户或供应商）。
  - 挑战是受到鼓励的
- 强有力的项目管理实践。
  - 风险管理——正确使用完工报告
- 奉献精神和对贡献的认可。
  - 把精力集中在为公司增加价值的任务上
- 流程导向。
  - 完美的执行，注意细节
  - 将问题视为流程改进的机会
- 效率。
  - 使用IT工具：Lotus notes、电子邮件、电话、网络会议
  - 会议有议程、会议准备和会议纪要，在会议室鼓励使用笔记本电脑
  - 程序、决策和行动事项的文件
- 谦逊（成功永无止境）。

产品部门负责人确保其职能经理将这些价值观传递给团队。

不难发现，公司要蓬勃发展，实践这些价值观是必不可少的，一位工程部门副总裁明确指出：

> 罗技公司聚集了一批认同这种价值观、热爱学习的人。那些来自大公司或认为自己有很多经验的人可能很难认同我们的价值观。我

第 11 章
建设培育创新领导者的环境：罗技公司的案例

们确保与合适的人一起共事。合适的人一般是年轻人，他们非常具有可塑性。我们非常看重人的合作意识、合作能力和大局观。罗技公司不是按小时计工资的，而是按结果和贡献付酬。罗技公司没有朝九晚五的工作岗位。

3.1 一种从上到下的激情、奉献和承诺的意识

波莱尔在 1998 年决定将罗技公司的控制权移交给一位新 CEO 时，他指出了罗技公司和他最终选择的人之间的文化契合度的重要性。他希望他的继任者拥有丰富的经验，是一个有魅力的领导者，知道商业成功和失败的意义，最重要的是，他充满激情。他解释说：

> 我希望我的孩子——罗技公司是充满活力的、成功的。我要找到一个充满激情的继任者。

他选择的 CEO——格雷诺·德·卢卡曾是苹果公司全球营销的前执行副总裁。罗技公司一直都很欣赏苹果公司的激情——运用革命性的设计去创造有趣的新产品，而德·卢卡在这方面的经验十分丰富。此外，他也通过失败的新产品学会了保持谦逊。这两个人——董事长和 CEO——都拥有激情，但他们以不同的方式表现出来。区域市场营销副总裁说：

> 在过去的几年里，罗技公司成功的关键在于波莱尔和德·卢卡共同创造的正能量。德·卢卡是一个优秀的商人、杰出的营销专家。当事情进展不顺利的时候，他非常坚强，也非常能吃苦。他对运营也十分精通。波莱尔则是一个企业家，一个有远见的人，一个有梦想的人，他擅长公共关系。这是一个很好的团队。他们配合得非常好。

成功的组织具备的一个特征就是它们对核心业务十分专注和投入，正如罗技公司在 20 世纪 90 年代早期的危机中所认识到的那样。它之前暂时忽略了它

颇为盈利的基础产品——鼠标——而转向其他产品。工程部门副总裁解释说：

> 奉献是关键。你需要人们用着、想着这些产品。10 年前，我们做过的最糟糕的事情是，几乎将一个成熟的业务经营至死亡的边缘。新业务比核心业务更具有吸引力——但是你仍需要维持核心业务的地位。

股权激励显然是罗技公司一个强有力的驱动因素——20 世纪 90 年代末的股市繁荣使许多握有股票期权的老员工成了百万富翁。但股权激励从来不是主要的驱动因素，让罗技公司的员工热情高涨的是他们的工作内容。他们看到在世界范围内销售自己的劳动成果，这是最切实的驱动因素之一。就像工程部门副总裁所反映的那样：有些焊接工程师的银行账户里有 100 万美元，但他们还在做焊接！他们的生活没有发生任何变化。他们仍然对自己的工作充满热情。

3.2 全球化心态

罗技公司以其吸收了不同国家和地区的文化精髓的全球文化为傲：瑞士的工程严谨性和完美性；美国的营销和创新技巧；爱尔兰的卓越设计；中国的实用工程能力和成本意识。有趣的是，在每个地方，罗技公司都被视为本土企业。高级管理人员确保本地管理人员自行组建运营团队，并且，实验室员工和办公室员工的交流也很频繁。

除促进办公室间的合作外，这种全球化心态还为罗技公司在竞争中提供了一种实践检验，消除了自满的倾向，如瑞士的一位项目负责人在中国台湾工作了 3 年后的感想：

> 在中国台湾工作能给你强烈的竞争感。竞争如影随形。"山寨"产品通常在你推出创新性产品的 6 个月后就会出现。在美国也有这种情况！最危险的地方是瑞士，因为你看不到竞争，它缓解了你的紧迫

第 11 章
建设培育创新领导者的环境：罗技公司的案例

感。罗技公司如果仍局限于瑞士，那它一定在几年前就倒闭了！

3.3 开放和分享的态度，以及由此产生的信任与授权

从还是初创企业时起，罗技公司就拥有了一种鼓励个人主动性并赋予个人管理人员权力的文化。在技术领域，这意味着年轻的工程师在其职业生涯早期就可以承担项目，但是是在指导者的协助下。总之，这意味着鼓励员工寻求帮助，以防出现问题。区域市场营销副总裁评论说：

> 在罗技公司，如果你有困难，你可以去找你的上司或其他经理寻求帮助。但是在我工作过的另一家瑞士跨国公司，如果你遇到了问题，你最好把它藏起来，因为如果有人发现了它，他会利用它来陷害你。

授权意味着让执行者不受过多干扰地开展自己的业务，就如一位区域市场营销副总裁所认为的那样：

> 以我们法国的总经理为例。他就像一个企业家，有一个12人的团队，他承担了很多压力，但他对罗技法国分公司的经营就好像经营他自己的公司一样。我认为，在你习惯了这种授权之后，很难在一个权力集中的组织中工作。授权于人肯定是一个激励因素。我们的理念是，在当地市场找到合适的人，并赋予他权力。而在很久以前，我们认为不能完全信任他并远程管理他。

3.4 愿意承担风险并接受失败

风险是可以容忍的，承担风险还会受到鼓励，这意味着罗技公司对失败的接受。罗技公司的产品在技术上和功能上都近乎完美，但有些产品在市场上却不被认可和接受。波莱尔是第一个认识到罗技公司瑞士总部的罗技博物馆包含了一些不成功的伟大产品的人。许多伟大却不成功的产品，如世界上第一台数码相机，只是在当时太超前了。波莱尔认为不应该惩罚失败——失败是游戏

的一部分——一位项目主管也同意此看法：

> 罗技公司有一种"不责怪"的文化，虽然这种不责怪取决于错误的大小和你重复此错误的次数。在过去的 14 年里，我在罗技公司犯了许多严重的错误——其中一个让我遇到很多麻烦。但我的老板并没有过多追究："你知道，你有几个项目成功了，这就足够好了。"

3.5　偏好非正式的、务实的管理风格

罗技公司的管理人员——从波莱尔和德·卢卡到更初级的运营者——都有共同的特点。

（1）一种亲和的、非正式的沟通方式。人们在进行跨级别沟通时直呼名字，随意着装。

（2）一种务实的、实际的管理风格。设备控制部门的主管将这种管理风格生动地表述为：

> 我是一个相当投入的执行者。我参与了产品的更新，在这些更新中，我问的问题和我们的讨论结果让人们感知到对我很重要的一些事。首先，它有助于加强我想要传达的一些优先事项和价值观。其次，它有助于人们更好地感受到管理层的关心、理解、欣赏挑战，以及对挑战的敏感度。

3.6　注重执行的现实性和严谨性

通过过去作为 OEM 供应商及度过 20 世纪 90 年代初的金融危机的经验，罗技公司了解严谨的执行——创新的细节部分的难度和重要性。波莱尔自己也承认，罗技公司过去经历了重大的失败，如罗技的 Photoman——市面上第一台数码相机——是由于不够具有现实性造成的。罗技公司在这台数码相机的技术方面投入过多，使得产品过于特殊，因此市场潜力有限。

第 11 章
建设培育创新领导者的环境：罗技公司的案例

考虑到他的业务部门规模和他每年处理的业务量，一位高级管理人员确认了严谨执行的必要性：

> 如果我有一个问题，一个大问题——如果我需要召回 500 000 只鼠标——那么我死定了！

3.7　对富有建设性的反对意见的接受

罗技公司鼓励管理人员说出自己的想法，彼此挑战。一位年轻的项目经理解释说：

> 工作中会有很多冲突，但我们必须解决这些冲突。我经常和上司意见不一致。如果冲突是不理性的，基于感觉的，那么你就会陷入麻烦中。但在大多数情况下，冲突是针对事实的，而不是针对人的。

高级管理人员强调要遵守默认规则，其中一位强调：

> 我们公司尽可能地民主。如果有人对我的决定提出质疑，我会坐下来——我不会把他们赶出我的办公室——和他们谈谈，不管是谁。如果那个人提出的见解有效，我会改变主意。

但是一些管理人员有不同的看法，担心公司文化变得过于宽容。当被问到是否相互挑战，即跨业务或产品部门相互挑战时，一名高级技术专家宣称：

> 我们是一家很温和的公司。有时候太过温和！我们对彼此很友好，有时候，我们挑战得不够；很多时候，我抱怨我们太过绅士了。因此，德·卢卡正在努力让业务部门更频繁地合作。他迫使他们互相挑战，让我们区分自己人和竞争对手。

3.8 对 24 小时效率的追求

时间，不仅与成本效益有关，也是罗技公司真正关心的一个问题，而且该公司是一个新技术的热衷采纳者。无论身在哪里，所有工程师都可访问和丰富工程和制造数据库。人们广泛使用电子邮件和基于网络的信使服务，公司员工都热衷于使用公司的最新产品。

更令人惊讶的也许是罗技公司保证绝对的透明度，以确保每个人都使用同样的信息。许多文件，甚至一些战略性的文件，都在网上提供给所有可能关心的人。有些管理人员甚至会鼓励员工在会议期间使用电子邮件，因为认识到并不是所有的问题都与所有与会者相关。

罗技公司分布于世界各地的制造商和工厂有助于充分利用一天的 24 小时。一位高级技术专家解释道：

> 当我有问题的时候，我可以通过电子邮件告诉我在加利福尼亚的同事。他们会在我睡着的时候解决我的问题，也有可能把这个问题传给我们在中国的同事。第二天早上当我回到办公室时，我常常能找到我问题的答案。

3.9 适度的谦逊

波莱尔、德·卢卡和他们的高级管理人员都很清楚，罗技公司在市场和财务方面的成功从来不是确定的。他们知道，产品研发方面的一个大的失败，或是产品创意的枯竭，都会把公司带入困境。这就是为什么他们提倡谦逊。一位业务部门副总裁强调：

> 除非你是偏执狂，否则你将对你的成功感到舒适，坐下来，然后说："我知道那里正在发生什么。"当谈到竞争时，我们是谦逊的，而这种谦逊的一部分来自经验。不管好和坏，罗技已经有了它的周期，这强化了这一成功明天就会消失的可能性！

第 11 章
建设培育创新领导者的环境：罗技公司的案例

当被问及最让他担心的是什么时，德·卢卡传达出同样的信息：

> 我的担心吗？我们对成功谈得过多，这让我很担心！我们不应该自满。如果你知道如何分析你的失败，你会学到很多东西！领导能力和改变事物的决心应该随着成功次数的增加而增加。如果事情进展顺利，改变很难发生。"这种方式以前管用过"的想法很普遍。你必须动摇组织，让人们改变。
>
> 在应对危机的时候，会出现3种类型的公司。
> - 坏公司：危机来临时倒闭。
> - 好公司：对危机做出良好的反应。
> - 伟大的公司——这种公司很少见，它们在危机到来之前已做好措施，能规避危机。

在这种精神下，当出现在上面列出的创新驱动和价值观的列表时，德·卢卡谦虚地说：

> 你对罗技公司的描述绝对是我们想要的。如果它能奏效，这就是我们的目标，但并非总是如此。

3.10 结论：家庭还是社区

提起罗技公司，人们可能会联想到一个充满活力的"家庭"形象，长期服务于公司的管理人员通常会提到其早期继承的"家庭氛围"。与大多数家庭一样，家庭成员间偶尔会有矛盾，但不知何故，似乎有一种纽带使他们团结起来。随着公司规模的扩大，德·卢卡更喜欢谈论"社区"而不是"家庭"：

> 如果"家庭氛围"意味着了解组织中的每个人，并对每个人都熟悉，那么我相信我们已经走过了那个阶段。我们的规模太大了。但对我来说，家庭氛围意味着组织内的每个人都相信相同的事物，共享相

273

同的愿景和价值观。如果每个人都生活在这些价值观下，那么他们就是你家庭的一部分。从这个角度来说，这是一个社区，而不是一个传统意义上的家庭。

4. 罗技公司务实有效的创新流程

4.1 市场导向、竞争导向的战略和规划

鉴于其面对的不稳定的行业环境和苛刻的投资者，罗技公司觉得有必要控制其销售预期和预算。最高管理层（CEO 和所有副总裁）每季度会召开为期 3 天的运营会议。会议的重点是审查业务部门的季度业绩和季度计划，讨论产品和技术应用的路线图。同时，根据当时的市场情况调整季度预算。例如，如果有更多或更少的钱，项目的优先级会被重新排列。产品、市场、销售和竞争是这些会议的主要内容。

此外，每年 1 月 1 日，更小范围的高级管理人员会举行战略规划会议。在会议期间，参与者通常会讨论每个业务部门、新项目的三年路线图和即将需要确认的年度预算，还会讨论公司的核心能力、愿景、使命和价值观。

4.2 全公司的市场信息、竞争对手信息和客户信息

罗技公司有两个市场部门可以提供对市场的洞察。销售部门和营销部门通过与客户和零售商的日常接触，从而与竞争对手进行间接接触。这两个部门的重点显然是销售新产品，而不是创造新产品。然而在很短的时间内，它们为市场的发展提供宝贵的见解、渠道策略、竞争对手的战术和客户的反应等信息。

业务部门和产品部门内的产品营销团队负责整合所有的市场投入、产品战略和路线图，并明确要开发的新产品。

工程部门也深入参与对市场趋势和客户偏好的讨论，并参与关于产品的

第 11 章
建设培育创新领导者的环境：罗技公司的案例

设计和功能的决策。在罗技公司，高级工程主管拥有"市场头脑"，他们所考虑的东西要超越他们的职能范围。公司文化要求每个员工都戴一顶"大公司"的帽子。他们的奖金不仅基于其工程指标的完成情况，还综合考虑他们部门的业绩以及罗技公司的业绩。

罗技公司的高级管理层认识到，公司目前还没有很好地把握客户的潜在需求。一位业务部门副总裁评论道：

> 我可以诚实地说，我们公司目前还不是一家很好的客户导向的公司。我们可以发展得更好，我们可以在许多方面更上一层楼。我们离客户有多近？我们并没有像我们以为的那样了解他们！说到这一点，我们可以勇敢地挑战现状，迫使我们提升自己，钻研得更深，做些事情来拉近我们与客户的距离。我想，我们面临的最大挑战之一就是找出：为什么有客户买了无线的鼠标，而不是买包含鼠标线的台式电脑？他们的行为动机是什么？他们的决策过程是怎样的？我们可以怎样做？我们该改变我们的做法了。

4.3 结构化的创意和概念的产生与开发

罗技公司的高级管理人员给予其业务部门很大的自由，让他们产生创意，将创意开发为概念，把概念转化为商业上可行的产品。罗技公司并没有试图在所有业务部门强制执行共通的、刻板的流程。流程的规范化程度在业务部门之间有很大的区别。有些产品部门的负责人被认为是相对结构化的，他们使用一系列的方法和工具来生成和筛选创意；而另一些则被认为是"特立独行"的，更依赖于感觉或直觉。但当罗技公司为下一阶段的增长做准备时，它已经开始实施更加统一的、结构化的方法，这些方法正被接受，因为它们正引领着成功的产品创新。

4.4 简单而严格的产品创造和发展流程

罗技公司已经在全公司范围内实施了一种简单但严格的流程来引导其产品创建项目，这些项目的持续时间从 6 个月（产品扩展类）到 18 个月（全新概念类）不等。这一流程让项目团队获得了许多自由，但它要求项目团队在产品面市前做好准备，并通过 4 项严格的管理审查（"关卡"）。这些审查在业务和产品部门负责人、高级工程和市场经理的参与下进行。

第一项管理审查被称为"关卡 0"或"项目授权门"。第一项审查判定项目是否可以开展。这项审查主要讨论：新产品的概念是否有趣、新产品是否有市场潜力，以及公司是否应该在这个项目上投入资金。

第二项管理审查最重要，被称为"关卡 1"或"门卡"。此时，项目团队应该完整地阐明产品概念，对管理人员进行令人信服的描述，并展示出它的技术可行性。项目团队还要阐述其商业状况的关键因素，包括估计市场大小和估计销售量、详细的价格、估计成本，以及扣除预期的营销和分销成本后的利润率。最后，项目团队还要交代在开发成本、进度和性能方面的交付情况。一个关键的"可交付的因素"是产品的"可用日期"——出货给零售商的日期。项目计划的每个要素都受到审查，很多提议第一次都不能通过关卡 1。管理人员考虑诸多细节，会对项目计划的财务、运营和营销等方面进行调查，并提出许多问题，以了解项目。管理层的坚定立场旨在尽可能减少潜在的问题，减少对项目的反对，使产品一推出市场，就能吸引最挑剔的客户。

第三项管理审查被称为"关卡 2"，在批量生产前进行。所有项目计划应该在承诺供应商并产生价值数百万美元的库存之前再次仔细审查。对于全新产品，在此决策点之前应该进行最终市场审查。

最后一项管理审查被称为"关卡 X"，是对客户与产品相关的体验的评论。一个产品如果不符合罗技公司的关于客户应有体验的标准，就不能进入批量生产。

在接受这些管理审查之间，整个项目还是由项目经理负责，这体现了一种

第 11 章
建设培育创新领导者的环境：罗技公司的案例

分权式的管理方式。项目特定模块的负责人每个星期都会将其负责模块的状态汇报给项目经理，并更新 Notes® 数据库以确保组织内的其他人员及时了解项目状态。一位工程项目经理评论：

> 在罗技公司，项目经理不需要对项目进行详细的报告，除非项目遇到问题，由他最终决定向管理层汇报什么内容，他从管理层获得了很大的信任。但是，当然，项目负责人在一开始就被指导，指导者要么是他们的职能经理，要么是他们的项目经理。

项目经理通过项目跟踪系统上的绿色、黄色或红色标志了解项目进展情况。如果项目在进行过程中出现了问题或延迟，就会出现一个"黄旗"，从而触发所有相关的警报。此时，项目经理负责解决问题。但如果项目失控了，就会出现"红旗"，警报传送至高级管理层。此时，业务部门的负责人是唯一有权调整项目进度和产品交付日期的人。

4.5 广泛使用外部设计和制造供应源

罗技公司把自己的生产集中在中国苏州的工厂，而出于成本方面的考虑，罗技公司生产、制造的产品的 50% 外包给几个不同地点的工厂。德·卢卡解释说：

> 我们有两种外包伙伴。
> - 合同制的制造商：我们指定和设计产品，并将整个生产过程交给他们，他们生产、测试、组装和包装我们的产品，并提供后勤保障。
> - 初始设计制造商（ODMs）：我们定义产品描述和规范，他们为我们设计生产产品。
>
> 对于全球性业务，我们有一个领导中心，但同时有很多分布式业务。因此，在这个阶段，我们不需要完全分裂——可能需要三四年的

277

时间才能做到这一点。协同作战战胜了更加复杂的劣势。

4.6 日益谨慎的产品启动决策

过去,是否推出一种新产品的决定有时基于直觉和第一印象,就像一位业务部门的工程副总裁所解释的那样:

> 用户可能对产品设计做出反应,它可能是有意识的或无意识的反应。但是我们处理这些问题超过 25 年,这让我们能捕捉到用户可能不会表达的感觉。有时,当鼠标太大或它的某些功能不太合适时,用户不会说它,因为他不能将一个设备与另一个设备进行比较。他会买下它、使用它、习惯它。但是某一天,他会体验到其他鼠标,你可以预测用户会说什么,以及他会感觉到什么,即使不表达出来。

为了支持这种直观的预测新产品的成功(或失败)的方法,罗技公司越来越多地通过焦点小组进行可用性测试。在进行测试活动时,用户会被仔细监控并录制视频——从他打开密封的包装取出产品到他习惯使用产品。罗技公司立即意识到问题,副总裁指出:

> 你只需要跟踪 10 个用户就能得到很好的反馈——关于用户,你想要知道的 80% 都能从随机购买的 10 个用户中得到。

罗技公司意识到,未来一年,超过 50% 的营业收入来自那些还没有完成的产品。它还意识到产品发布流程对公司的重要性。一位工程副总裁强调道:

> 我们每年都将整个公司押注于此。如果产品平台不起作用,我们将会有一个 12 个月的负周期。

4.7 "高明"的销售和市场营销

一旦产品被设计和制造出来,销售部门和营销部门就可以施展它们的魔

第 11 章
建设培育创新领导者的环境：罗技公司的案例

力，将产品转化为收入和客户的满意。然而，产品并不会自己推销自己，需要使用大量的销售技巧来让它们出现在商店的货架上。区域销售经理和营销副总裁解释道：

> 我们有很好的产品，但是有很多极好的产品还有待推广。如果你想在像我们这样的公司里取得成功，你必须成为一个超级推销员。你需要有一个非常强大的客户焦点。你需要具备为公司创收的能力。你也需要成为一名总经理。

罗技公司从强有力的品牌特许经营中受益，通过良好的口碑、精心选择的广告、引人注目的包装设计和"咄咄逼人"的销售方式，慢慢地成长起来。然而，销售和营销高管强调，品牌能做的事情是有限的：

> 在一个相对复杂的消费电子产品环境中，人们并不总是知道如何选择产品，我相信你更信任品牌。品牌必须带来价值。但在当前这个时代，你不能凭借良好的品牌形象过高定价。如果你提供有竞争力的定价，而你的产品和中国台湾人的产品一样好，那么我们的品牌可能会使我们获得15%~20%的溢价，但这仍然有局限性。

4.8 积极的、机会导向的新业务发展

业务开发部门负责确定在现有的 3 个业务部门之外的业务领域中潜在的合作和收购机会。它考虑外部建议（既征求意见，又没有征求意见），并将潜在的有趣的机会引导到组织内适当的个人身上。该部门并不寻求新的技术，而是寻找新的商机。对颠覆性技术的视域进行扫描的任务将留给各个业务部门，这些业务部门都有一名资深技术专家为流程建言。一位业务发展部门副总裁评论道：

> 在这一过程的早期阶段，我们认识到，罗技公司的资产和优势是

其非常强大的品牌和销售渠道，以及定义人们购买什么的能力。利用这些资产和优势的方法是不必重新发明所有的产品和产品线，而是接受来自外部的建议。

当业务开发部门收到一份符合标准的提案时，他们将一些来自不同部门——产品营销、运营和工程等部门——的人集合在一起积极地合作以将机会转化为有形的东西。

io™数字笔是一个典型案例。瑞典高科技公司安诺托在手机市场上已经把其核心技术商业化了。罗技公司的业务开发部门将安诺托带入了个人电脑环境，创造了一种产品概念，并成功地将这个概念推销给了安诺托和罗技公司的执行管理层。

为了被公司接纳，新项目必须与现有的业务领域相当接近，以从技术、运营、销售和市场营销中获益。

5. 罗技公司的未来挑战

5.1 具体的管理问题

当被问及他所预见的未来主要挑战时，德·卢卡提到了3个核心关注点：

> 我预见的第一个挑战是什么？是我们流程的升级问题。每家公司都为自己的生存设置了一定的工作方式。这种工作方式又会在多久奏效——随着公司的发展——这些工作方式会被升级吗？例如，我们有一个产品发布机制，直到最近，我们每年推出 10~15 款新产品的流程是明确的。如果你每年发布 60~100 个新产品（正如我们现在所做的那样），你的流程可能会达到极限，无法升级，而你所承担的风险也会变得无法忍受。因此，我们的流程是不可升级的，在危机到来之前，我们能在变革方面注入什么？

第 11 章
建设培育创新领导者的环境：罗技公司的案例

我预见的第二个挑战是什么？是将创新和成本联系起来。进行有意义的创新和推动成本下降是不可避免的，但两者并没有达到同样的水平。我们举办"专利晚宴"来奖励我们的创新者。但是，我们还没有建立"成本晚宴"来奖励那些为我们降低产品成本的人。我们需要执着于成本控制，以一种创造性的方式来设置奖励。我们正在进入更高的价格点（例如，在我们的罗技品牌下销售的高端扬声器，其售价为 300～400 美元），但这并不意味着我们想要把我们的整个产品线的价格推高。发生了什么？简而言之，我们延伸产品线，为销售提供更高点，但我们不想失去入门级产品（我们一个鼠标的零售价格为 9 美元）。这就是我们需要保持成本领先的原因。

我预见的第三个挑战是什么？是进入我们正在创建的新产品类别（如和声遥控器和网络音乐播放器）。营销面对多种挑战——客户评价、意识的建立、需求的创造、让人们了解新产品的好处——我们的营销团队需要创造性地思考如何有效地应对这些挑战。

进入一个已经存在的产品类别（如音频设备）时，我们知道该怎么做。问题在于，当你创建一个新的产品类别，如我们新收购的压缩箱，我们不知道该如何做的时候，我告诉我的员工："学习 Palm，他们创造了 PDA，复制他们所做的事情。""我们有很好的营销人员，但我担心他们是'典型的营销人员'，他们会以传统的方式看待这件事。"他们的第一个方法是说，这是我们需要的预算。他们解决这个问题的办法是花 1 000 万美元。我的反应是："先回到原来的产品设计图纸上，然后带着另一种方法回来。"我告诉他们，"这是一个新的挑战！在市场中制造一些轰动、兴趣和好奇心，确保满足用户的早期需求。如果你想利用他们的口碑来宣传产品，不要让他们失望。"

5.2 快速增长的高科技初创企业的经典挑战

除了这些具体的管理问题，罗技公司还面临着快速成长的高科技初创企业的经典挑战。自从罗技公司在世纪之交的数字外接设备市场中确立了自己的地位，它的高级管理人员一直在想，罗技公司在哪里及如何才能持续增长，以及它是否能够保持增长，并且不丧失它最初拥有的一些创业能力。他们的脑海里还有许多问题。

- 我们能不能长久地满足市场的预期？如果我们的市场饱和了，会发生什么？我们如何在成熟的市场中找到新的增长机遇？
- 我们如何才能继续让我们的核心业务重新焕发活力，重新定义和重塑我们的核心业务？我们能不能持续地超越上一个成功的产品？我们要去追求哪些潜在的客户需求（如果有的话）？
- 我们将如何继续寻找能够利用我们的核心设计、制造和品牌优势的新业务，并在价格点、业务量和渠道方面与我们的舒适区相适应？
- 在远离我们熟悉的数字外接设备市场的其他领域，比如在移动和家庭娱乐领域，我们是否能够利用我们的关键技术、运营和营销优势进入新的市场？
- 我们当前的公司文化和领导资源是否会让我们进入下一个发展阶段？我们如何在不丧失创业精神的前提下扩张？
- 我们如何在保持创新的非正式文化的同时保持增长？我们现在的组织能够处理更复杂的问题，包括国家地域、渠道、部门和产品等问题吗？
- 在这些充满希望的新方向上，领导公司需要具备哪些新的领导才能？最高领导者应该做些什么，尤其是在定义、检测和培养这样的人才方面？

这些挑战是艰巨的。然而，鉴于其良好的创新领导力环境，罗技公司可能比许多规模更大或更小的竞争对手更善于处理这些问题。

第 12 章

吸引、发展和留住创新领导者

> 你正在发展的领导力要得到指导,就需要根据人们的能力配置挑战,或引导对这些能力的开发。人们有很多潜在的能力。开发这些能力的关键是如何激发它们。
>
> ——飞利浦研究中心前 CEO 亚当·柯慈雷

读到这里,你可能会将本书中描述的创新领导环境和你公司的实际情况进行比较。你可能可以找出一些人才组成当前的和未来潜在的创新领导者储备库。他们中有些是创意型的领导者,有些是可信赖的执行力强的领导者,但你可能会质疑他们是否真的属于创新领导者,以及你的公司是否有足够数量的人才来创造不凡。

事实上,对于创新而言——像许多其他重要的挑战一样——一个领导者不可能有效,你至少需要争取到最低限度的群体,以影响组织内的其他部分。也许你想知道如何在组织中建立一个有创新能力的领导团队。遗憾的是,这是个最难回答的问题,也没有现成的模式可以帮你解决这个关键问题。这个领域相对来说仍需被进一步探索,仍需新的研究和工具开发活动。我尝试在本书中解决其中一些问题。

1. 评估你的创新领导力资源

1.1 你选定创新领导者了吗

确定一家公司中的创新领导者通常很容易。请中高级管理人员指出他们的同事、下属或上司是否具有创新领导者的特征——根据直觉进行判断。事实上，创新领导者一般拥有让其他人能轻易将之与创新相关联的特征。在第 2 章中提出的创新领导者的 6 个特征中，以下 3 个相对明显。

- 接受不确定性、风险和失败，即愿意尝试。
- 对创新有高度的激情，这会使其深入参与创新项目。
- 天赋能力——甚至可以称之为"磁性"——将创新者吸引到他们的团队中。毕竟人以群分。

这 3 个特征是前端创新领导者的徽章。

列表中的其他 3 个特征——创造力和纪律性的结合；对外部技术的开放性；终止项目而不仅仅是启动项目的意愿——通常不被注意到，至少在中级管理层中。它们更倾向于与高级管理人员和最高管理人员的行为相关联。

真正的创新领导者，特别是高级管理人员中的创新领导者，往往是那些强调自身特色的人。令人惊讶的是，即使在有关领导者离开公司或退休后，这些创新领导者影响他人的逸事仍在流传。在同各种跨国公司的高级管理人员学习商学院课程的过程中，我才领悟到这一点。在引入创新领导力概念并要求参与者描述他们认为符合条件的人员时，雀巢公司的一位高级管理人员提到了他的前任领导、现在已经退休的该公司前执行副总裁鲁博特·盖瑟尔。

盖瑟尔在雀巢公司广为人知，他曾领导了雀巢公司最重要且最成功的战略性业务部门之一——咖啡、饮料、牛奶和食品服务部门——并且在此职位上发起了非常成功的 Nespresso^{TM} 业务。他还领导了雀巢公司在全球范围内的技术、制造和研发活动，事实上也是雀巢公司的主要制造、技术和创新官。然

第 12 章
吸引、发展和留住创新领导者

而,那位管理人员提及的并不是盖瑟尔的官方职务,而是其作为创新领导者的行为。他回忆的两件逸事值得分享,因为它们比冗长的学术报告更好地描绘了创新领导者的特征。

有关管理人员在解决巧克力工厂的一个复杂问题时,提出了一个解决方案,并向盖瑟尔介绍他的想法。听了他的解决方案后,盖瑟尔明确地说:"我不认为你的方案会奏效;我几年前尝试过,但并没有奏效。但是,我愿意让你尝试一下……我甚至愿意给你一些钱让你试一试,因为除非你自己发现它不奏效,否则你会非常热衷于你的解决方案,以致你不愿意尝试任何其他东西。"那个管理人员尝试后发现,正如盖瑟尔曾提醒过的那样,他的解决方案没有奏效。他坦诚地说道,这给他上了很好的一课——考虑替代方案的价值。

第二个故事涉及一位女经理,她提出了一个她认为高风险的项目,但不得不向盖瑟尔推销这个项目。由于了解其领导出了名的高挑战性,她准备了应对各种各样反对意见的措辞。听她介绍完项目后,盖瑟尔却明白地告诉她:"继续做你的项目。我看到你的眼睛闪闪发光,这意味着你对此充满激情。所以,你会因为你的激情而获得成功!"

像盖瑟尔一样有才干且地位突出的创新领导者其实是显而易见的。通过打量四周、询问同事和听听逸事就能发现这类创新领导者。然而,有些创新领导者可能不太显眼,只有通过梳理公司的项目记录和反复核对成功创新项目才能找到他们。

无论以哪种方式被识别,这些创新领导者都是宝贵的资源。人们会想知道为什么很少有公司要求他们的人力资源经理建立一个创新领导者名录并对他们进行持续追踪。实际上,如果创新在企业议程里的位置靠前,那么 CEO 应该了解他们的创新领导者储备库,比如,他们应该知道:

- 已确定的创新领导者的数量和类型(是前端创新领导者还是后端创新领导者);
- 数量上的任何变化——无论是增加还是减少(如果减少的话,应该响

起警报);
- 他们在当前组织中的资历和职级(是高层还是第二或第三级管理层);
- 他们在跨业务部门和职能部门的分配(如营销与研发之间),以便查明缺口。

1.2 你的创新领导力资源和战略相匹配吗

CEO 除正式确定他们的创新领导者外,还应该调查这些创新领导者是否是需要的类型。这意味着确认他们中是否有适合其创新战略的创新领导者。

第 6 章介绍了一个用于描述创新战略的简单模型。它根据其目标、范围、强度和边界定义了 4 个创新推动力。

- 开发新的/改进的产品或服务。
- 创建全新的产品类别或服务。
- 创建一个全新的业务系统/商业模式。
- 开发新的/改进的客户解决方案。

管理层应明确公司想要追求的推动力,将之作为整个公司或——如果有所不同——每个业务部门的优先事项。这非常重要,因为如第 6 章所述,每个推动力都需要一个具体的启动过程、一种不同的结构化的机制、特定的文化特征和独特的员工配置。每个推动力也分别对应不同的调节机制。

第 7 章~第 10 章强调了推动这 4 点所需的关注点(见图 12-1),以及刻画其领导者的形象——团队运动教练,实际投资人,务实的建筑师,乐团指挥。其各自的优先顺序和类型如图 12-1 所示。

需要提醒一下,虽然这个模式图基于实际创新领导者的行为模式,但是这种性质的描绘可以说有点武断、过于简单化。我们可以说,不管选择何种推动力,所有这些领导风格对于不同时期的创新来说都是高度相关的、非常重要的。如图 12-2 所示,这 4 个推动力的关注点存在重叠的地方。

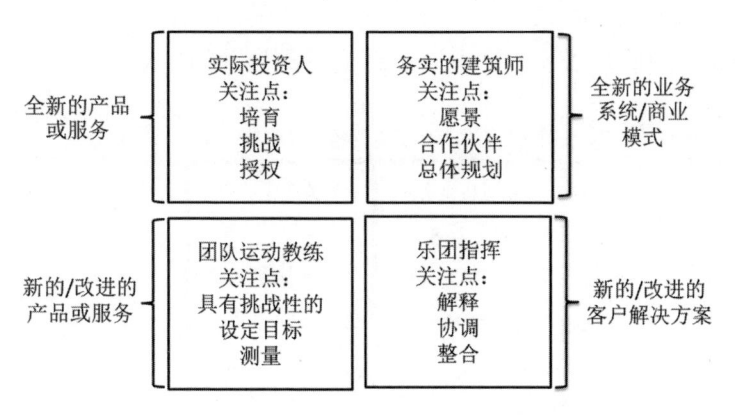

第 12 章
吸引、发展和留住创新领导者

图 12-1 每种推动力的具体关注点

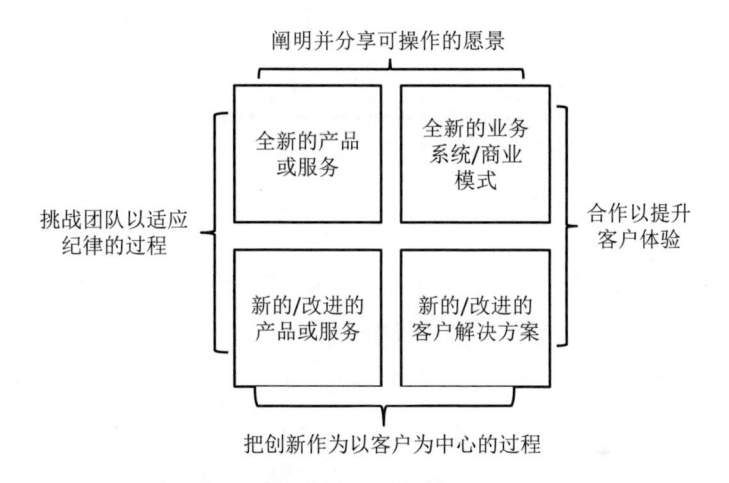

图 12-2 创新推动力对于领导力的要求

可以说，真正的创新领导者应该具备本书所提到的所有素质，应该把归于每个推动力的所有领导风格都集合在一个人身上。但是，这在现实中可能不切实际。像其他管理领域一样，创新领导者有自身的优点和缺点；当这些创新领导者被放置在那些可在很大程度上利用他们的素质和领导风格的创新推动力上时，他们将会发挥最大效能。因此，CEO 要确保他的高层管理团队中包括了公司创新战略所需的各种创新领导风格。

选择多个创新推动力的有雄心的企业需要更广泛的创新领导风格。因此，了解高层管理团队中的领导者个性和领导风格十分重要，如图 12-3 所示，以此识别资源和缺口,从而确定可以启动或不能启动的创新推动力。

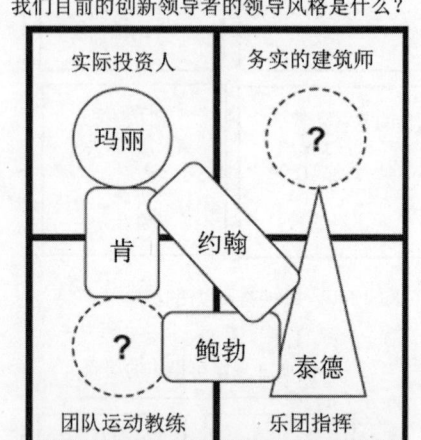

我们目前的创新领导者的领导风格是什么?

```
| 实际投资人  | 务实的建筑师 |
|   玛丽     |     ?      |
|   肯  约翰 |            |
|     ?  鲍勃 | 泰德      |
| 团队运动教练 | 乐团指挥   |
```

鉴于我们的创新战略,我们是否缺乏某些领导风格?

图 12-3　根据领导风格规划创新资源

背景复杂的创新领导者可能展示出一种组合的风格,这使其适合于引导不同类型的推动力。其他的创新领导者可能更专注于某一方面,只适应其具有个别特性的推动力。最后,CEO 可能意识到,如果没有风格适当的领导者,某些创新推动力可能会受到损害。当然,公司的创新领导者储备库越大,竞争优势就越大,因为这样可以使公司同时追求多种创新推动力。

基于这些考虑,管理层应关注和回答以下问题。

- 我们选择的创新推动力需要什么样的领导关注点和领导风格?
- 我们是否有能够在组织内匹配具有这些特征的领导者,他们是否能负责这些创新推动力?
- 如果没有适当的创新领导者,我们是否可以较快地开发或获取所需的创新领导者?
- 如果在可预见的未来无法获取这些创新领导者资源,我们是否应该改变创新战略?

第 12 章
吸引、发展和留住创新领导者

2. 甄选和任用创新领导者

高层创新领导者倾向于提拔或任用与其价值观相同、能持续推动公司创新的管理人员。当提及他们甄选、任用和提拔未来创新领导者的标准时，有 4 个词多次出现：激情、使命、愿景和表现。苹果公司的史蒂夫·乔布斯总结道：

> 最终，结果应该引导你们找到这些人。事实上，这也是我如何找到伟大的领导者的方式。我预见到了很好的结果，然后找到合适的人来实现它。

然而，有时候年轻人没有机会处在能创造这样有影响力的结果的位置上。所以你必须评估潜力。这当然更难，但潜力的主要特征是高智力和快速学习的能力。还有干劲和激情——努力程度非常重要。

2.1 发掘激情

充满激情是创新领导者的共同特征之一，因此高级管理人员想吸引和聘请有激情的人并不奇怪。罗技公司的领导者也不例外，丹尼尔·波莱尔强调：

> 我们以创新为生，我们因创新而存在。所以，如果一个人没有激情，他就不能加入罗技公司。

当被问及他们看重应聘者的什么品质时，除了适合这个职位的基本能力，罗技公司的经理们回答说，他们寻求一种对产品的激情和情感联结。一位业务部门副总裁说：

> 我希望应聘者给我一种他热爱产品的感觉，不一定是罗技公司的产品。对产品有热情的人一般对用户也充满激情。

其他一些高管也持有同样的观点，称他们通常可以在面试中发现应聘者的

Innovation Leaders

激情。根据他们的说法，罗技公司成功的一个原因是，大家相信公司的价值观及产品。当然，不同的职能表现出不一样的激情。工程师热衷于技术和产品；市场和销售人员热衷于打败竞争对手。

另一位创新领导者、诺基亚公司前总裁佩卡·阿列·佩伊拉解释了态度在诺基亚公司的员工招聘中的重要性：

> 我不相信我们可以影响任何人的态度。我们只能选择具有诺基亚公司所看重的态度特质的人。我们不是说态度有对错，但这对我们来说很重要，我们要对其进行维护和进一步培育。因此，在我们的招聘过程中，我们特别注意个人的这部分特质。你必须十分专业，但这还不够；这只是先决条件。你也要有态度，必须有激情。

阿列·佩伊拉解释了他如何发现想要加入诺基亚或与诺基亚合作的人的激情：

> 如果他们想要学习，如果他们好奇，如果他们认为自己可以改变世界，如果他们认为他们面前的变化是一个机会而不是威胁——破坏性因素是我们可以利用的，它将是我们把事情做得更好、做得与众不同的跳板——那么这就是我们想要的有激情的人，他有改变世界的激情，有精益求精的激情，有追求卓越的激情。

史蒂夫·乔布斯有在面试中发现激情的独特方式，他说：

> 在面试时，我会故意打断对方：我会批评他们以前的工作。我会提前做功课，看看他们曾做的工作，然后说："天哪，这真是个愚蠢的产品。你为什么这样做？"……
>
> 我希望有人反驳："你错了，我这样做是因为……"我想看看人们在压力下的状态。我想看看他们是退缩，还是他们对自己做的事情有坚定的信念感和自豪感……如果你的公司聚集了一群有热情的思

第 12 章
吸引、发展和留住创新领导者

想精英,这将是个会发生很多争论的公司。如果人们在压力下不能站稳脚跟,在这样的环境下可能不会做得很好。

2.2 高度认同公司使命和愿景

激情虽然是管理活力的重要来源,但只有它还不够,它必须根植于一种使命感,并引导人们朝着共同的目标前进。这就是使命的概念。创新领导者试图在应聘者中选择与公司的使命和愿景相契合的人,因为这往往关乎对公司的产品或服务以及客户的浓厚兴趣。

美敦力公司的创始人埃尔·巴肯建立了公司的强烈使命感,前任董事长兼 CEO 比尔·乔治将之继续拔高和推广。他把公司的使命置于领导力发展的核心地位。他说:

> 共同点在于人们对使命充满热情。CIO 也对使命充满热情,甚至 CFO——他也很兴奋……他会走出去看看再回来说:"你知道我看到了什么吗?"我认为没有激情的人,纯粹以流程为导向,对公司的实际情况没有热情,不能很好地融入公司。使命感——就像医生挽救人们的生命和健康——是一种驱动力。所以当我面试公司关键职位的应聘者时,如果我觉得他们对公司使命没有热情,我就不会聘用他们。

对公司使命感的认同能确保新员工——尤其是高管——朝着正确的方向前进。当然,不同公司的使命是有差别的。对于像美敦力公司这样的急救或康复医疗设备公司,其公司使命很容易被理解和沟通。对于罗技公司来说,公司使命反映了公司的身份认同感及存在的理由,丹尼尔·波莱尔强调:

> 我们有非常强大的愿景和使命感,知道我们是谁、我们要做什么……所以,随着我们的发展,我们不得不聘用新领域的新技术人才,而且他们需要以同样的方式接受培训。我们要生存,就必须时刻牢记

"我们是谁"……

所以这就是为什么共同的愿景如此重要。我们说："我们要成为互联网公司……我们让世界进行沟通，让人能通过数字化的方式与其他人沟通、娱乐、获得信息。"然后从组织中、从各个地方得到有助于你保持领先的想法，新的想法。

认同并坚持公司的使命和愿景对成为创新领导者至关重要，但这还不够。比尔·乔治在美敦力公司掌舵时，他的要求更高。他期望他的管理人员有自己的愿景。他这样解释他如何测试候选人的前瞻力：

当然，你可以看看他们做了什么；你可以听他们怎么说；你可以问问他们的梦想是什么，他们的希望是什么，他们想做什么，他们如何看待业务的发展。这些问题会体现他们是否有远见。它不必是一个具体的愿景——它更像一种你想要将公司带向何方的能力。

当然，我在这里谈论商业……掌舵的人。我不是在讲下面的这两三个级别；我不是在谈工程经理；并不是所有的工程管理人员都要有这样的远见。但是，掌舵的人——像管理1亿或10亿美元的业务——要有这样的远见。

2.3 设立高绩效标准

像苹果公司或罗技公司这样由真正的创新领导者领导的公司，倾向于让其大多数管理人员拥有创新领导技能，并且会根据自己的行为和需求来制定高标准。罗技公司的格雷诺·德·卢卡对他的期待毫无隐讳：

我需要能智慧思考、快速学习的人。这意味着我需要的是那些对显而易见的答案并不满足的人，是挑战者！是那些——因为他们以前没有做过——带来创造力和纪律性的人！如果我必须在两个人之间选择一个来负责一项重要的任务：以前做过的人和没有做过但是正在

第 12 章
吸引、发展和留住创新领导者

上道的人，那么我选择第二个。我们需要求知若渴的人……敢于冒险的人。

由于担心过度近交文化的危险——已经建立自己的文化并迅速发展的创业公司的风险——德·卢卡屡次寻找和引进外部的高级管理人员。相较于传统上倾向于在入门级别招聘，他认为罗技公司的政策相对较新：

> 在美国分公司，在过去 12 个月的时间里，我们已经替换了 10% 的员工。我们通过招聘来升级能力。我们不是简单地招聘入门级的人，像刚离开大学的年轻工程师。执行委员会的一些人员是从外部聘用的，3 个业务部门负责人中的 2 个来自外部。我不同意那些主张只任用入门级员工的人，因为这假设我们知道一切。你还要任用一些了解其他东西的人，要足够宽容地接受他们。

决策和行动的自主性和高速度是罗技公司期望的创新领导者拥有的特点，一位区域市场营销副总裁说道：

> 我们有自我激励型员工。我宁愿要一个自作聪明、快速行动、偶尔激怒我、偶尔让我必须去阻止的家伙，而不是一个睡着的、一个我必须跟在后面催他的人。我的经验是，跑得快的人有我想要的智慧。你可以随时把他拉回来，引导他走在正确的方向上。而如果有的人不能迅速行动，那他永远不会迅速行动。

同样在美敦力公司，创新领导者将成为成功者，比尔·乔治强调：

> （经营业务的人必须拥有）能看到需要做的事情并保证完成的远见。我认为每个人都要有执行力——这是一种以绩效为导向的文化，而不是以研究为导向的文化……所以你需要这种不寻常的品质组合：激情、远见和执行力！

3. 发展创新领导者

正如第 1 章所讲的那样,我们不讨论"领导力是天生的还是后天发展"的这个经典学术陷阱,以及是根据态度招聘再训练技能还是反之,因为这两个问题的答案是显然的:都有可能;这与个人有关。

创新领导者的培育和发展与高管打磨经理的领导技能方式并没有很大的差别。比尔·乔治在其基于对 125 位高管进行的访谈和与比特·西姆斯共同撰写的畅销书《真北》(*True North*)中,总结了领导力发展哲学的关键原则。

- 相互尊重:赋权的基础。
    - 平等对待别人
    - 做一个好听众
    - 向他人学习
    - 分享生活经历
- 授权他人做领导者。
    - 展示自我
    - 吸引他人
    - 帮助队友
    - 挑战上级
    - 延伸能力
    - 每个人都围绕一个任务

所有这些原则显然也适用于创新领导者的发展。

我们从原理转向最佳实践,在 2007 年由杰奥夫·科尔文指导的记者团队进行的 2007 年度领导力发展调查中,《财富》杂志选出了企业的 9 种最佳做法。这 9 种做法是:

- 投入时间和金钱;
- 尽早识别有潜力的领导者;

- 战略性地选择任务；
- 在目前的工作中培养领导者；
- 对反馈和支持充满热情；
- 发展团队，而不仅仅培养人；
- 对发挥领导作用有灵感；
- 鼓励领导者积极参与员工活动；
- 使领导力发展成公司文化的一部分。

当然，大多数领导力发展实践都与创新领导者的发展相关。尽管如此，高层创新领导者似乎依赖于 3 种互补的方法：

- 建立开放但具有挑战性的环境；
- 让创新领导者尽早承担责任；
- 指导有抱负的创新领导者。

3.1 建立开放但具有挑战性的环境

我们有把握地预测到创新领导者在有其他创新领导者的环境中将会自然地发展和成长得更快。这意味着，与普通创新者一样，他们需要一个具有强大创新文化的环境来让自己做出成果。

创新文化的重要因素，如第 11 章所述的罗技公司案例所强调的，是高透明度和开放性：战略目标的透明度和信息传播的开放性。史蒂夫·乔布斯是这两个原则的倡导者：

> 你必须为他们提供做出更大决策、成为公司内核一分子的保障。这种参与创造了很多的乐趣。
>
> 例如，你希望人们能在你不在场时做出关键的公司决策。他们最好知道公司的大部分信息，所以最好有一个开放的信息渠道让人们可以知道一切，否则他们将没有做重要决定所依赖的正确信息。

但是如果领导力不结合严苛的绩效目标，领导才能就不会完全发展。史蒂夫·乔布斯通过几乎不可能实现的要求来培育领导力，他曾公开声明：

> CEO 的一部分工作是哄骗和乞求，有时候还要威胁别人——做一些必要的工作，使人们能以比他们所想的更宏大、更深刻的方式去看待事情，使人们做得比他们认为自己可以做到的更好。
>
> 当他们尽力而为但你觉得不够好时，直接告诉他们："这还不够好。我知道你可以做得更好。你需要做得更好。现在去做得更好吧。"

格雷诺·德·卢卡也是这种观点的拥护者，尽管他的领导风格没有史蒂夫·乔布斯那么严苛。

> 我相信可以将伟大的人推向极致的理论。这就是我从苹果公司的史蒂夫·乔布斯身上学到的东西。他曾经说过："让一个伟大的人疯狂，他就会做成其他人没有想到的事情！"你不知道人们在压力下能做成什么！当你对他们施加这种压力时，他们会说："我们必须做得更好！"然后，他们会向你证明他们能做到。

3.2 让创新领导者尽早承担责任

当被问及下一代创新领导者的最佳发展方式时，创新型公司的高级管理人员通常会强调在年轻经理职业生涯早期通过一个具体的经历来检验他们领导力的重要性。美敦力公司的比尔·乔治和他的 CIO——格伦·纳尔逊——是这种做法的坚定支持者，正如乔治所说：

> 我认为最好的发展路径是把人们放在正确的方向上。例如，"你愿意承担一个项目吗？让我们看看你的做法……组建一个 12 人的小团队，看看它能成长成什么样……你会接管这个新业务吗？让这项业务从头开始，看看你是否可以在这项业务中创造一些东西！"这是

真正的考验。

我们习惯雇用年轻的 MBA，把他们放到各种职能上。他们中有些人做得很好，有些人做得不好。"分析员"做得不好，但热衷创新的、有创意的人会做得很好。

我曾经说过，"七胜三负的成绩比一胜零负更好"。你不会想要一个一举成功但害怕失败的人。

然后，我们接下来会给他们许多挑战——进入公司的年轻工程师、科学家——看看他们是否可以承受。给他们一个机会，给他们一小笔预算——一个小项目——看看它的产出如何。我们选出创新的人，赋予他们越来越多的责任、越来越大的项目、越来越多的挑战。

罗技公司的丹尼尔·波莱尔推荐了类似的方法：

在一家小公司里工作有什么好处——我称它小公司，也许它规模已不小，但我仍然以这种方式看待——没有人受到任何限制。有创意的人、冒险的人、接受挑战的人、在公司里取得成功的人可以不断晋升。所以，我认为适者生存是一个非常自然的过程：让未来能帮助我们、领导和开拓事业的明星们成长。而且我认为这真的是可预见的。这并不意味着每个人都必须这样；实际上只有其中一小部分是——他们成长到了一个新的阶段。

基本上，我认为只有通过赋予权力和试错，人们才能成长和成功。

3.3 指导有抱负的创新领导者

在技术环境中，技术指导是发展研发领导者的一种方式。在罗技公司，作为入门过程的一部分，每个工程师通常会和每个项目团队内的职能经理一起工作一两个小时，而不仅仅是他自己的经理。这可以让新人了解组织中的问题、技术和工作流程。它还鼓励各种产品团队之间的交互合作文化，促进一种家庭般的氛围，减少产品团队之间的紧张关系。一位项目经理评价道：

> 其中一个关键的影响因素是个性化指导。项目大家庭塑造了你。我们所拥有的是一个有效的学习过程——它可能并不是一个过程，更多的是信息共享。公司文化的一部分是以一对一的方式传递的，也可以是小团队的交流。这是一种通过指导和观察的非正式学习。

这种技术指导在大多数研发机构都很普遍，正如飞利浦公司的亚当·柯慈雷所强调的：

> 技术指导是个性化的。我们有一个非常扁平的组织。这意味着年轻的研究人员可以直接接触高级研究员。所以技术指导很简单——高层人员常在你附近。当你管理研究部门时——对于发展部门来说是相同的——领导团队知道发生了什么。通过这种方式，你可以双向发展领导力——因为今天的研究人员有不同的起点和思维方式，这区别于大概20年前的管理经验。
>
> 我们的领导在经验的基础上做到这一点，我认为，在像飞利浦这样在创新方面有丰富经验的公司中，你对创新的领导力和如何处理这些知识有一种实际的感觉。当然，这是动态的，你可以看到随着时间推移所发生的变化，我们比以往任何时候都更注重业务能力，我们在甄选经理时也更看重这一点。

在技术环境中，技术指导特别重要，因为它让管理层感受到有抱负的领导者想要发展的方向，比尔·乔治说：

> 我们给予我们的科学家和工程师技术指导，而且我认为这是关于一个人想发展的方向的问题……在某个时间点，我们会和某个人坐下来，问他："你想往管理的方向发展，还是想往纯技术、纯创新的方向发展？你想成为一个承担很多管理责任的创新领导者吗？"他

们中的许多人愿意往管理方向发展——他们不想承担预算责任、财务责任。他们只想做创造性的事情。这也很好。

4. 留住创新领导者

创新领导者如此珍贵——在一些公司中他们是如此罕见——如何激励和留住他们就变得至关重要。在高科技公司尤其如此——就像飞利浦研究中心的亚当·柯慈雷所证实的：

> 在欧洲乃至全球，人才的流动性远高于 20 年前。例如，在埃因霍温飞利浦研究实验室，我们的新员工——每年约 150 人中的 40% 来自国外，而 20 年前可能只有 4%来自国外。所以，我们看到人才流动性——去那些有好工作的地方工作——已经大大增加了。因为人才很容易流动。所以留住人才成为一个巨大的挑战。

每当谈到激励和留住高绩效领导者时，经济补偿问题就出现了。认为经济补偿问题无关紧要是愚蠢的，特别是在像硅谷这样的环境或对手是初创企业和快速增长的技术型公司。但是，令人惊讶的是，领导企业的创新领导者强调两个重要的超越经济补偿和财富欲望的激励因素：工作和成功。

4.1 挑战的精神和乐趣

创新领导者一般都热爱他们所做的工作、热衷于他们必须克服的挑战，以帮助他们的团队获得成功，史蒂夫·乔布斯表示：

> 我认为，最大的激励因素是工作。我有时希望是我激励了员工，但其实并不是，而是工作。我的工作是确保一切按部就班，让员工超越自我……最终，是你创造的环境、同事和工作结合在了一起。

柯慈雷强调同样的观点，例如，做优质项目、使用尖端技术以及为所欣赏的人工作的重要性：

> 人们会流动到令他们兴奋的地方。我相信，当然在技术方面，人们希望在前沿领域工作。你想和成功者一起工作，那么要做的就是保持在前沿领域的领先。如果你落后了，你将看到的第一件事就是，最好的人才流失了。当然，我们有奖金，我们有股票期权计划，但对我而言，最好的激励是两件事：一是工作的挑战；二是领导力——让人们想为你工作。

对工作的满意度可能受许多因素影响。第一，创新领导者往往比其他类型的领导者表现出更高的激情，他们通常选择从事与创新有关的问题和项目——无论处于哪个行业，总是想创新。第二，创新引导切实的成果——像有潜力的新技术、新产品或新服务——像罗技公司的丹尼尔·波莱尔所说的那样，创新领导者享受那种因创造出客户喜欢购买和使用的新产品而带来的自豪感。第三，创新领导者喜欢成功。

4.2 成功——渴望胜利

波莱尔的表达代表了许多 CEO 的看法，即成功是成功之母。创新领导者被机会吸引，成功的公司能比濒死的公司提供更多的机会：

> 如果你是一家成功的公司的领导者，人们会乐意为你工作。如果你创造出了人们热衷谈论的创新产品，他们会乐意为你工作。在公司内部，你需要营造"我们公司很酷"的自豪感。你可以看看其他曾经吸引了很多人才的有创意的公司。突然，准则变了，市场对它们的评价变了，它们失去了吸引力和拥趸。所以我认为成功是关键要素！

第 12 章
吸引、发展和留住创新领导者

5. 创新领导力：小结

在本书的最后，我们应该留意本书中重点提及的创新领导者。令人惊讶的是，他们传达了同样的信息，重点虽略有不同但内容非常相似。

5.1 丹尼尔·波莱尔，罗技公司创始人、前董事长

创新领导力？

它是从客户的视角看待事物……它是宽容错误，接受失败；从错误和失败中快速地学习；你没有时间再次犯错，但也不要把错误钉在十字架上，否则你就会扼杀创新……创新是对你正在做的事情充满激情……创新是脚踏实地，因为如果不具有做赚钱的产品的执行力，就没有创新。

创新领导力不仅仅关乎这些特点，也关乎你参与的方式……创新领导者的才能是将所有这些要素整合到一起，并引导航向使其成为可能……最后是团队！创新领导者必须成为一个团队领导者！

5.2 亚当·柯慈雷，飞利浦研究中心前 CEO

创新领导力？

承担风险……但我认为它的内涵和外延不仅限于此……创新领导者向组织展示他们对未来的愿景并尽最大可能去实现自己的愿景。他们言出必行；他们知道如何激励员工，可以让员工热切地追随……这就是我认为的创新领导者。

5.3 比尔·乔治，美敦力公司前主席兼 CEO

创新领导力？

激情和灵感；投入；亲自参与过程；好奇；开放的学习心态——

这是一个持续的学习过程，当一个人停止学习，创新就停止了。所以，这是一种综合的品质，即"我们要找到一个更好的办法"！我们不断学习如何做得更好，我们好奇，我们热衷于做好事情，我们有一个它可能是什么样而非它是什么的愿景。最后是承诺、执行。

5.4 佩卡·阿列·佩伊拉，诺基亚公司前总裁

创新领导力？

它是激情；它是学习；它是在错误面前的谦卑，认为比其他人学得更快是必要元素……它是目标设定……对，拓展目标！

附录 A

创新与企业文化的领导力模型

1. 创新隐藏在领导力关键模型中

虽然创新很少被明确视为管理学领域的组成部分,但我们确实可以在一些被人们最广为接受的定义与模式中找到它的痕迹,如下所述。

约翰·科特

尽管在约翰·科特对于"领导者真正做什么"的观察中,创新领导力的话题并没有正式出现,但它显然是他所描述的成功变革的一部分:

> 在最成功的变革中,人们要经历8个复杂的阶段:(1)创造紧迫感;(2)组建一个足够强大的团队去指引方向;(3)制定适当的愿景;(4)广泛传达新的愿景;(5)使员工能够针对愿景采取行动;(6)产生丰厚的短期成果,使努力足够可信,消除反对之声;(7)保持势头以应对更艰难的问题;(8)将公司文化中的新行为放在首位。

科特将领导力等同于启动和引导变革的能力,包括创新领域的变革。事实上,大多数创新活动都在经历着上述的阶段。这支持了这样一个观点:真正的领导者应该能够引导和维持创新,如果创新是公司的首要任务。

Innovation Leaders

吉姆·柯林斯

同样，在吉姆·柯林斯的使"好"公司变得"伟大"的观察中，包含了一些可以专门用于创新的原则。他提出的框架中的 6 个概念之一——第 5 级领导力是领导者的真实形象：

> 伟大的领袖是谦虚的、安静的、冷淡的，甚至是害羞的。这些领导者是谦虚性格和专业意志的矛盾混合……

第 2 章讲了谦卑的概念，它决定了从失败中学习的能力，是创新领导者的内在特征。柯林斯针对伟大的公司领导者的另外 5 个观察结果似乎也直观地支持了其对创新的态度：

> 首先是谁……接下来是做了什么。我们认为从优秀到卓越的领导者制定新的愿景和战略。他们首先选出合适的人，把正确的人放在正确的位置上，然后找到创新的方向……

我们将这个原则定义为自下而上的创新的核心（第 3 章）。另外，建立新的愿景和战略通常是自上而下的创新的关键一步（第 4 章）。

> 面对残酷的事实（然而从未失去信仰）……你必须保持坚定的信念：无论多么困难，你最终会获胜。同时，面对现在最残酷的现实能够自律……

利乐包装公司重塑食品包装（第 8 章）的案例突出表明，这种创新通常需要花费更多的时间才能成功。反过来，这又要求管理团队高度坚持，并结合一定程度的现实主义和挑战自我。

> 刺猬概念……从优秀到卓越，需要破除能力诅咒……如果你不能通过核心业务成为世界上最好的企业，那么你的核心业务绝对不能成为一个伟大公司的基础……

第 7 章说明了企业如何不断地通过创新来重塑核心业务，以及在此过程中应该任用什么类型的领导者。

> 保持纪律性的文化……如果你是自律的人，你不需要层级结构；如果你有守纪律的想法，你不需要官僚作风；如果你有明确的行动，你不需要过多的控制……

创新是创造力和纪律性的结合。创造力主要体现在公司的创新文化中，而纪律性来自强大的流程。但正如第 3 章和第 4 章所讨论的那样，这些不是单一的联系。创新中包含一种保持纪律性的文化，正如创新有流程一样。

> 技术加速器。从优秀走向卓越的企业对技术的作用有不同的看法。他们从来不将技术作为促进转型的主要手段。然而矛盾的是，他们是应用精挑细选的新技术的先驱……

这段话描述了作为关键领导角色之一的 CTO 的职能：确定或帮助管理层进行基本技术选择和管理技术组合。这就是为什么在第 5 章中讨论 CTO 可以被认为是创新领导者的典型代表之一，至少对于技术导向的领导者来说是这样。

2. 创新是企业文化的内在部分

丹·丹尼森

被广泛使用的丹尼森模型将企业的财务绩效与企业文化的概况及其高管的领导重点相关联，如图 A-1 所示。它是一个以两轴为特征的模型：直觉的关注点——内部与外部，动力——稳定性与灵活性。这两轴确定了 4 个象限，代表文化和领导力的不同关键特征——使命、适应性、参与和一致性——每个特征又有 3 个不同的子元素或"指标"。

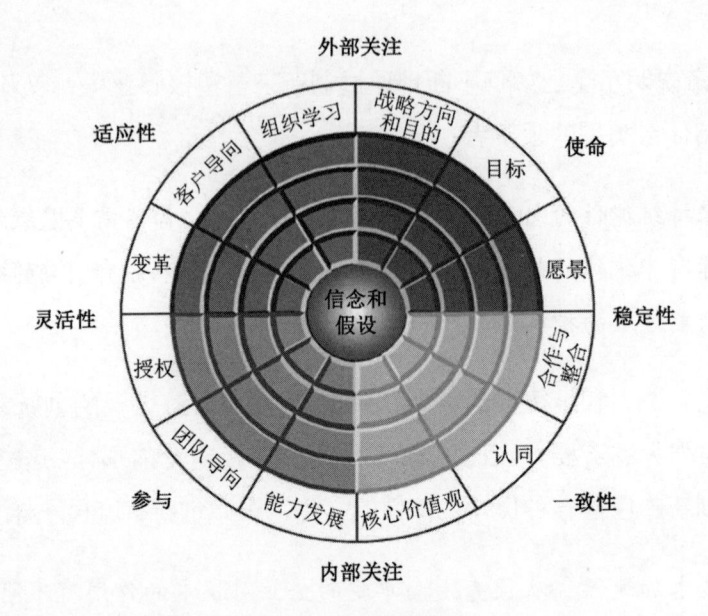

图 A-1　丹尼森模型

资料来源：经丹·丹尼森授权转载。

丹尼森通过用 12 个指标衡量企业或个人领导者的问卷调查获得整体的企业文化和领导力概况。丹尼森在数据结果的基础上认为，在所有 4 项特征方面具有高均衡业绩的企业在增长和利润方面的表现都更好。他声称，"外部关注"的高分往往是良好增长的预测因子。相比之下，强有力的内部关注可以预测良好的运营绩效。

企业的创新效果可能受到在 4 个象限中列出的所有因素的影响。事实上，"外部关注"的高分可能反映了企业对市场、客户和竞争对手的高度关注，这是创新的一个重要先决条件。相比之下，"内部关注"的高分可能表示企业渴望在其价值链中建立卓越的能力，这是能够将创新推向市场的必要条件。同样，"灵活性"的高分可能表明了企业发现创新人才的能力，而"稳定性"的高分与企业对这些机会的实现相关。事实上，丹尼森模型中的每个象限都影响着创新领导力的维持。

"使命"的特征及其 3 项指标——愿景、目标、战略方向和目的——衡量企业的方向感和目标感的清晰程度。根据丹尼森模型，领导者能对以下问题给出一个明确的答案——"我们知道我们要走向哪里吗？"正如第 2 章所讨论的，这个特征是大多数创新领导者所共有的；它也是自上而下创新的重要驱动因素，如第 4 章所讲。

"一致性"特征及其 3 项指标——核心价值观、认同、合作与整合——衡量企业内部系统、结构和流程的有效性。丹尼森认为领导者要确保人们感觉到他们的系统有效，从而使他们能够实现目标，完成企业的愿景和使命。正如第 2 章所讨论的那样，创造力与纪律性相结合才能创新；"一致性"特征是创新纪律的重要组成部分，第 2 章中讲述的后端创新领导者非常重视一致性。

"参与"特征及其 3 项指标——授权、团队导向、能力发展——衡量组织的承诺、所有权和责任感。高绩效企业的领导者会不断地检查他们的员工是否齐头并进。创新领导者，特别是第 3 章讨论的那些正在努力推动自下而上的创新的领导者，会培养员工对创新相关活动的强烈意识。

"适应性"特征及其 3 项指标——组织学习、客户导向、变革——衡量了组织改变现状、满足客户需求、从错误中学习的能力这 3 个创新组织的基本品格特征。这 3 项指标最重要。

附录 B

"创意管理"培训指南
——IDEO 视频使用指南

1. 视频的定位

IDEO 视频可供公司进行员工培训和高级管理人员培训时使用,用于传达从商业情报到概念开发的创意管理过程以及其公司文化方面的重要信息,例如,那些鼓励以客户为中心、形成结构化创意过程的态度。

对于参与者而言,在心中对该视频进行仔细的定位是至关重要的。这意味着着重强调目标和关键的成功因素。

1.1 总体方法和时间

为避免观看视频后的讨论时间不够充分,建议培训最短时间为 1.5~2 小时,细分如下。

- 视频介绍与定位:10 分钟。
- 观看视频:20 分钟。
- 讨论人物、文化、领导力:20~30 分钟。
- 讨论过程并确定流程步骤:30~40 分钟。

- 反思并总结所学课程：10~20分钟。

1.2 视频介绍与定位

在播放视频前，培训师可能会先谈谈以下几点。

- 视频的主要内容是加利福尼亚的一个工业设计师团队如何彻底地进行反思，并重构出了一个成熟的产品，即超市购物车。
- 虽然视频（和IDEO）强调的重点还在设计中，但是其所提出的方法仍适用于所有类型的创新项目。
- 然而，该视频仅展示了创新项目的创意/概念阶段，而非整个项目，因为它是以概念原型而不是以最终产品结束的。
- 因为视频有严格的时间限制，这使得这个训练看起来似乎有点刻意为之，但它确实展示了专业团队在一星期内所能做的事。
- 除了说明一种方法之外，视频还强调了一些值得商榷的较温和的文化和领导力方面的创新。

因此，在播放视频前，培训师会要求参与者先关注视频中以下4个要素。

- 训练中的人物：他们给你们留下了怎样的印象？你们觉得他们的性格、风格、行为如何？
- 工作场所的文化：IDEO提供的工作环境是怎么样的？该文化传达了怎样的价值观？
- 视频中的领导者：项目负责人、老总——大卫·凯利。他是怎样的领导者？他的领导风格给你留下什么印象？
- 接下来的步骤：在视频中明确指出的步骤，以及从一些陈述中可以推断出来的步骤中，他们接下来会采取哪些步骤？

为了突出这4点，培训师会提前在屏幕周围放置4个活动挂图或白板，分别在每个活动挂图上写上其中一个主题作为标题。这些活动挂图将用于记录参与者看完视频后对每个主题的观察结果。

2. 讨论人物、文化和领导力

看完视频后，培训师有两个选择：

- 立即与团队进行讨论，征询参与者的初步印象，并在活动挂图上记录并标记出来。
- 先进行 5~10 分钟的小组讨论（两三个人为一组进行讨论，组员不用换位置），然后让每组派一个代表进行发言，分享他们的印象，把他们的观点记录在活动挂图上。

如果培训师觉得一些参与者因为语言问题或因为害羞而无法表达自己，不敢在全体会议中大声发言，那么建议培训师采用小组讨论的形式。

2.1 人物方面的讨论

对参与 IDEO 购物车训练的人的观察结果中通常会有以下符合条件的形容词。如果参与者给出的形容词不够全面，即不包括至少以下这几点，培训师应毫不犹豫地对参与者做出要求。

- 多元性。就性别（强调的关键点）、年龄、教育背景、文化背景而言。培训师可以强调多元性对于每个公司创新的重要性，因其还附加了功能多元化的可能性。而这一多元性也正是 IDEO 所欠缺的，因为视频训练中的所有参与者都是专业设计师。
- 创意。多元性必然有助于激发创造力，但其他因素也起到了一定的作用，如公司雇用的员工的素质。
- 年轻。成熟的参与者可能会注意到，视频中的人都很年轻——他们似乎都只有二三十岁，仅有一两个中年成员。如果提到这一点，或者提到这一点时，培训师应该就这个点提问年龄是否是创意和创新的决定性因素。不得不承认，年轻人往往受到的限制较少，可能会比年长者有更奇异的想法，但这也不是一个定律。更成熟的参与者做出的贡献差

附录 B
"创意管理"培训指南 ——IDEO 视频使用指南

不多,尽管也会有点不同,因此体现多元性的重要性,即组建一支拥有年轻人(更有活力)和年长者(更富有经验)的平衡团队。

- 爱玩且风趣。这一点在视频中的许多场景以及作为 CEO 的大卫·凯利的发言中都得到了充分的体现。
- 像团队成员一样高效。这个评论可能会引发培训师提出另一个问题:好成员的特征是什么?(尊重他人、纪律严明、任务为重和开放等。)
- 充满活力和热情。这一特定的说法通常会让培训师把公司的公司文化和领导者的态度作为团队活力和热情的关键决定因素。
- 直言不讳。最后的这个品质能够让培训师完美地过渡到下一个话题,即讨论视频中所示的 IDEO 的公司文化。

2.2 文化方面的讨论

培训师会提醒参与者视频是在加利福尼亚拍摄的,那里是世界上人们尤为放松且随意的地方。它还被称为"设计室",比如一种专业公司,通常吸引的人,即使不是特立独行,也是充满艺术、坚持原创的人,因此这也是 IDEO 的特殊文化。然而,重要的是让参与者反思视频中的文化特征是否纯粹是"加利福尼亚"性质的,还是其中一些与他们的公司文化也能兼容。

参与者提及的 IDEO 环境的典型文化特征,如下所示。

- 合理地挑战地位和阶级。
- 创造力与纪律性的结合。
- 偏向外部世界,而非停留在案头。
- 尊重个体自由(要求的是宽容而非许可)。
- 鼓励说真话,即使意见与老板相左。
- 任务导向感强且严守承诺和期限。

培训师应对每一点进行提问:这个方面如何有助于创新?它传达出什么信息?它鼓励哪些行为?

2.3 领导者方面的讨论

在 IDEO 购物车的项目负责人身上，参与者会注意到他的主要领导特质是善于交际（视频中的电视节目主持人如此评价他）。参与者可能会对这方面进行有趣的讨论，他们可能更倾向基于领导者的能力来选择项目领导者。

培训师应该尝试引导学员理解"善于交际"的含义。随后的讨论中应总结出以下观点。

- 能够激励人，使他们把精力放在项目上。
- 能够保持团队高水平的纪律性，特别是时间安排方面。
- 能够禁止内部批评，树立积极的挑战精神。
- 能够在偏离目标的情况下，将工作重点重新放到初始目标上。
- 能够区别享受乐趣与努力工作，并能把两者结合。

对领导者大卫·凯利的领导特质和风格进行回顾，极有可能发现以下特征。

- 虽然他在态度和结果方面要求苛刻，但与之一起工作仍是很愉快的。
- 专注并相信过程。
- 不惧挑战与矛盾。
- 尊重员工自由表达他们特有的风格。
- 参与支持团队，但不干涉日常项目工作。
- 在项目关键时刻总会出现并给出指导意见。
- 信任他的团队的能力，并以他们为傲。

总结讨论结果，培训师应强调在领导力、公司文化和人才方面，创新型公司通常存在着高度的兼容性和互补性。不论自觉与否，创新领导者创造的那种创新的文化和物质环境，反过来极可能吸引和激励正是公司所需的那种创新型人才。这 3 个要素是互补的。

显然，这个讨论往往会将 IDEO 的环境与参与者公司的环境进对行比，培训师的作用是强调相似之处，而不是各个部门之间的差异。

2.4 讨论过程及确定流程步骤

讨论的目的有两个：

（1）逐一回顾并描述创意管理和概念开发训练中的通用步骤，并了解它们的目的、性质和逻辑顺序。

（2）让人们俯视这一过程，即一系列的交替发散和聚拢步骤——当他们专注于收集信息并形成创意时，是交替发散的过程；在处理综合、重点和选择的问题时，则是一个汇聚的过程。

为实现这一目标，培训师会要求参加者从一开始就对视频进行反思并列出他们确定的步骤。难点在于视频中一些步骤非常清楚，而一些步骤却比较模糊，特别是刚开始的时候。例如，步骤 1——设立项目团队并制定目标和限制条件，视频中没有对其进行明确说明，只有暗示，但培训师应该引导参与者想到这一点。相比之下，步骤 2——选出项目的边界条件并将其用作筛选想法的标准，就可以从视频中稍后一些的评论中推断出来。培训师务必确保下列 15 个步骤中的每一小步都得以被合理地确定及表述，甚至包含那些被参与者忽略的步骤。

参与者不大可能能够在这 15 个步骤中自发地发现一系列不同和趋同的模式。培训师必须强调这一点，如通过使用图表中的箭头进行强调，如表 B-1 所示。

2.5 反思并总结所学课程

在 IDEO 培训结束前，要让参与者一个一个地或以小组讨论形式，反思他们所学到的经验教训，并与小组成员分享这些课程的哪些方面是他们觉得自己可以借鉴、参考的。

表 B-1 IDEO 的创意管理过程

1. 指定团队成员和团队领导者，并为思维训练制定明确的目标（成果）和限制（时间限制）。
2. 制定明确的标准以用于筛选倡议（嵌套能力；成本限制；一周内的可行性；等等）。
3. 收集一般背景资料，并广泛地搜索有关行业的信息。
4. 推导出价值链中需要解决的主要问题以及领域（盗窃、儿童安全等）的工作假设。
5. 深入现场，了解价值链中所有参与者的要求，使主要问题领域中的假设生效或作废。
6. 分享现场结果，与团队共存亡（用视觉辅助工具传达客户及用户体验问题领域的方式）。
7. 进行头脑风暴（"深潜"），提出尽可能多的想法，以解决现场工作中确定及证实的关键问题。
8. 集体筛选这些创意（用便条进行投票），去除那些不符合前期标准的创意。
9. 选出重点主题，重新调整丰富理念的训练（盗窃、儿童安全、便利和结账）。
10. 将原团队划分为 4 个"主题小组"，并要求他们举出一个原型来说明他们各自的主题。
11. 让 4 个小组展示他们的原型，该原型应包含每个主题下的最佳创意元素。
12. 把团队聚集起来，要求他们选出每个"主题原型"的最佳元素，把这些元素并入最终概念中。
13. 构建一个"概念原型"，使其包含从每个"主题原型"中选出的所有元素。
14. 向管理层展示"概念原型"，重点解释其优点并收集反馈意见。
15. 将"概念原型"投给客户及用户使用，以测试他们的第一反应；并从他们的反应中得出销售依据。

发散过程

汇聚过程

附录 C

影响企业创新氛围的因素

1. 管理态度

管理态度——有意识的或无意识的,真实的或感知到的——对企业的创新氛围具有非常强的影响力。一些管理态度会通过释放员工的活力和创造力来激发创新,而一些则会扼杀员工的主动性。因此,创新领导者应该了解他们的员工如何看待管理层所发出的信号,并在需要时采取纠正措施。

经验表明,以下管理态度对创新有积极的或消极的影响。

对创新的兴趣

员工是否觉得管理层真的对创新感兴趣——在其言论和行为上?还是他们觉得管理层只是强调创新,而不是真正关注创新?

信任

员工觉得管理层真的相信员工的实力和能力吗?还是他们觉得管理层往往低估了员工的能力或动机?

对风险和失败的容忍度

员工是否觉得管理层接受自身和员工的冒险行为,并且容忍项目和企业的正常失败比例?还是他们觉得管理层倾向于把错误和犯错的人钉在十字架上？

从失败中学习

员工是否觉得管理层对事后检查分析感兴趣，并鼓励系统地传播经验教训？还是他们觉得管理层对失败无动于衷，宁愿埋葬失败的经验，特别是痛苦的失败？

回报的视野

员工是否觉得管理层对公司有长远的愿景，并评估具体项目对这一愿景的贡献？还是他们觉得管理层只对有短期影响的行动和项目感兴趣？

对标新立异的容忍度

员工是否觉得管理层会招聘、任命和支持想改变现状的创新者？还是他们觉得管理人员不会容忍这些人和他们可能制造的干扰？

自主权和对等级制度的尊重

员工是否觉得管理层希望员工可以通过水平沟通完成工作，而不必通过层级结构？还是觉得管理层严格尊重公司的等级制度？

标准和规则

员工是否觉得管理层希望赋予员工自主权，让他们以有利于公司的方式负责任地行事？还是他们觉得管理层要通过执行严格的标准和规则来规范一切？

对不确定性的容忍度

员工是否觉得管理层将实验、尝试视为创新的必要条件？还是他们觉得管理层总是要求提供无尽的理由和对有吸引力的新想法的验证后才能执行？

对结果的预期

员工是否觉得管理层在内部增长率方面要求很高，而且为自身和所有部门设定全力以赴的目标？还是他们觉得管理层在预期上是相当保守的？

对员工的期望

员工是否觉得管理层真的对员工的个人发展感兴趣，而不仅仅是为了企业的利益？还是他们觉得管理层只对人们为公司做出贡献的方式感兴趣？

指导和支持

员工是否觉得管理层积极指导、支持和维护创新者和创新团队以帮助他们实现目标？还是他们觉得管理层仍然冷漠地待在象牙塔中？

2. 管理政策

管理态度和企业价值观往往在管理政策中具体表现出来——以明确的或隐蔽的形式——影响员工的行为方式。这些政策由管理层制定，如果被认为在影响创新氛围上功能失调，它们往往比管理态度更容易更改。

在诸多可能的管理政策中，以下因素已被证明对创新有积极的或消极的影响。

对创新者的认可和奖励

公司是否有明确认可和奖励各级创新者和成功项目的政策，并且这一政策被积极主动地使用？还是创新被认为是每个人工作的一部分，因此没有具体的奖励？

创新者的职业生涯阶梯路径

公司的政策是否为创新者提供双重职业生涯阶梯，特别是在研发部门（管理和研究两方面）？还是所有员工都只有一条可行的晋升路径——通过管理职责？

创新追踪

公司是否随着时间的推移而追踪和衡量创新成果？还是将创新视为不可预测的，因此不可追踪或不值得衡量？

对合作和联盟的态度

公司是否有能鼓励与外部合作伙伴进行创新合作的政策，这种政策是否能被系统性地使用？还是由于各种原因，公司通常会劝阻合作关系和联盟？

研发和技术投入的水平

公司的研发投入是否保持在行业平均水平之上？即使在经济衰退期间亦如此吗？还是公司试图减少其研发投入，或者研发投入受公司的市场和财务业绩波动影响？

研发和技术的关注点

是否将公司的部分研发预算用于与外部技术供应商或合作伙伴的合作？还是将研发投入全部用于内部项目以支持当前业务？

创新资源

公司是否将其部分研发预算用于支持新的高风险/高影响力的、可能导致重大创新和新业务创造的项目？还是创新者不断挣扎于获得风险投资？

集中化/分散化

公司是否将创新项目的决策权力下放，使其尽可能接近业务现场，并充分授权当地团队和项目负责人？还是管理层全面控制所有或大多数创新项目？

跨职能工作团队

公司是否会任命各种跨职能项目团队（专责小组、创业团队等），并在每次出现重大创新问题时依赖他们？还是管理层基本上依赖职能命令链来解决问题？

支持团队

公司是否从第一天开始正式任命支持者（技术领袖、业务领袖和行政领袖），依靠他们来运营创新项目？还是管理层鼓励和奖励大部分个人计划？

外部参与

公司政策是否向有能力的外部人士（专家、客户和供应商）开放其创新机制（如咨询委员会、创意实验）并将其公司流程联系起来？还是保持封闭的内部流程？

去除繁文缛节

公司政策（或管理实践）是否支持其创新项目团队免去一些常见的繁文缛节？还是创新项目团队必须遵守所有的公司规定？

3. 管理流程

流程往往反映了公司的管理文化和管理政策。其中一些流程也将对创新氛围产生影响——积极的或消极的——因此，检阅这些流程，以便补充缺失的东西并改善功能失调的部分非常重要。

市场情报/客户资讯

管理层是否采取主动行动，拓宽、深化公司与市场的联系，确保包括研发部门在内的每位经理经常与客户保持联系？还是市场情报仍然停留在市场和销售部门？

创新愿景和创新战略

管理层是否制定了明确的创新愿景和创新战略，并确定了具体的创新领域？

规划关注点

管理层是否将商业评论和策划会议作为讨论创新思想和发现新机会的特别论坛？还是商业评论和策划会议本质上被认为是"表演数字"游戏？

创意的生成

管理层是否建立了一个简单易行的用于生成和收集创意的中枢机制和流程？还是管理层让员工自己处理各自组织中的创意？

创意管理

管理层是否建立了确认、评估、排序和选择创意的客观透明的流程？还是目前的创意管理流程随意且模糊？

征集和规划创意

在正常产品规划周期之外是否还有征集和规划创意的流程？还是创意的征集和规划依赖于管理人员的善意或当前可用的资源？

支持

创意提交者是否有可能在实践中自愿实施他们的创意，即使放弃现在的工作？还是创意的执行一般委托给既定的部门？

规划风格

规划流程是否是行动导向的，即是否有明确的目标、责任和时间表？还是分析型的，需要为每个举措提供各种论证？

项目管理

从创意的产生到其市场化，管理层是否建立了一个清晰的、跨职能部门的流程，项目负责人是否有能力运行？还是创意和其他举措依赖于传统职能部门？

项目审查

项目审查过程是否由多种职能部门参与项目评估，并确保迅速采取决策？还是项目的审查受到各种职能等级的挑战？

项目跟进

管理层是否建立了一个系统的过程，以获知每个项目的成果——是否成功——并对其进行宣传？还是临时处理项目情况？

沟通

沟通是否是紧密的、非正式的和多方向的，比如纵向或横向跨职能和部门？还是沟通受到职能等级的限制？